农民实用知识读本

农村涉税指南

胡冬鸣　主编

中国财政经济出版社

图书在版编目（CIP）数据

农村涉税指南/胡冬鸣主编．—北京：中国财政经济出版社，2013.5

（农民实用知识读本）

ISBN 978－7－5095－4505－8

Ⅰ．①农… Ⅱ．①胡… Ⅲ．①农业税－税收管理－中国－指南

Ⅳ．①F812.423－62

中国版本图书馆 CIP 数据核字（2013）第 097494 号

责任编辑：李　冰　　责任校对：黄亚青

封面设计：汪俊宇　　版式设计：文　通

中国财政经济出版社出版

URL：http：//www.cfeph.cn

E－mail：cfeph@cfeph.cn

社址：北京市海淀区阜成路甲 28 号　邮政编码：100142

营销中心电话：88190406　北京财经书店电话：64033436　84041336

北京财经印刷厂印刷　各地新华书店经销

880×1230 毫米　32 开　8.75 印张　232 000 字

2013 年 8 月第 1 版　2013 年 8 月北京第 1 次印刷

印数：1—3 000　定价：26.00 元

ISBN 978－7－5095－4505－8/F·3647

（图书出现印装问题，本社负责调换）

本社质量投诉电话：010－88190744

反盗版举报热线：010－88190492、010－88190446

前　言

众所周知，作为纳税人，向国家按时足额缴纳税款，是其义不容辞的责任和义务。根据宪法及有关税收实体法的规定，农民作为公民在生产生活中与城镇居民一样具有依法纳税的义务。但由于历史原因，相当多的农民朋友其纳税意识还是比较淡薄的。特别是国家取消农业税征收的政策出台后，在农村不少地方有农民不用再交税的说法。政策理解上的歧义，使得有些纳税意识不强的农民朋友，误认为党的惠农政策就是让农民什么税也不用交了。由此可见，强化农民朋友的公民意识特别是公民依法纳税意识，澄清纳税与不合理负担的区别，讲清依法纳税是宪法规定的每个公民应尽的义务仍需要我们做大量而有效的工作。而随着农村集体经济事业的不断发展壮大，党和国家惠农政策的不断落实，农民从事生产经营活动的领域已经从原有农作物的生产与初级加工，逐步扩展到经济作物种植、水产品养殖、建筑、工业产品制造、货物贸易及其零售商店经营、物流、旅游产品开发及其经营、新技术产业经营等更加广阔的领域。农民专业合作社和村集体经济组织所兴办经济实体的不断涌现、农民个人生产经营活动的增多，使得农村众多经济组织及农民朋友自然变成纳税义务人和扣缴义务人，需要依法履行纳税义务。提供一本面向农村基层的涉税书籍正是作者适应这种需求的愿望。本书旨在帮助农民朋友熟悉国家相关税种的征收办法及其主要优惠政策，在普及税法知识的同时，帮助农民朋友正确理解党和国家的惠农政策，用好、用足税收优惠扶持政策，增加农民合理收入。当然，税款的征收既要保护农民的合法权益，同时，也有一个如何教育农民依法履行应尽义务的问题，并不是所有的事都由“农民自愿”，想怎么着就怎么着。在法律规定的范围内，农民与其他公民是平等的。只有农民依法履行义务的观念强了，其依法保护自身利益的能力才会相应增强。

本书的特点是以问题解答的方式向广大农民朋友介绍农村地区所征收税种的主要征收办法，并对国家主要涉农的优惠政策做了比较详细的介绍。全书语言通俗易懂，实用性强，税改政策查找方便，适合作为村集体经济组织所兴办的经济实体和农民专业合作社及农民个人纳税指导及其普法宣传重要参考。本书由胡冬鸣任主编，田春丽和孙宝华两位同志参加了本书部分内容的编写工作，全书由胡冬鸣总纂定稿。

本书在编写过程中得到了中国财政经济出版社同志的大力支持，在此表示衷心的感谢。由于编写时间仓促，本书难免存在一些问题和疏漏，敬请读者批评指正。

编者

2012 年 8 月 27 日

目　录

一、纳税基础

1. 国家现行征收的主要税种有哪些？税款的征收具体由哪些部门负责？

国家现行征收的主要税种如果按照征税对象划分，可以分为流转税、所得税、资源税、财产税和行为税五个大类。

流转税是以商品或者劳务流转额为征税对象的税种的总称。流转税的经济前提是存在商品的交换和劳务的提供，其计税依据是商品或者劳务的流转额。商品流转额指的是在商品交换过程中发生的交易额，或者更加通俗地讲就是商品的销售额。劳务流转额指的是经济主体在向社会提供交通运输、邮政电讯、金融保险、文化体育、娱乐服务等劳务服务时所取得的各项劳务性收入额。流转额的课征既可以是以全部流转额为征税对象，还可以是以部分流转额作为征税对象，如增值税就是以全部流转额中新增加的那一部分流转额作为征税对象的。流转税具有稳定税源、征收简便和税负隐蔽的特点。主要税种有：增值税、消费税、营业税和关税。

所得税是以所得额作为征税对象的税种的总称。纳税人的应税所得额通常是指自然人或者法人在一定时期内，由于劳动、经营、投资或把自己拥有的财产提供给他人使用而获得的收入，扣除为取得收入所需要的费用开支后的余额。纳税人的应税所得从总体上可以分为经营所得、财产所得、劳动所得、投资所得和其他所得。所得税不易转嫁、累进税率下税负具有弹性。主要税种有：企业所得税和个人所得税。

资源税是以资源的绝对收益和级差收益作为征税对象的税种的总称。作为征税对象的资源是指那些具有商品属性的自然资源。资源税可以分为一般资源税和级差资源税两种类型。一般资源税是以自然资源的开发和利用为前提，无论资源好坏和收益的多少，都对开发利用者所获取的绝对收益进行征税；而级差资源税则是根据开发和使用自然资源的等级以及收益的多少所形成的级差收入为征税对象进行征税。资源税的征收范围固定、采取差别税额，实行从量定额征收。主要税种有：资源税、城镇土地使用税、土地增值税和耕地占用税。

财产税是以财产价值为征税对象的税种的总称。作为征税对象的财产包括动产和不动产两类。其中，动产是指各种可能移动的财产，主要包括有形资产和无形资产。有形动产包括车辆、船舶等，无形动产如股票、债券、基金和银行存款等；不动产是指不能移动或者移动后会损失其经济价值的财产，如土地及其地上附着物。财产税只是选择某些特定的财产进行征税。其征税范围确定、税负难以转嫁。主要税种有：房产税和契税。

行为税是以纳税人某些特定的行为作为征税对象的税种的总称。开征行为税主要是为了加强对某些特定行为的监督、限制和管理，或者是对某些特定行为的认可，从而实现国家政治上和经济上的特定目的或者管理上的需要。其征税对象单一、税源分散、税种灵活，具有开辟财源的作用。主要税种有：车辆购置税、车船使用税、印花税和城市维护建设税。

税收是财政资金的主要来源，约占各级政府财政收入的90%左右。在我国，客观上存在国家税务局和地方税务局两套征税系统来解决中央政府和地方政府的征税及其税源问题，因而全部税种划分为中央税、地方税及中央和地方共享税。其中，中央税属于中央财政固定收入，归中央政府支配和使用，如关税和消费税税种；地方税属于地方财政固定收入，归地方政府支配和使用，如营业税、个人所得税、土地增值税、房产税、车辆购置税、车船使用税、城镇土地使用税、房地产税和印花税税种；中央和地方共享税是指属于中央和地方共同享有，并按照一定比例进行分成的税种，主要是增值税、企业所得税和城市维护建设税税种。

现行全部在征税种中，除了关税目前由海关负责征收管理之外，其他税种由税务机关负责征收管理。

2. 纳税人如何进行税务登记?

税务登记又称作纳税登记。它是税务机关对纳税人实施税收管理的首要环节和基础工作，是征纳双方法律关系成立的依据和证明，也是纳税人必须履行的法定义务。

(1) 开业税务登记。根据规定，开业税务登记的纳税人应是领取营业执照从事生产经营活动的纳税人，包括企业，企业在外地设立的分支机构和从事生产、经营的场所，个体工商户和从事生产、经营的事业单位（统称从事生产、经营的纳税人），向生产、经营所在地税务机关申报办理税务登记；根据有关法律规定，不从事生产、经营，但依照法律法规的规定负有纳税义务的单位和个人，除了临时取得应税收入或发生应税行为以及只缴纳个人所得税、车船使用税的外，都应按照规定向税务机关办理税务登记。具体规定如下：

从事生产、经营的纳税人领取工商营业执照（含临时工商营业执照）的，应当自领取工商营业执照之日起30日内申报办理税务登记，税务机关核发税务登记证及副本（纳税人领取临时工商营业执照的，税务机关核发临时税务登记证及副本）；从事生产、经营的纳税人未办理工商营业执照但经有关部门批准设立的，应当自有关部门批准设立之日起30日内申报办理税务登记，税务机关核发税务登记证及副本；从事生产、经营的纳税人未办理工商营业执照也未经有关部门批准设立的，应当自纳税义务发生之日起30日内申报办理税务登记，税务机关核发临时税务登记证及副本。其他纳税人，除国家机关、个人和无固定生产、经营场所的流动性农村小商贩外，均应当自纳税义务发生之日起30日内，向纳税义务发生地税务机关申报办理税务登记，税务机关核发税务登记证及副本。

扣缴义务人应当自扣缴义务发生之日起30日内，向所在地税务机关办理扣缴税款登记，领取扣缴税款登记证件；税务机关对已办理税务登记的扣缴义务人，可以只在其税务登记证上面登记扣缴税务事项，不再发给扣缴税款登记证件。

跨地区的非独立核算分支机构应当自设立之日起30日内，向所在地税务机关办理注册税务登记。

有独立的生产经营权、在财务上独立核算并定期向发包人或者出租人上交承包费或租金的承包承租人，应当自承包承租合同签订之日起30日内，向其承包承租业务发生地税务机关申报办理税务登记，税务机关核发临时税务登记证及副本。

从事生产、经营的纳税人外出经营，自其在同一县（市）实际经营或提供劳务之日起，在连续的12个月内累计超过180天的，应当自期满之日起30日内，向生产、经营所在地税务机关申报办理税务登记，税务机关核发临时税务登记证及副本。

境外企业在中国境内承包建筑、安装、装配、勘探工程和提供劳务的，应当自项目合同或协议签订之日起30日内，向项目所在地税务机关申报办理税务登记，税务机关核发临时税务登记证及副本。

税务登记的主要内容是：单位名称、法定代表人或负责人或业主姓名及其居民身份证、护照或者其他证明身份的合法证件；住所和经营地点；登记注册类型及其所属主管单位；行业、经营范围及其生产经营方式；注册资本、投资总额、开户银行及其账号；经营期限、从业人数、营业执照号码；有关合同、章程、协议书；核算方式；财务负责人、办税人员姓名及其联系电话。

纳税人在申报办理税务登记时，应根据不同情况向税务机关如实提供以下证件和相关资料：营业执照或其他核准执业证件及工商登记表，或其他核准执业登记表复印件；有关机关、部门批准设立的文件；法定代表人或者董事会成员名单；法定代表人（负责人）或业主居民身份证、护照或者其他证明身份的合法证件；住所或经营场所证明；组织机构统一代码证书；委托代理协议书复印件；有关合同、章程、协议书；税收优惠需要提交的文件。

纳税人自申报税务登记之日起30日内应从税务机关领取税务登记证及其副本。

（2）变更登记。纳税人税务登记内容发生变化的，应当向原税务登记机关申报办理变更税务登记。所登记的内容发生变化是指：改变名称、改变法定代表人、改变经济性质或经济类型、改变住所或经营场所（不涉及主管税务机关变更的）、改变生产或经营方式、增减注册资本、改变隶属关系、改变生产经营期限、改变或增减开户银行账号、改变生产经营权属以及其他规定内容。纳税人已在工商行政管理机关办理变更登记的，应当自工商行政管理机关变更登记之日起30日内，向原税务登记机关如实提供下列证件、资料，申报办理变更税务登记：工商登记变更表及工商营业执照；税务机关发放的原税务登记证件（登记证正、副本和登记表等）；其他有关资料。

纳税人按照规定不需要在工商行政管理机关办理变更登记，或者其变更登记的内容与工商登记内容无关的，应当自税务登记内容实际发生变化之日起30日内，或者自有关机关批准或者宣布变更之日起30日内，持下列证件到原税务登记机关申报办理变更税务登记：纳税人变更登记内容的有关证明文件；税务机关发放的原税务登记证件（登记证正、副本和税务登记表等）；其他有关资料。

纳税人提交的有关变更登记的证件、资料齐全的，应如实填写税务登记变更表，经税务机关审核，符合规定的，税务机关应予以受理；不符合规定的，税务机关会通知其补正。

税务机关会在受理之日起30日内，审核办理变更税务登记。纳税人税务登记表和税务登记证中的内容都发生变更的，税务机关会按变更后的内容重新核发税务登记证件；纳税人税务登记表的内容发生变更而税务登记证中的内容未发生变更的，税务机关不会重新核发税务登记证件。

（3）注销登记。纳税人因经营期限届满而自动解散；企业由于改组、分立、合并等原因而被撤销；企业因资不抵债而破产；纳税人住所或经营场所迁移而涉及改变原有主管税务机关的；纳税人被工商行政管理部门吊销营业执照的；以及纳税人依法终止履行纳税义务的其他情形。纳税人应当在向工商行政管理机关或者其他机关办理注销登记前，持有关证件和资料向原税务登记机关申报办理注销税务登记；按规定不需要在工商行政管理机关或者其他机关办理注册登记的，应当自有关机关批准或者宣告终止之日起15日内，持有关证件和资料向原税务登记机关申报办理注销税务登记。

纳税人在如实填写并提交注销税务登记申请审批表的同时，需按照规定提交以下资料和相关文件：注销税务登记申请书；主管部门批文或董事会、职工代表大会的决议及其他有关证明文件；营业执照被吊销的应提交工商行政管理部门发放的注销决定；主管税务机关原发放的税务登记证及其副本以及登记表；其他有关资料。

填写注销税务登记的主要内容是：纳税人及其分支机构的名称、注销原因、批准机关的名称、批准文号及其日期、纳税人实际经营期限、纳税人已享受税收优惠、发票缴纳情况、税款清缴情况、税务登记证件收回情况。

纳税人被工商行政管理机关吊销营业执照或者被其他机关予以撤销登记的，应当自营业执照被吊销或者被撤销登记之日起15日内，向原税务登记机关申报办理注销税务登记。

纳税人因住所、经营地点变动，涉及改变税务登记机关的，应当在向工商行政管理机关或者其他机关申请办理变更、注销登记前，或者住所、经营地点变动前，持有关证件和资料，向原税务登记机关申报办理注销税务登记，并自注销税务登记之日起30日内向迁达地税务机关申报办理税务登记。原税务机关在其核销纳税人税务登记的同时，会向迁达地税务机关递交纳税人迁移通知书并附纳税人档案资料移交清单，由迁达地税务机关重新办理税务登记。

境外企业在中国境内承包建筑、安装、装配、勘探工程和提供劳务的，应当在项目完工、离开中国前15日内，持有关证件和资料，向原税务登记机关申报办理注销税务登记。

纳税人办理注销税务登记前，应当向税务机关提交相关证明文件和资料，结清应纳税款、多退（免）税款、滞纳金和罚款，缴销发票、税务登记证件和其他税务证件，经税务机关核准后，办理注销税务登记手续。

（4）停业复业税务登记。实行定期定额征收方式的个体工商户需要停业的，应当在停业前向税务机关申报办理停业登记。纳税人的停业期限不得超过一年。纳税人停业期间发生纳税义务，应当及时向主管税务机关申报，并依法补缴应纳税款。纳税人在申报办理停业登记时，应如实填写停业申请登记表，说明停业理由、停业期限、停业前的纳税情况和发票的领、用、存情况，并结清应纳税款、滞纳金、罚款。税务机关会按照规定收存其税务登记证件及副本、发票领购簿、未使用完的发票和其他税务证件。

纳税人应当于恢复生产经营之前，向税务机关申报办理复业登记，经确认后办理复业登记，领回并启用税务登记证件、发票领购簿及其停业前领购的发票。若纳税人停业期满不能及时恢复生产经营的，应当在停业期满前向税务机关提出延长停业登记申请。纳税人停业期满未按期复业又不申请延长停业的，税务机关会视为已恢复营业，实施正常的税收征收管理。

（5）外出经营报验登记。纳税人到外县（市）临时从事生产经营活动的，应当在外出生产经营以前，持税务登记证向主管税务机关申请开具外出经营活动税收管理证明（简称外管证）。税务机关按照一地一证的原则，核发外管证。外管证的有效期限一般为30日，最长不得超过180天。纳税人应当在外管证注明地进行生产经营前向当地税务机关报验登记，并提交下列证件、资料：税务登记证及其副本；外管证。纳税人在外管证注明地销售货物的，除提交以上证件、资料外，应如实填写外出经营货物报验单，申报查验货物。

纳税人外出经营活动结束，应当向经营地税务机关填报外出经营活动情况申报表，并结清税款、缴销发票。纳税人应当在外管证有效期届满后10日内，持外管证回原税务登记地税务机关办理外管证缴销手续。

3. 纳税人如何进行纳税申报?

纳税申报是纳税人按照税法规定的期限和内容，向税务机关提交有关纳税事项书面报告的法律行为。纳税申报是纳税人履行纳税义务、界定纳税人法律责任的主要依据，是税务机关税收管理信息的主要来源和税务管理的重要制度。纳税人必须依照法律、行政法规规定或者税务机关依照法律、行政法规的规定确定的申报期限、申报内容如实办理纳税申报，报送纳税申报表、财务报表以及税务机关根据实际需要要求纳税人报送的其他纳税资料。扣缴义务人必须依照法律、行政法规规定或者税务机关依照法律、行政法规的规定确定的申报期限、申报内容如实报送代扣代缴、代收代缴税款报告表以及税务机关根据实际需要要求扣缴义务人报送的其他有关资料。

纳税人、扣缴义务人可以直接到税务机关办理纳税申报或者报送代扣代缴、代收代缴税款报告表，也可以按照规定采取邮寄、数据电文或者其他方式办理上述申报、报送事项。纳税人、扣缴义务人不能按期办理纳税申报或者报送代扣代缴、代收代缴税款报告表的，经税务机关核准，可以延期申报。

纳税人采取邮寄方式办理纳税申报的，应当使用统一的纳税申报专用信封，并以邮政部门收据作为申报凭据。邮寄申报以寄出的邮戳日期为实际申报日期。数据电文方式，是指税务机关确定的电话语音、电子数据交换和网络传输等电子方式。目前主要采取纳税人网上申报方式。纳税人采取电子方式办理纳税申报的，应当按照税务机关规定的期限和要求保存有关资料，并定期书面报送主管税务机关。纳税人、扣缴义务人采取数据电文方式办理纳税申报的，其申报日期以税务机关计算机网络系统收到该数据电文的时间为准。

纳税人在纳税期内没有应纳税款的，也应当按照规定办理纳税申报。纳税人享受减税、免税待遇的，在减税、免税期间应当按照规定办理纳税申报。

纳税人、扣缴义务人应当如实填写纳税申报表或者代扣代缴、代收代缴税款报告表。其主要内容包括有：税种、税目，应纳税项目或者应代扣代缴、代收代缴税款项目，计税依据，扣除项目及标准，适用税率或者单位税额，应退税项目及税额、应减免税项目及税额，应纳税额或者应代扣代缴、代收代缴税额，税款所属期限、延期缴纳税款、欠税、滞纳金等。纳税人办理纳税申报时，应根据不同的情况相应报送下列有关证件及其资料：财务报表及其说明材料；与纳税有关的合同、协议书及凭证；税控装置的电子报税资料；外出经营活动税收管理证明和异地完税凭证；境内或者境外公证机构出具的有关证明文件；税务机关规定应当报送的其他有关证件、资料。扣缴义务人办理代扣代缴、代收代缴税款报告时，应当报送代扣代缴、代收代缴税款的合法凭证以及税务机关规定的其他有关证件、资料。

实行定期定额缴纳税款的纳税人，可以实行简易申报、简并征期等申报纳税方式。简易申报是指实行定期定额缴纳税款的纳税人在法律、行政法规规定的期限内或者税务机关依据法规规定的期限内缴纳税款的，税务机关可以视同申报；简并征期是指实行定期定额缴纳税款的纳税人，经税务机关批准，可以采取将纳税期限合并为按季、半年、年的方式缴纳税款。

纳税人、扣缴义务人按照规定的期限办理纳税申报或者报送代扣代缴、代收代缴税款报告表确有困难，需要延期的，应当在规定的期限内向税务机关提出书面延期申请，经税务机关核准，在核准的期限内办理。纳税人、扣缴义务人因不可抗力，不能按期办理纳税申报或者报送代扣代缴、代收代缴税款报告表的，可以延期办理；但是，应当在不可抗力情形消除后立即向税务机关报告。税务机关在查明事实后会按照规定予以核准。经批准延期办理纳税申报的，应当在纳税期限内按照上期实际缴纳的税额或者税务机关核定的税额预缴税款，并在核准的延期内办理纳税结算。

4. 缴纳税款的方式有几种?

纳税人缴纳税款的方式从税务机关征税的角度来看就是征税的方式。目前主要有以下几种:

(1) 查账征收。是指税务机关按照纳税人提供的账表所反映的经营情况,依照适用税率计算缴纳税款的方式。这种方式主要适用于会计核算制度比较健全,能够据以核算企业收入、成本、费用和财务成果,并能够认真履行纳税义务的纳税人。

(2) 查定征收。是指税务机关根据纳税人的从业人员人数、生产设备、耗用原材料的数量,在正常的生产经营条件下,对其生产的应税产品查实核定产量、销售额,并据以征收税款的一种方式。主要适用于生产规模较小、会计账册不全、产品零星、税源分散的小型厂矿和作坊。

(3) 查验征收。是指税务机关对纳税人的应税产品,通过查验数量,按照市场一般销售单价计算其销售收入,并据以征税的方式。这种纳税方式适用于城乡集贸市场的临时经营和机场、码头等场外经销商品的征税。

(4) 定期定额征收。是指对一些营业额、所得额不能准确计算的小型工商户,经过自报评议,由税务机关核定一定时期的营业额和所得税附征率,实行多税种合并征收的一种方式。纳税人在核定期内经营额达到或者超过核定定额20% ~30%时,应及时向税务机关申报调整定额。

5. 纳税人违反税法规定将受到哪些方面的处罚?

(1) 纳税人有下列行为之一的,由税务机关责令限期改正,可以处2 000元以下的罚款;情节严重的,处2 000元以上10 000元以下的罚款:未按照规定的期限申报办理税务登记、变更或者注销登记的;未按照规定设置、保管账簿或者保管记账凭证和有关资料的;未按照规定将财务、会计制度或者财务、会计处理办法和会计核算软件报送税务机关备查的;未按照规定将其全部银行账号向税务机关报告的;未按照规定安装、使用税控装置,或者损毁或者擅自改动税控装置的。

纳税人不办理税务登记的，由税务机关责令限期改正；逾期不改正的，经税务机关提请，由工商行政管理机关吊销其营业执照。

纳税人未按照规定使用税务登记证件，或者转借、涂改、损毁、买卖、伪造税务登记证件的，处2 000元以上10 000元以下的罚款；情节严重的，处10 000元以上50 000元以下的罚款。

（2）扣缴义务人未按照规定设置、保管代扣代缴、代收代缴税款账簿或者保管代扣代缴、代收代缴税款记账凭证及有关资料的，由税务机关责令限期改正，可以处2 000元以下的罚款；情节严重的，处2 000元以上5 000元以下的罚款。

（3）纳税人未按照规定的期限办理纳税申报和报送纳税资料的，或者扣缴义务人未按照规定的期限向税务机关报送代扣代缴、代收代缴税款报告表和有关资料的，由税务机关责令限期改正，可以处2 000元以下的罚款；情节严重的，可以处2 000元以上10 000元以下的罚款。

（4）纳税人伪造、变造、隐匿、擅自销毁账簿、记账凭证，或者在账簿上多列支出或者不列、少列收入，或者经税务机关通知申报而拒不申报或者进行虚假的纳税申报，不缴或者少缴应纳税款的，是偷税。对纳税人偷税的，由税务机关追缴其不缴或者少缴的税款、滞纳金，并处不缴或者少缴的税款50%以上五倍以下的罚款。

扣缴义务人采取前款所列手段，不缴或者少缴已扣、已收税款，由税务机关追缴其不缴或者少缴的税款、滞纳金，并处不缴或者少缴的税款50%以上五倍以下的罚款。

偷税数额占应纳税额的10%～30%且偷税数额在10 000元以上不满100 000元的，或者因偷税被税务机关给予两次行政处罚又偷税的，处三年以下有期徒刑或者拘役，并处偷税数额一倍以上五倍以下的罚金；偷税数额占应纳税额30%以上且偷税数额在100 000元以上的，处三年以上七年以下有期徒刑，并处偷税数额一倍以上五倍以下罚金。

扣缴义务人采取前款所列手段，不缴或者少缴已扣、已收税款，数额占应纳税款的10%以上并且数额在10 000元以上的，依照前款的规定处罚。对多次犯有前两款行为并未经处理的，按照累计数额计算。

（5）纳税人、扣缴义务人编造虚假计税依据的，由税务机关责令限期改正，并处50 000元以下的罚款。

纳税人不进行纳税申报，不缴或者少缴应纳税款的，由税务机关追缴其不缴或者少缴的税款、滞纳金，并处不缴或者少缴的税款50%以上五倍以下的罚款。

（6）纳税人欠缴应纳税款，采取转移或者隐匿财产的手段，妨碍税务机关追缴欠缴的税款的，由税务机关追缴欠缴的税款、滞纳金，并处欠缴税款50%以上五倍以下的罚款。

纳税人欠缴应纳税款，采取转移或者隐秘财产的手段，致使税务机关无法追缴欠缴的税款，数额在10 000元以上不满100 000元的，处三年以下有期徒刑或者拘役，并处或者单处欠缴税款一倍以上五倍以下罚金；数额在100 000元以上的，处三年以上七年以下有期徒刑，并处欠缴税款一倍以上五倍以下的罚金。

（7）以假报出口或者其他欺骗手段，骗取国家出口退税款的，由税务机关追缴其骗取的退税款，并处骗取税款一倍以上五倍以下的罚款。对骗取国家出口退税款的，税务机关可以在规定期间内停止为其办理出口退税。

以假报出口或者其他欺骗手段，骗取国家出口退税款，数额较大的，处五年以下有期徒刑或者拘役，并处骗取税款一倍以上五倍以下罚金；数额巨大或者有其他严重情节的，处五年以上十年以下有期徒刑，并处骗取税款一倍以上五倍以下的罚金；数额特别巨大或者其他特别严重情节的，处十年以上有期徒刑或者无期徒刑，并处骗取税款一倍以上五倍以下罚金或者没收财产。

（8）以暴力、威胁方法拒不缴纳税款的，是抗税，除由税务机关追缴其拒缴的税款、滞纳金外，依法追究刑事责任。情节轻微，未构成犯罪的，由税务机关追缴其拒缴的税款、滞纳金，并处拒缴税款一倍以上五倍以下的罚款。

以暴力、威胁方法拒不缴纳税款的，处三年以下有期徒刑或者拘役，并处拒缴税款一倍以上五倍以下罚金；情节严重的，处三年以上七年以下有期徒刑，并处拒缴税款一倍以上五倍以下罚金。

(9) 纳税人、扣缴义务人在规定期限内不缴或者少缴应纳或者应解缴的税款，经税务机关责令限期缴纳，逾期仍未缴纳的，税务机关除依照本法第四十条的规定采取强制执行措施追缴其不缴或者少缴的税款外，可以处不缴或者少缴的税款50%以上五倍以下的罚款。

(10) 扣缴义务人应扣未扣、应收而不收税款的，由税务机关向纳税人追缴税款，对扣缴义务人处应扣未扣、应收未收税款50%以上三倍以下的罚款。

(11) 纳税人、扣缴义务人逃避、拒绝或者以其他方式阻挠税务机关检查的，由税务机关责令改正，可以处10 000元以下的罚款；情节严重的，处10 000元以上50 000元以下的罚款。纳税人、扣缴义务人逃避、拒绝或者以其他方式阻挠税务机关检查的情形有：提供虚假资料，不如实反映情况，或者拒绝提供有关资料的；拒绝或者阻止税务机关记录、录音、录像、照相和复制与案件有关的情形和资料的；在检查期间，纳税人、扣缴义务人转移、隐匿、销毁有关资料的；有不依法接受税务检查的其他情形的。到车站、码头、机场、邮政企业及其分支机构检查纳税人有关情况时，有关单位拒绝的，由税务机关责令改正，可以处10 000元以下的罚款；情节严重的，处10 000元以上50 000元以下的罚款。

(12) 非法印制发票的，由税务机关销毁非法印制的发票，没收违法所得和作案工具，并处10 000元以上50 000元以下的罚款。

伪造或者出售伪造的增值税专用发票的，处三年以下有期徒刑、拘役或者管制，并处20 000元以上200 000元以下罚金；数量较大或者有其他严重情节的，处三年以上十年以下有期徒刑，并处50 000元以上500 000元以下罚金；数量巨大或者有其他特别严重情节的，处十年以上有期徒刑或者无期徒刑，并处50 000元以上

500 000 元以下罚金或者没收财产。

伪造并出售伪造的增值税专用发票，数量特别巨大，情节特别严重，严重破坏经济秩序的，处无期徒刑或者死刑，并处没收财产。

单位犯本条规定之罪的，对单位判处罚金，并对其直接负责的主管人员和其他直接责任人员，处三年以下有期徒刑、拘役或者管制；数量较大或者有其他严重情节的，处三年以上十年以下有期徒刑；数量巨大或者有其他特别严重情节的，处十年以上有期徒刑或者无期徒刑。

伪造、擅自制造或者出售伪造、擅自制造的可以用于骗取出口退税、抵扣税款的其他发票的，处三年以下有期徒刑、拘役或者管制，并处 20 000 元以上 200 000 元以下罚金；数量巨大的，处三年以上七年以下有期徒刑，并处 50 000 元以上 500 000 元以下罚金；数量特别巨大的，处七年以上有期徒刑，并处 50 000 元以上 500 000 元以下罚金或者没收财产。

伪造、擅自制造或者出售伪造、擅自制造的前款规定以外的其他发票的，处二年以下有期徒刑、拘役或者管制，并处或者单处 10 000 元以上 50 000 元以下罚金；情节严重的，处二年以上七年以下有期徒刑，并处 50 000 元以上 500 000 元以下罚金。

（13）从事生产、经营的纳税人、扣缴义务人有本法规定的税收违法行为，拒不接受税务机关处理的，税务机关可以收缴其发票或者停止向其发售发票。

（14）纳税人、扣缴义务人的开户银行或者其他金融机构拒绝接受税务机关依法检查纳税人、扣缴义务人存款账户，或者拒绝执行税务机关作出的冻结存款或者扣缴税款的决定，或者在接到税务机关的书面通知后帮助纳税人、扣缴义务人转移存款，造成税款流失的，由税务机关处 100 000 元以上 500 000 元以下的罚款，对直接负责的主管人员和其他直接责任人员处 1 000 元以上 10 000 元以下的罚款。

银行和其他金融机构未依照税收征管法的规定在从事生产、经营的纳税人的账户中登录税务登记证件号码，或者未按规定在税务登记证件中登录从事生产、经营的纳税人的账户账号的，由税务机关责令其限期改正，处2 000元以上20 000元以下的罚款；情节严重的，处20 000元以上50 000元以下的罚款。

为纳税人、扣缴义务人非法提供银行账户、发票、证明或者其他方便，导致未缴、少缴税款或者骗取国家出口退税款的，税务机关除没收其违法所得外，可以处未缴、少缴或者骗取的税款一倍以下的罚款。

6. 什么是完税凭证？完税凭证有什么用？

完税凭证是税务机关征收税款时依照税法规定给纳税人开具的专用凭证，是全面反映税收征纳情况的书面文件，既是纳税单位和个人履行纳税义务的合法凭证，又是税务机关进行税收会计和统计核算、监督的原始凭证，同时也是国库收纳国家预算收入的凭证。税务机关在征收税款的过程中向纳税人依法开具完税凭证，对于正确贯彻执行国家的税收政策，保证国家财政收入及时足额入库，维护纳税人的合法权益，都有重要作用。

税务机关征收税款时，必须给纳税人开具完税凭证。根据税收征管法实施细则的规定，完税凭证的种类有：各种完税证、缴款书、印花税票、扣（收）税凭证以及其他完税证明。完税凭证一般包括以下主要内容：

（1）纳税人部分。包括纳税单位和个人的名称、地址、开户银行、账户、电话、经济性质、隶属关系等。

（2）税源部分。包括税种、类别、产品名称、计税单位、计税数量、计税单价、计税总值、营业额、所得额、销售收入额、所得税额、税率等。

（3）税收部分。包括应纳税额、总计金额、扣除金额、应纳所得税额、减征或抵免税额、附加收入、滞纳金、预算科目等。

（4）征管部分。包括征收机关（委托代征、代扣单位）、填票人，复核人、填票日期、税款所属期、税款限缴日期及票证专用戳记等。

（5）其他部分。包括反映收入归属情况的收入机关、预算级次、国家金库部门和国库章戳、收款日期、会计分录、备注以及个别完税凭证的一些特定项目。

由于目前大部分税款采取网上申报的方式，应缴税款通过开户银行（邮局）账户转账后，纳税人应取得完税凭证。完税凭证采用以下方式开具：（1）税务机关将完税凭证发给纳税人各开户银行（邮局），委托各开户银行（邮局）代开。（2）银行（邮局）划转税款时开具银行（邮局）内部的收款票据，交纳税人作税款支付凭据，纳税人需要正式完税凭证的，再由税务机关开具。（3）税务机关通过票据自动打印封装设备定期集中打印完税凭证寄发纳税人。纳税人的应缴税款征收机关只能选择上述一种与电子缴税方式相适应开票方法，不能同时采取多种方式。完税凭证套印省级税务机关“征税专用章”。若一个纳税人缴纳不同税种的税款和不同所属时期的税款应合填一张完税凭证。

表 1－1

中华人民共和国

税收电子转账专用完税证　（200221）京国电××号

填发日期：　　年　　月　　日

税务登记代码		征收机关		
纳税人全称		收款银行（邮局）		
税（费）种	税款所属日期	实缴金额		
合计金额	（大写）			
税务机关 （盖章）	收款银行（邮局） （盖章）	经手人 （签章）	备注	

电脑打印　手工无效

本表各栏填写说明如下：

（1）本凭证适用于纳税人缴纳各种税款、基金、费用、滞纳金和罚款。

（2）本凭证套印国家税务总局统一制发的“税收票证监制章”。

（3）本凭证无论是税务机关填开，还是银行（邮局）代开，“征收机关”栏必须填写县或市级税务机关全称。

（4）本凭证由银行（邮局）代开时，“收款银行（邮局）”和“收款银行（邮局）（盖章）”两栏必须填写盖章；由税务机关填开时此两栏不需要填写盖章。

7. 纳税人拥有的权利有哪些？纳税人应该承担什么义务？

纳税人在履行纳税义务过程中，依法享有下列权利：

（1）知情权。是指纳税人有权向税务机关了解国家税收法律、行政法规的规定以及与纳税程序有关的情况，包括：现行税收法律、行政法规和税收政策规定；办理税收事项的时间、方式、步骤以及需要提交的资料；应纳税额核定及其他税务行政处理决定的法律依据、事实依据和计算方法；与税务机关在纳税、处罚和采取强制执行措施时发生争议或纠纷时，纳税人可以采取的法律救济途径及需要满足的条件。

（2）保密权。纳税人有权要求税务机关为纳税人的情况保密。税务机关依法为纳税人的商业秘密和个人隐私保密，主要包括纳税人的技术信息、经营信息和纳税人、主要投资人以及经营者不愿公开的个人事项。上述事项，如无法律、行政法规明确规定或者纳税人的许可，税务机关将不会对外部门、社会公众和其他个人提供。但根据法律规定，税收违法行为信息不属于保密范围。

（3）税收监督权。纳税人对税务机关违反税收法律、行政法规的行为，如税务人员索贿受贿、徇私舞弊、玩忽职守，不征或者少征应征税款，滥用职权多征税款或者故意刁难等，可以进行检举和控告。同时，纳税人对其他纳税人的税收违法行为也有权进行检举。

（4）纳税申报方式选择权。纳税人可以直接到办税服务厅办理纳税申报或者报送代扣代缴、代收代缴税款报告表，也可以按照规定采取邮寄、数据电文或者其他方式办理上述申报、报送事项。但采取邮寄或数据电文方式办理上述申报、报送事项的，需经纳税人的主管税务机关批准。

纳税人如采取邮寄方式办理纳税申报，应当使用统一的纳税申报专用信封，并以邮政部门收据作为申报凭据。邮寄申报以寄出的邮戳日期为实际申报日期。

数据电文方式是指税务机关确定的电话语音、电子数据交换和网络传输等电子方式。纳税人如采用电子方式办理纳税申报，应当按照税务机关规定的期限和要求保存有关资料，并定期书面报送给税务机关。

（5）申请延期申报权。纳税人如不能按期办理纳税申报或者报送代扣代缴、代收代缴税款报告表，应当在规定的期限内向税务机关提出书面延期申请，经核准，可在核准的期限内办理。经核准延期办理申报、报送事项的，应当在税法规定的纳税期内按照上期实际缴纳的税额或者税务机关核定的税额预缴税款，并在核准的延期内办理税款结算。

（6）申请延期缴纳税款权。如纳税人因有特殊困难，不能按期缴纳税款的，经省、自治区、直辖市国家税务局、地方税务局批准，可以延期缴纳税款，但是最长不得超过三个月。计划单列市国家税务局、地方税务局可以参照省级税务机关的批准权限，审批纳税人的延期缴纳税款申请。

纳税人满足以下任何一个条件，均可以申请延期缴纳税款：一是因不可抗力，导致纳税人发生较大损失，正常生产经营活动受到较大影响的；二是当期货币资金在扣除应付职工工资、社会保险费后，不足以缴纳税款的。

（7）申请退还多缴税款权。对纳税人超过应纳税额缴纳的税款，税务机关发现后，将自发现之日起 10 日内办理退还手续；如纳税人自结算缴纳税款之日起三年内发现的，可以向税务机关要求退还多缴的税款并加算银行同期存款利息。税务机关将自接到纳税人退还申请之日起 30 日内查实并办理退还手续，涉及从国库中退库的，依照法律、行政法规有关国库管理的规定退还。

(8) 依法享受税收优惠权。纳税人可以依照法律、行政法规的规定书面申请减税、免税。减税、免税的申请须经法律、行政法规规定的减税、免税审查批准机关审批。减税、免税期满，应当自期满次日起恢复纳税。减税、免税条件发生变化的，应当自发生变化之日起15日内向税务机关报告；不再符合减税、免税条件的，应当依法履行纳税义务。

如纳税人享受的税收优惠需要备案的，应当按照税收法律、行政法规和有关政策规定，及时办理事前或事后备案。

(9) 委托税务代理权。纳税人有权就以下事项委托税务代理人代为办理：办理、变更或者注销税务登记、除增值税专用发票外的发票领购手续、纳税申报或扣缴税款报告、税款缴纳和申请退税、制作涉税文书、审查纳税情况、建账建制、办理财务、税务咨询、申请税务行政复议、提起税务行政诉讼以及国家税务总局规定的其他业务。

(10) 陈述与申辩权。纳税人对税务机关作出的决定，享有陈述权、申辩权。如果纳税人有充分的证据证明自己的行为合法，税务机关就不得对纳税人实施行政处罚；即使纳税人的陈述或申辩不充分合理，税务机关也会向纳税人解释实施行政处罚的原因。税务机关不会因纳税人的申辩而加重处罚。

(11) 对未出示税务检查证和税务检查通知书的拒绝检查权。税务机关派出的人员进行税务检查时，应当向纳税人出示税务检查证和税务检查通知书；对未出示税务检查证和税务检查通知书的，纳税人有权拒绝检查。

(12) 税收法律救济权。纳税人对税务机关作出的决定，依法享有申请行政复议、提起行政诉讼、请求国家赔偿等权利。

纳税人、纳税担保人同税务机关在纳税上发生争议时，必须先依照税务机关的纳税决定缴纳或者解缴税款及滞纳金或者提供相应的担保，然后可以依法申请行政复议；对行政复议决定不服的，可以依法向人民法院起诉。如纳税人对税务机关的处罚决定、强制执行措施或者税收保全措施不服的，可以依法申请行政复议，也可以依法向人民法院起诉。

当税务机关的职务违法行为给纳税人和其他税务当事人的合法权益造成侵害时，纳税人和其他税务当事人可以要求税务行政赔偿。主要包括：一是纳税人在限期内已缴纳税款，税务机关未立即解除税收保全措施，使纳税人的合法权益遭受损失的；二是税务机关滥用职权违法采取税收保全措施、强制执行措施或者采取税收保全措施、强制执行措施不当，使纳税人或者纳税担保人的合法权益遭受损失的。

（13）依法要求听证的权利。对纳税人作出规定金额以上罚款的行政处罚之前，税务机关会向纳税人送达税务行政处罚事项告知书，告知纳税人已经查明的违法事实、证据、行政处罚的法律依据和拟将给予的行政处罚。对此，纳税人有权要求举行听证。税务机关将应纳税人的要求组织听证。如纳税人认为税务机关指定的听证主持人与本案有直接利害关系，纳税人有权申请主持人回避。

对应当进行听证的案件，税务机关不组织听证，行政处罚决定不能成立。但纳税人放弃听证权利或者被正当取消听证权利的除外。

（14）索取有关税收凭证的权利。税务机关征收税款时，必须给纳税人开具完税凭证。扣缴义务人代扣、代收税款时，纳税人要求扣缴义务人开具代扣、代收税款凭证时，扣缴义务人应当开具。

税务机关扣押商品、货物或者其他财产时，必须开付收据；查封商品、货物或者其他财产时，必须开付清单。

依照宪法、税收法律和行政法规的规定，纳税人在纳税过程中负有以下义务：

（1）依法进行税务登记的义务。纳税人应当自领取营业执照之日起30日内，持有关证件，向税务机关申报办理税务登记。税务登记主要包括领取营业执照后的设立登记、税务登记内容发生变化后的变更登记、依法申请停业、复业登记、依法终止纳税义务的注销登记等。

在各类税务登记管理中，纳税人应该根据税务机关的规定分别提交相关资料，及时办理。同时，纳税人应当按照税务机关的规定使用税务登记证件。税务登记证件不得转借、涂改、损毁、买卖或者伪造。

（2）依法设置账簿、保管账簿和有关资料以及依法开具、使用、取得和保管发票的义务。纳税人应当按照有关法律、行政法规和国务院财政、税务主管部门的规定设置账簿，根据合法、有效凭证记账，进行核算；从事生产、经营的，必须按照国务院财政、税务主管部门规定的保管期限保管账簿、记账凭证、完税凭证及其他有关资料；账簿、记账凭证、完税凭证及其他有关资料不得伪造、变造或者擅自损毁。

此外，纳税人在购销商品、提供或者接受经营服务以及从事其他经营活动中，应当依法开具、使用、取得和保管发票。

（3）财务会计制度和会计核算软件备案的义务。纳税人的财务、会计制度或者财务、会计处理办法和会计核算软件，应当报送税务机关备案。纳税人的财务、会计制度或者财务、会计处理办法与国务院或者国务院财政、税务主管部门有关税收的规定抵触的，应依照国务院或者国务院财政、税务主管部门有关税收的规定计算应纳税款、代扣代缴和代收代缴税款。

（4）按照规定安装、使用税控装置的义务。国家根据税收征收管理的需要，积极推广使用税控装置。纳税人应当按照规定安装、使用税控装置，不得损毁或者擅自改动税控装置。如纳税人未按规定安装、使用税控装置，或者损毁或者擅自改动税控装置的，税务机关将责令纳税人限期改正，并可根据情节轻重处以规定数额内的罚款。

（5）按时、如实申报的义务。纳税人必须依照法律、行政法规规定或者税务机关依照法律、行政法规的规定确定的申报期限、申报内容如实办理纳税申报，报送纳税申报表、财务会计报表以及税务机关根据实际需要要求纳税人报送的其他纳税资料。

作为扣缴义务人，纳税人必须依照法律、行政法规规定或者税务机关依照法律、行政法规的规定确定的申报期限、申报内容如实报送代扣代缴、代收代缴税款报告表以及税务机关根据实际需要要求纳税人报送的其他有关资料。

纳税人即使在纳税期内没有应纳税款，也应当按照规定办理纳税申报。享受减税、免税待遇的，在减税、免税期间应当按照规定办理纳税申报。

（6）按时缴纳税款的义务。纳税人应当按照法律、行政法规规定或者税务机关依照法律、行政法规的规定确定的期限，缴纳或者解缴税款。

未按照规定期限缴纳税款或者未按照规定期限解缴税款的，税务机关除责令限期缴纳外，从滞纳税款之日起，按日加收滞纳税款万分之五的滞纳金。

（7）代扣、代收税款的义务。如纳税人按照法律、行政法规规定负有代扣代缴、代收代缴税款义务，必须依照法律、行政法规的规定履行代扣、代收税款的义务。纳税人依法履行代扣、代收税款义务时，纳税人不得拒绝。纳税人拒绝的，纳税人应当及时报告税务机关处理。

（8）接受依法检查的义务。纳税人有接受税务机关依法进行税务检查的义务，应主动配合税务机关按法定程序进行的税务检查，如实地向税务机关反映自己的生产经营情况和执行财务制度的情况，并按有关规定提供报表和资料，不得隐瞒和弄虚作假，不能阻挠、刁难税务机关的检查和监督。

（9）及时提供信息的义务。纳税人除通过税务登记和纳税申报向税务机关提供与纳税有关的信息外，还应及时提供其他信息。如纳税人有歇业、经营情况变化、遭受各种灾害等特殊情况的，应及时向税务机关说明，以便税务机关依法妥善处理。

（10）报告其他涉税信息的义务。为了保障国家税收能够及时、足额征收入库，税收法律还规定了纳税人有义务向税务机关报告如下涉税信息：

纳税人有义务就纳税人与关联企业之间的业务往来，向当地税务机关提供有关的价格、费用标准等资料。

纳税人有欠税情形而以财产设定抵押、质押的，应当向抵押权人、质权人说明纳税人的欠税情况。

企业合并、分立的报告义务。纳税人有合并、分立情形的，应当向税务机关报告，并依法缴清税款。合并时未缴清税款的，应当由合并后的纳税人继续履行未履行的纳税义务；分立时未缴清税款的，分立后的纳税人对未履行的纳税义务应当承担连带责任。

报告全部账号的义务。如纳税人从事生产、经营，应当按照国家有关规定，持税务登记证件，在银行或者其他金融机构开立基本存款账户和其他存款账户，并自开立基本存款账户或者其他存款账户之日起15日内，向纳税人的主管税务机关书面报告全部账号；发生变化的，应当自变化之日起15日内，向纳税人的主管税务机关书面报告。

处分大额财产报告的义务。如纳税人的欠缴税款数额在50 000元以上，纳税人在处分不动产或者大额资产之前，应当向税务机关报告。

二、增 值 税

1. 增值税的主要特征是什么？增值税的纳税范围是如何规定的？农民从事哪些经营活动需要缴纳增值税？

增值税是以商品或者应税劳务在流转过程中产生的增值额作为征税对象而征收的一种流转税。按照我国增值税法的规定，增值税是对在我国境内销售货物或者提供加工、修理修配劳务、交通运输业和部分现代服务业服务以及进口货物的企业单位和个人，就其货物销售或者提供应税劳务的增值额和货物进口金额作为计税依据而课征的一种流转税。在实践中，农民从事上述经营活动需要按照规定缴纳增值税。增值税的主要特征如下：

（1）保持税收中性。根据增值税的计税原理，流转额中的非增值因素在计税时应被扣除。因而对同一商品而言，无论流转环节的多与少，只要增值额相同，税负就应该一样，不会因征税而影响商品的生产结构、组织结构和产品结构。

（2）普遍征收。从增值税的征税范围来看，对从事商品生产经营和提供劳务的所有单位和个人，在商品增值的各个生产及其流通环节向纳税人普遍征收，即环环征收、道道征收。

（3）税负由商品最终消费者承担。虽然在每个商品生产经营环节是向企业主征收，但是企业主在商品销售时又会通过价格将税收负担转嫁给下一个生产或者流通环节，最后由最终消费者来承担。

（4）实行税款抵扣制度。在计算企业主应纳税额时，要扣除商品在上一个生产或者流通环节已经负担的税款，以避免重复征税。

（5）实行价外税制度。在计算税款时，作为计税依据的销售额中不包含增值税税额。这是增值税区别于其他流转税种以全部流转额作为计税依据的一个重要标志。

增值税的征税范围包括：

（1）增值税的基本征税范围。凡在我国境内销售货物或者提供加工、修理修配劳务、交通运输业和部分现代服务业服务以及进口货物的，都属于增值税的纳税范围。“销售货物”指有偿转让货物的所有权。“有偿”则包括从购买方取得的货币、实物和其他经济利益。“货物”是指有形动产，包括电力、热力、气体在内，但不包括无形资产和不动产。“加工”是指受托加工货物，即委托方提供原料及主要材料，受托方按照委托方的要求制造货物并收取加工费的业务。“修理修配”是指受托对损伤和丧失功能的货物进行修复，使其恢复原状和功能的业务。提供加工和修理修配劳务都是指有偿提供加工和修理修配劳务。但单位或个体经营者聘用的员工为本单位或雇主提供加工、修理修配劳务则不包括在内。有偿不仅仅是指从购买方取得货币，还包括取得货物或其他经济利益。“服务”是指陆路运输服务、水路运输服务、航空运输服务、管道运输服务、研发和技术服务、信息技术服务、文化创意服务、物流辅助服务、有形动产租赁服务、鉴证咨询服务。“进口货物”是指申报进入我国海关境内的货物。确定一项货物是否属于进口货物，必须看其是否办理了报关进口手续。只要是报关进口的应税货物，均属于增值税征税范围，在进口环节缴纳增值税。

（2）增值税的特殊项目。增值税的特殊项目主要是以下内容：

第一，对工业企业生产中的废品以及工业企业、商业企业的下脚废料和废旧包装物在销售时，应一律按销售货物计算征收增值税。

第二，货物期货（包括商品期货和贵金属期货）中的实物交割、银行销售金银的业务、典当业的死当物品销售业务和寄售行业代委托人销售寄售物品的业务、集邮商品的生产以及邮政部门以外的其他单位和个人销售集邮商品，均应该征收增值税。邮政部门销售集邮商品不缴增值税而缴营业税。

第三，销售自产货物并同时提供建筑业劳务的，须向建筑业劳务发生地主管地方税务机关提供其机构所在地主管国家税务机关出具的本纳税人经营范围的证明。建筑业劳务发生地主管地方税务机关根据其证明，按照建筑业的劳务额计算征收营业税，建筑业劳务主管国家税务机关则根据货物的销售额计算征收增值税。

第四，邮政部门发行报刊，征收营业税；其他单位和个人发行报刊，征收增值税。

第五，融资租赁业务中经批准经营融资租赁业务的单位，其所从事的融资租赁业务，征收营业税；不征收增值税。其他单位从事的融资租赁业务的，若租赁货物的所有权转让给承租方，征收增值税；若租赁货物的所有权未转让给承租方，不征收增值税。融资性售后回租业务中承租方出售资产的行为，不征收增值税和营业税。

第六，对从事热力、电力、燃气、自来水等公用事业的增值税纳税人收取的一次性费用，凡与货物的销售数量有直接关系的，征收增值税；凡与货物的销售数量无直接关系的，不征收增值税。各燃油电厂从政府财政专户取得的发电补贴不属于增值税规定的价外费用，不计入应税销售额，不征收增值税。

第七，纳税人代有关行政管理部门收取的费用，凡同时符合以下条件的，不属于价外费用，不征收增值税：经国务院、国务院有关部门或省级政府批准；开具经财政部门批准使用的行政事业收费专用票据；所收款项全额上缴财政或虽不上缴财政但由政府部门监管，专款专用。

第八，纳税人销售货物的同时代办保险而向购买方收取的保险费，以及从事汽车销售的纳税人向购买方收取的代购买方缴纳的车辆购置税、牌照费，不作为价外费用征收增值税。

第九，纳税人销售软件产品并随同销售一并收取的软件安装费、维护费、培训费等收入，应按照增值税混合销售的有关规定征收增值税，并可享受软件产品增值税即征即退政策。对软件产品交付使用后，按期或按次收取的维护、技术服务费、培训费等不征收增值税。

第十，印刷企业接受出版单位委托，自行购买纸张，印刷有统一刊号（CN）以及采用国际标准书号编序的图书、报纸和杂志，按货物销售征收增值税。

第十一，对会员制的零售企业所收取的会员费收入不征收增值税。

第十二，纳税人提供的矿产资源开采、挖掘、切割、破碎、分拣、洗选等劳务，属于增值税应税劳务，应当缴纳增值税。

第十三，纳税人转让土地使用权或者销售不动产的同时一并销售的附着于土地或者不动产上的固定资产中，凡属于增值税应税货物的，应计算缴纳增值税；凡属于不动产的，应按照“销售不动产”税目计算缴纳营业税。纳税人应分别核算增值税应税货物和不动产的销售额，未分别核算或核算不清的，由主管税务机关核定其增值税应税货物的销售额和不动产的销售额。

第十四，纳税人在资产重组过程中，通过合并、分立、出售、置换等方式，将全部或者部分实物资产以及与其相关联的债权、债务和劳动力一并转让给其他单位和个人的行为，不属于增值税征收范围，其中涉及的货物转让，不征收增值税。

第十五，纳税人受托开发软件产品，著作权属于受托方的征收增值税，著作权属于委托方或属于双方共同拥有的不征收增值税；对经过国家版权局注册登记，纳税人在销售时一并转让著作权、所有权的，不征收增值税。

第十六，供电企业利用自身输变电设备对并入电网的企业自备电厂生产的电力产品进行电压调节，属于提供加工劳务。对于上述供电企业进行电力调压并按电量向电厂收取的并网服务费，应当征收增值税，不征收营业税。

第十七，下列非营业活动中提供的交通运输业和部分现代服务业服务不属于提供应税服务，不征收增值税：非企业性单位按照法律和行政法规的规定，为履行国家行政管理和公共服务职能收取政府性基金或者行政事业性收费的活动；单位或者个体工商户为员工提供交通运输业和部分现代服务业服务；单位或者个体工商户为员工提供交通运输业和部分现代服务业服务。

（3）纳税范围的特殊行为。

第一，视同销售。纳税人发生的下列行为应该视同销售货物：将货物交付其他单位或者个人代销；销售代销货物；设有两个以上机构并实行统一核算纳税人，将货物从一个机构移送其他机构用于销售，但相关机构设在同一县（市）的除外；将自产或委托加工的货物用于非应税项目；将自产、委托加工或购买的货物作为投资提供给其他单位或个体经营者；将自产、委托加工或购买的货物分配给股东或投资者；将自产、委托加工的货物用于集体福利或个人消费；将自产、委托加工或购买的货物无偿赠送其他单位或者个人。企业若发生固定资产视同销售行为，对已经使用过的固定资产无法确定销售额的，以固定资产净值作为销售额处理。

第二，视同提供应税服务。纳税人向其他单位或者个人无偿提供交通运输业和部分现代运输业服务的，应视同提供应税服务。但以公益活动为目的或者以社会公众为对象的除外。

第三，混合销售。一项销售行为如果既涉及货物又涉及非增值税应税劳务，为混合销售行为。从事货物的生产、批发或者零售的企业、企业性单位和个体工商户的混合销售行为，视为销售货物，应当缴纳增值税；其他单位和个人的混合销售行为，视为销售非增值税应税劳务，不缴纳增值税。非增值税应税劳务，是指属于应缴营业税的铁路运输服务、建筑业、金融保险业、邮电通信业、文化体育业、娱乐业、服务业税目征收范围的劳务。从事货物的生产、批发或者零售的企业、企业性单位和个体工商户，包括以从事货物的生产、批发或者零售为主，并兼营非增值税应税劳务的单位和个体工商户在内。

纳税人的下列混合销售行为，应当分别核算货物的销售额和非增值税应税劳务的营业额，并根据其销售货物的销售额计算缴纳增值税，非增值税应税劳务的营业额不缴纳增值税；未分别核算的，由主管税务机关核定其货物的销售额：销售自产货物并同时提供建筑业劳务的行为；财政部、国家税务总局规定的其他情形。

第四，兼营。纳税人兼营非增值税应税项目的，应分别核算货物或者应税劳务的销售额和非增值税应税项目的营业额；未分别核算的，由主管税务机关核定货物或者应税劳务的销售额。纳税人兼营不同税率货物或应税劳务，属于同税种的，应按不同税率、不同类别或项目分别核算，凡有免税项目的，也应该单独核算。若不能分别核算或不能准确核算的，免税的不得免税，应税的税率从高。

第五，代购。代购货物如果同时具备以下条件的，不征收增值税，仅按其手续费收入计算缴纳营业税。如果不同时具备以下条件的，无论企业会计准则如何规定处理，均应缴纳增值税。条件是：受托方不垫付资金；销货方将发票开具给委托方，并由受托方将该项发票转交给委托方；受托方按销售方实际收取的销售额与委托方结算货款，并另外收取手续费。

2. 增值税的纳税人是如何规定的？一般纳税人与小规模纳税人如何进行区分？

在中华人民共和国境内销售货物，提供加工修理、修配劳务以及进口货物的单位或个人，为增值税的纳税义务人。所称货物，是指有形动产，包括电力、热力、气体在内。所称加工，是指受托加工货物，即委托方提供原料及主要材料，受托方按照委托方的要求制造货物并收取加工费的业务。所称修理修配，是指受托对损伤和丧失功能的货物进行修复，使其恢复原状和功能的业务。所称销售货物，是指有偿转让货物的所有权。所称提供加工、修理修配劳务，是指有偿提供加工、修理修配劳务。但单位或个体经营者聘用的员工为本单位或雇主提供加工、修理修配劳务，不包括在内。所称在中华人民共和国境内销售货物、提供劳务，是指所销售的货物起运地或所在地在中华人民共和国境内；提供的应税劳务发生在中华人民共和国境内。所称单位，是指国有企业、集体企业、私有企业、股份制企业、其他企业和行政单位、事业单位、军事单位、社会团体及其他单位。所称个人，是指个体经营者及其他个人。所称进口货物，是指申报进入我国海关境内的货物。确定一项货物是否属于进口货物，必须看其是否办理了报关进口手续。只要是报关进口的应税货物，均属于增值税征税范围，在进口环节缴纳增值税。

单位租赁或者承包给其他单位或者个人经营的，以承租人或者承包人为纳税人。

境外的单位或个人在境内销售应税劳务而在境内未设有经营机构的，其应纳税款以代理人为扣缴义务人；没有代理人的，以购买者为扣缴义务人。

（1）小规模纳税人。从事货物生产或者提供应税劳务的纳税人以及以从事货物生产或者提供应税劳务为主，并兼营货物批发或者零售的纳税人，年应征增值税销售额（简称应税销售额）在 50 万元以下（含本数）的；未达到该项规定以外的纳税人，年应税销售额在 80 万元以下的。提供交通运输业和部分现代服务业服务的纳税人，应税服务年销售额未超过 500 万元的。所称以从事货物生产或者提供应税劳务为主，是指纳税人的年货物生产或者提供应税劳务的销售额占年应税销售额的比重在 50% 以上。

年应税销售额超过小规模纳税人标准的其他个人按小规模纳税人纳税；非企业性单位、不经常发生应税行为的企业可选择按小规模纳税人纳税。

年应税销售额不包括其应纳税额。如果该销售额为含税的，应按照应税货物或应税劳务的适用税率或征收率换算为不含税的销售额。

（2）一般纳税人。是指年应纳增值税销售额超过税法规定的小规模纳税人标准的企业和企业性单位。年应纳增值税销售额未超过小规模纳税人的企业、个人、非企业性单位以及不经常发生增值税应税行为的企业，一般不认定为一般纳税人。

符合一般纳税人标准的纳税人，根据有关的规定，应向其主管税务机关办理认定手续，提交书面报告，同时提交营业执照、银行账号证明、有关合同、公司章程或协议资料。主管税务机关在初步审核企业的申请报告和有关资料后，获取增值税一般纳税人申请认定表，企业应如实填写增值税一般纳税人申请认定表。企业填报增值税一般纳税人申请以定表一式两份，审批后，一份交基层征收机关，一份退企业留存。一般纳税人认定的审批权限，在县级以上税务主管部门。对于企业填报的增值税一般纳税人申请认定表，负责审批的税务机关会在收到之日起30日内审核完毕。符合一般纳税人条件的，在税务登记证副本首页上面加盖“增值税一般纳税人”资格确认专用章，作为领购增值税专用发票的证件。除国家税务总局另有规定的除外，纳税人一经被认定为一般纳税人后不得再转为小规模纳税人。

（3）扣缴义务人。境外的单位或个人在我国境内销售应税货物或者提供应税劳务而在境内未设有机构的纳税人，其应纳税款以代理人为代扣代缴义务人；没有代理人的，以购买者为代扣代缴义务人。

3. 增值税的税率与征收率是如何规定的？其计税依据如何规定？

（1）基本税率。纳税人销售或进口货物，提供加工、修理修配劳务的，提供有形动产租赁服务的，税率均为17%。

（2）低税率。纳税人销售或进口下列货物的，税率为13%：农产品（种植业、养殖业、林业、牧业、水产业生产的各种植物、动物的初级产品）、食用植物油、食用盐；自来水、暖气、冷气、热水、煤气、石油液化气、天然气、沼气、居民用煤炭制品；图书、报纸、杂志、音像制品、电子出版物（电子出版物，是指以数字代码方式，使用计算机应用程序，将图文声像等内容信息编辑加工后存储在具有确定的物理形态的磁、光、电等介质上，通过内嵌在计算机、手机、电子阅读设备、电子显示设备、数字音/视频播放设备、电子游戏机、导航仪以及其他具有类似功能的设备上读取使用，具有交互功能，用以表达思想、普及知识和积累文化的大众传播媒体。载体形态和格式主要包括只读光盘、一次写入式光盘、可擦写光盘、软磁盘、硬磁盘、集成电路卡和各种存储芯片）；饲料、化肥、农药、农机、农膜、二甲醚；国务院规定的其他货物。

纳税人提供交通运输业服务的，税率为11%。

纳税人提供现代服务业服务的，税率为6%。

(3) 零税率。纳税人出口货物，税率为零。但是国务院另有规定的除外（目前有：出口的原油，援外出口货物；国家禁止出口的天然牛黄、麝香、铜及铜基合金、白金等；糖）。出口货物包括两类：一类是报送出境的货物；一类是运往海关管理的保税工厂、保税仓库和保税区的货物。与此相适应，对于从保税工厂、保税仓库和保税区运往境内其他地区的货物，则按进口货物对待。

(4) 征收率。增值税对小规模纳税人采用简易征收办法，对小规模纳税人适用的税率称作征收率。

3%的征收率。小规模纳税人销售货物、提供应税劳务，其增值税的征收率为3%。

2%的征收率。小规模纳税人（不包括其他个人）销售自己使用过的固定资产（开具普通发票，不得由税务机关代开增值税专用发票），适用2%征收率。如果销售自己使用过的除固定资产以外的物品，则适用3%的征收率。

4%的征收率。一般纳税人销售以下特殊货物，适用4%的征收率：寄售商店代销寄售物品（包括居民个人寄售的物品在内）；典当业销售死当物品；经国务院或国务院授权批准的免税商店零售的免税品。

6%的征收率。一般纳税人销售以下自产货物，适用6%征收率：县级及县级以下小型水力发电单位（装机容量为5万千瓦以下，含5万千瓦）生产的电力；建筑用和生产建筑材料所用的砂、土、石料；以自己采掘的砂、土、石料或其他矿物连续生产的砖、瓦、石灰（不含黏土实心砖、瓦）；用微生物、微生物代谢产物、动物毒素、人或动物血液或组织制成的生物制品；自来水；商品混凝土（仅限于以水泥为原料生产的水泥混凝土）。

一般纳税人有权选择是否适用简易办法计算纳税，但一经确定，36 个月内不得变更。属于一般纳税人的自来水公司销售的自来水若是从自来水厂购进的（不是自产的），也按简易办法适用 6% 的征收率，但没有选择不按简易办法的权利。

增值税的计税销售额为纳税人在我国境内销售货物或者提供加工、修理修配劳务、交通运输业和部分现代服务业服务以及进口货物时向购买方收取的全部价款和价外费用。按现行税法规定，计税销售额是指应税货物或劳务的不含增值税税额在内的销售额，即不含税销售额。采用不含税销售额计算增值税，可以使税款与价格分开，从而使企业的成本、利润核算不受税收的影响。所称价外费用，包括价外向购买方收取的手续费、补贴、基金、集资费、返还利润、奖励费、违约金、滞纳金、延期付款利息、赔偿金、代收款项、代垫款项、包装费、包装物租金、储备费、优质费、运输装卸费以及其他各种性质的价外收费。但下列项目不包括在内：受托加工应征消费税的消费品所代收代缴的消费税。同时符合以下条件的代垫运输费用：承运部门的运输费用发票开具给购买方的；纳税人将该项发票转交给购买方的。同时符合以下条件代为收取的政府性基金或者行政事业性收费：由国务院或者财政部批准设立的政府性基金，由国务院或者省级人民政府及其财政、价格主管部门批准设立的行政事业性收费；收取时开具省级以上财政部门印制的财政票据；所收款项全额上缴财政。销售货物的同时代办保险等而向购买方收取的保险费以及向购买方收取的代购买方缴纳的车辆购置税、车辆牌照费。

应该注意的是，增值税一般纳税人向购买方收取的价外费用和逾期包装物押金，应视为含税收入，在征税时必须先换算成不含税收入，然后再并入销售额计算增值税。

一般纳税人销售货物或者应税劳务，采用销售额和销项税额合并定价方法的，按下列公式计算计税销售额：

$$销售额=\frac{含税销售额}{1+增值税税率}$$

纳税人按人民币以外的货币结算销售额的，其销售额的人民币折合率可以选择销售额发生的当天或者当月1日的人民币汇率中间价。纳税人应在事先确定采用何种折合率，确定后1年内不得变更。

纳税人销售货物或者提供应税劳务的价格明显偏低并无正当理由的，或者有视同销售货物行为而无销售额者，按下列顺序确定销售额：按纳税人最近时期同类货物的平均销售价格确定；按其他纳税人最近时期同类货物的平均销售价格确定；按组成计税价格确定。组成计税价格的公式是：组成计税价格 = 成本 ×（1 + 成本利润率）。属于应征消费税的货物，其组成计税价格中应加计消费税额。公式中的成本是指：销售自产货物的为实际生产成本，销售外购货物的为实际采购成本。公式中的成本利润率由国家税务总局确定。

小规模纳税人的计税销售额不包括其应纳增值税税额。小规模纳税人销售货物或者应税劳务采用销售额和应纳税额合并定价方法的，按下列公式计算销售额：

$$销售额 = \frac{含税销售额}{1 + 征收率}$$

混合销售行为应当缴纳增值税的，其销售额为货物的销售额与非增值税应税劳务营业额的合计。

纳税人为了鼓励购买方多买货物而给予购买方提供的价格优惠称作商业折扣。由于卖方的折扣行为和销售行为是同时发生的，因而税法规定，如果销售额和折扣额是在同一张发票上面分别注明的，可按折扣后的销售额征收增值税；如果将折扣额另开发票，则无论其在财务上面如何处理，均不得从销售额中扣减折扣额。

纳税人为了鼓励购买方尽早付清货款而给予购买方的价格优惠称作现金折扣。如5天内付清款项，可按照售价折扣5%；5天以上10天以内付清款项，可按售价折扣3%；10天以上付清款项，则不再给予折扣优惠。由于现金折扣是在销货后发生的，应该属于企业的融资行为，因而其折扣额不得从计税销售额中扣除。

纳税人因销售货物卖出后出现了品种、质量方面的问题，而被对方要求退回或者提供一定的价格折让，致使纳税人退还给购买方的销售额，应从发生销售货物退回或者折让当期的销售额中扣减。

纳税人采取以旧换新方式销售货物，应按新货物的同期销售价格确定销售额。因此，采取以旧换新方式销售货物，应按货物的同期销售价格开具发票并计算增值税。不得减除旧货物的收购额。考虑到金银首饰以旧换新业务的特殊情况，可以按照销售方实际收取的全部价款（不含税销售额）征收增值税。所称以旧换新是指卖方在销售货物时，以折扣方式收回同类旧货物的行为。

纳税人采取还本销售方式销售货物，不得从销售额中减除还本支出。应按包括还本支出在内的销售额计征增值税。还本销售是企业销售货物后，在一定期限内将全部或部分销货款一次或分次无条件退还给购货方的一种销售方式。

以物易物双方都应作购销处理，以各自发出的货物核算销售额并计算销项税额，以各自收到的货物按规定核算购货额并计算进项税额。应注意的是：在以物易物活动中，应分别开具合法的票据，如收到的货物不能取得相应的增值税专用发票或其他合法票据的，不能抵扣进项税额。所称以物易物是一种较为特殊的购销活动，是指购销双方不是以货币结算，而是以同等价款的货物相互结算，实现货物购销的一种方式。

4. 增值税的纳税期限是如何规定的?

增值税的纳税期限分别为 1 日、3 日、5 日、10 日、15 日、1 个月或者 1 个季度。纳税人的具体纳税期限，由主管税务机关根据纳税人应纳税额的大小分别核定；不能按照固定期限纳税的，可以按次纳税。

纳税人以 1 个月或者 1 个季度为 1 个纳税期的，自期满之日起 15 日内申报纳税；以 1 日、3 日、5 日、10 日或者 15 日为 1 个纳税期的，自期满之日起 5 日内预缴税款，于次月 1 日起 15 日内申报纳税并结清上月应纳税款。

扣缴义务人解缴税款的期限，依照前两款规定执行。

纳税人进口货物，应当自海关填发海关进口增值税专用缴款书之日起 15 日内缴纳税款。

纳税人出口货物适用退（免）税规定的，应当向海关办理出口手续，凭出口报关单等有关凭证，在规定的出口退（免）税申报期内按月向主管税务机关申报办理该项出口货物的退（免）税。出口货物办理退税后发生退货或者退关的，纳税人应当依法补缴已退的税款。

5. 增值税的纳税地点是如何规定的？

固定业户应当向其机构所在地的主管税务机关申报纳税。总机构和分支机构不在同一县（市）的，应当分别向各自所在地的主管税务机关申报纳税；经国务院财政、税务主管部门或者其授权的财政、税务机关批准，可以由总机构汇总向总机构所在地的主管税务机关申报纳税。

固定业户到外县（市）销售货物或者应税劳务，应当向其机构所在地的主管税务机关申请开具外出经营活动税收管理证明，并向其机构所在地的主管税务机关申报纳税；未开具证明的，应当向销售地或者劳务发生地的主管税务机关申报纳税；未向销售地或者劳务发生地的主管税务机关申报纳税的，由其机构所在地的主管税务机关补征税款。

非固定业户销售货物或者应税劳务，应当向销售地或者劳务发生地的主管税务机关申报纳税；未向销售地或者劳务发生地的主管税务机关申报纳税的，由其机构所在地或者居住地的主管税务机关补征税款。

进口货物，应当向报关地海关申报纳税。

6. 一般纳税人增值税的应纳税额如何计算？

一般纳税人销售货物或者提供应税劳务、交通运输业和部分现代服务业服务的，应纳税额为当期销项税额抵扣当期进项税额后的余额。应纳税额计算公式如下：

应纳税额 = 当期销项税额 - 当期进项税额

当期销项税额小于当期进项税额不足抵扣时，其不足部分可以结转下期继续抵扣。纳税人销售货物或者应税劳务，按照销售额和规定的税率计算并向购买方收取的增值税额，为销项税额。销项税额计算公式如下：

销项税额 = 销售额 × 税率

进项税额是指当期购进货物或应税劳务缴纳的增值税税额。在企业计算时，销项税额扣减进项税额后的数额，才是纳税人实际负担的增值税额。因此进项税额的大小直接关系到纳税人税额负担的轻重。根据税法规定，准予从销项税额当中抵扣的进项税额限于下列增值税扣税凭证上注明的增值税税款和按规定的扣除率计算的进项税额：

（1）纳税人购进货物或应税劳务，从销货方取得增值税专用发票抵扣联上注明的增值税税款。

（2）纳税人除取得增值税专用发票或者海关进口增值税专用缴款书外，按照农产品收购发票或者销货发票上面注明的买价和13%的扣除率计算的进项税额。所谓农业产品是指直接从事植物的种植、收割和动物的饲养、排涝的单位和个人销售的自产而免征增值税的农业产品。其买价包括纳税人购进农产品在农产品收购发票或者销售发票上面注明的价款和按照规定缴纳的烟叶税。而对烟叶税纳税人按照规定缴纳的烟叶税，准予并入产品的买价计算增值税的进项税额，并在计算缴纳增值税时予以抵扣，即购进烟叶准予抵扣的增值税进项税额是烟叶收购金额和烟叶税及法定扣除率计算。烟叶收购金额包括纳税人支付给烟叶销售者的烟叶收购价款和价外补贴。价外补贴统一按照烟叶收购价款的10%计算。计算公式如下：

烟叶收购金额 = 烟叶收购价格 ×（1 + 10%）

应纳烟叶税额 = 烟叶收购金额 × 税率（20%）

准予抵扣进项税额 =（烟叶收购金额 + 应纳烟叶税额）× 扣除率

（3）纳税人购进农民专业合作社的免税农业产品，可以按取得的普通发票金额按13%抵扣进项税额。

（4）纳税人外购货物和销售货物所支付的运费，取得增值税专用发票的除外，按运费结算单据（普通发票）所列运费和基金金额按7%抵扣进项税额。需要说明的是：购买或者销售免税货物（购进免税的农业产品除外）所发生的运输费用，不得计算进项税额抵扣；准予作为抵扣凭证的运费结算单据（普通发票），是指国营铁路、民用航空、公路和水上运输单位开具的货票，以及从事货物运输的非国有运输单位开具的套印全国统一发票监制章的货票。

（5）生产企业一般纳税人购入废旧物资回收经营单位销售的免税废旧物资，可按废旧物资回收经营单位开具的有税务机关监制的普通发票上注明的金额，按10%计算抵扣进项税额。

（6）企业购置增值税防伪税控系统专用设备和通用设备，可凭借购货所取得的专用发票所注明的税额从增值税销项税额中抵扣。

不得从销项税额中抵扣的进项税额有：

（1）用于非增值税应税项目、免征增值税项目、集体福利或者个人消费的购进货物或者应税劳务。所称购进货物，不包括既用于增值税应税项目（不含免征增值税项目）也用于非增值税应税项目、免征增值税项目、集体福利或者个人消费的固定资产。所谓固定资产，是指使用期限超过12个月的机器、机械、运输工具以及其他与生产经营有关的设备、工具、器具等。所称个人消费，包括纳税人的交际应酬消费。所谓非增值税应税项目，是指提供非增值税应税劳务、转让无形资产、销售不动产和不动产在建工程。所称不动产，是指不能移动或者移动后会引起性质、形状改变的财产，包括建筑物、构筑物和其他土地附着物。建筑物是指供人们在其内生产、生活和其他活动的房屋或者场所。构筑物是指人们不在其内生产、生活的人工建造物。其他土地附着物是指矿产资源及土地上生长的植物。以建筑物或者构筑物为载体的附属设备和配套设施，无论其在会计上面是否单独记账与核算，均应作为建筑物或者建筑物的组成部分，其进项税额不得在销项税额中抵扣。附属设备和配套设施是指：给排水、采暖、卫生、通风、照明、通讯、煤气、消防、中央空调、电梯、电气、智能化楼宇设备和配套设施。所谓集体福利和个人消费是指企业内部设置的供职工使用的食堂、浴室、理发室、宿舍、幼儿园等福利设施及其设备、物品等或者以福利、奖励、津贴等形式发给职工个人的物品。

(2) 非正常损失的购进货物及相关的应税劳务；非正常损失的在产品、产成品所耗用的购进货物或者应税劳务。非正常损失的在产品、产成品所耗用的购进货物或应税劳务。所谓非正常损失是指生产经营过程中正常损耗以外的损失，包括：因管理不善造成的货物被盗窃、发生霉烂变质等损失；其他非正常损失。

(3) 国务院财政、税务主管部门规定的纳税人自用消费品。纳税人自用的应征消费税的摩托车、汽车、游艇，其进项税额不得从销项税额中抵扣。

(4) 本条第（1）项至第（3）项规定的货物的运输费用和销售免税货物的运输费用。

(5) 已抵扣进项税额的购进货物、应税劳务或者应税服务，发生上述情况的（免税项目、非增值税应税劳务除外)，应将该购进货物、应税劳务或应税服务的进项税额从当期的进项税额中扣减；无法确定该进项税额的，按当期实际成本计算应扣减的进项税额。

(6) 一般纳税人因购进货物退出或者折让而收回的增值税额，应从发生购进货物退出或者折让当期的进项税额中扣减。

(7) 一般纳税人兼营免税项目或者非增值税应税劳务而无法划分不得抵扣的进项税额的，按下列公式计算不得抵扣的进项税额：

$$\text{不得抵扣进项税额} = \text{当月无法划分的全部进项税额} \times \frac{\text{当月免税项目销售额非增值税应税劳务营业额合计}}{\text{当月全部销售额营业额合计}}$$

例题 2-1：某村办加工厂为一般纳税人。本年度 6 月份销售产品并开出增值税专用发票 120 000 元，销项税额 20 400 元，销售给小规模纳税人并开具普通发票（含税）40 000 元。同期将成本 100 000 元的产品对外投资。当月购进材料并验收入库取得增值税专用发票的价款 60 000 元，进项税额 10 200 元；购进免税农产品 25 000 元；当月结算税费并取得增值税专用发票注明价款 27 600

元，进项税额3 588元。购进设备一台并取得增值税专用发票注明价款55 000元，增值税进项税额9 350元。计算该企业当月应纳增值税额如下：

$$应纳税额 = 20\ 400 + \frac{40\ 000}{1+17\%} \times 17\% + 100\ 000 \times (1+10\%) \times 17\% - (10\ 200 + 3\ 588 + 25\ 000 \times 13\% + 9\ 350)$$
$$= 18\ 524\ (元)$$

例题2-2：某村办电缆生产厂本年度9月份开具增值税专用发票销售电缆款250万元；同期购入原材料120万元，发生运输费20万元、装卸费4万元。当月增值税专用发票和运费发票已经通过税务机关认证。销售自己使用过的作为固定资产购入的摩托车5辆并向购买方开具增值税专用发票，每辆取得含税收入1.17万元。该电缆厂适用17%的增值税率。计算该企业当月应纳增值税额如下：

$$应纳税额 = 250 \times 17\% + \frac{1.17 \times 5}{1+17\%} \times 17\% - (120 \times 17\% + 20 \times 7\%)$$
$$= 21.55\ (万元)$$

7. 小规模纳税人增值税的应纳税额如何计算？

小规模纳税人销售货物、提供应税劳务或者应税服务，实行按照销售额和征收率计算应纳税额的简易办法，并不得抵扣进项税额。其应纳税额的计算公式是：

应纳税额 = 销售额 × 征收率

上述公式中的销售额与一般纳税人一样，都是销售货物、提供应税劳务或者应税服务向购买方收取的全部价款和价外费用，但是不包括按3%的征收率收取的增值税税额。同时，小规模纳税人不得抵扣进项税额。

例题2-3：某村办零售商店是增值税小规模纳税人，本年度7月份取得含税零售收入12.36万元。计算该纳税人7月份应交增值税税额如下：

$$应纳增值税 = \frac{12.36}{1+3\%} \times 3\% = 0.36\ (万元)$$

8. 进口货物应纳税额如何进行计算？

进口货物的应纳税额，不管是一般纳税人还是小规模纳税人，均应按照进口货物的组成计税价格和规定的税率计算增值税，不得抵扣任何进项税额。进口货物的组成计税价格为进口货物所支付的全部金额，但不包括支付的增值税。其具体内容依据进口货物是否同期缴纳消费税而定。其计算进口货物应纳税额计算公式如下：

应纳税额 =（关税完税价格 + 关税 + 消费税）× 增值税率

例题 2－4：某村办商贸公司从南美一家公司进口袋装食品一批。其关税完税价格 400 000 美元，采取汇付结算。关税税率 20%，增值税率 17%，并支付国内运输费 2 000 元，增值税进项税额 140 元。若进口当日美元牌价为 1:6。该批进口袋装食品不含税销售额 5 000 000 元。计算其纳税人 7 月份应交增值税税额如下：

应纳税额 = 5 000 000 × 17% －（400 000 × 6 + 400 000 × 6 × 20%）× 17% － 140

= 360 260（元）

9. 增值税有哪些具体的优惠政策？

（1）下列项目免征增值税：农业生产者销售的自产农产品；避孕药品和用具；古旧图书；直接用于科学研究、科学试验和教学的进口仪器、设备；外国政府、国际组织无偿援助的进口物资和设备；由残疾人的组织直接进口供残疾人专用的物品；销售的自己使用过的物品。

纳税人兼营免税、减税项目的，应当分别核算免税、减税项目的销售额；未分别核算销售额的，不得免税、减税。

（2）对增值税一般纳税人销售其自行开发生产的软件产品，其增值税实际税负超过 3% 部分享受即征即退政策；对增值税一般纳税人销售其自行生产的集成电路产品（含单晶硅片），其增值税实际税负超过 6% 部分享受即征即退政策。

增值税一般纳税人随同计算机网络、计算机硬件、机器设备等一并销售软件产品，并分别核算嵌入式软件与计算机硬件、机器设备等的销售额，可以享受软件产品增值税优惠政策。凡不能分别核算销售额的，不予退税。增值税一般纳税人销售其自行开发生产的用于计算机硬件、机器设备等嵌入的软件产品，凡是分别核算其成本的，按照其占总成本的比例，享受有关增值税即征即退政策。未分别核算或核算不清的，不予退税。

纳税人销售软件产品并随同销售一并收取的软件安装费、维护费、培训费等收入，应按照增值税混合销售的有关规定征收增值税，并可享受软件产品增值税即征即退政策。对软件产品交付使用后，按期或按次收取的维护、技术服务费、培训费等不征收增值税。

对经认定的软件生产企业进口所需的自用设备以及按照合同随设备进口的技术（含软件）及配套件、备件，不需出具确认书、不占用投资总额，除国务院规定的《外商投资项目不予免税的进口商品目录》和《国内投资项目不予免税的进口商品目录》所列商品外，免征关税和进口环节增值税。

（3）安置残疾人就业的单位（包括福利企业、盲人按摩机构、工疗机构和其他单位），同时符合以下条件并经过有关部门的认定后，均可申请享受增值税、营业税优惠政策。其生产的非消费税应税产品内销时，如在规定的纳税期内申报，填开税票并解缴入库，其实际缴纳的增值税实行先征后退。这些单位实际安置的每位残疾人每年可退还的增值税或减征的营业税的具体限额，由县级以上税务机关根据单位所在区县（含县级市、旗，下同）适用的经省（含自治区、直辖市、计划单列市，下同）级人民政府批准的最低工资标准的6倍确定，但最高不得超过每人每年3.5万元。具体条件是：依法与安置的每位残疾人签订了一年以上（含一年）劳动合同或服务协议，并且安置的每位残疾人在单位实际上岗工作。月平均实际安置的残疾人占单位在职职工总数的比例应高于25%（含25%），并且实际安置的残疾人人数多于10人（含10人）。为安置的每位残疾人按月足额缴纳了单位所在区县人民政府根据国家政策规定的基本养老保险、基本医疗保险、失业保险和工伤保险等社会保险。通过银行等金融机构向安置的每位残疾人实际支付了不低于单位所在区县适用的经省级人民政府批准的最低工资标准的工资。具备安置残疾人上岗工作的基本设施。特殊教育学校举办的企业，只要月平均实际安置的残疾人比例和人数符合上述规定的，即可享受限额即征即退增值税的优惠政策。

(4) 对单位和个体经营者将自产、委托加工或购买的货物通过公益性社会团体、县级以上人民政府及其部门捐赠给受灾地区的，免征增值税、城市维护建设税及教育费附加。

(5) 拍卖行受托拍卖增值税应税货物，向买方收取的全部价款和价外费用，应当按照4%的征收率征收增值税。拍卖货物属免税货物范围的，经拍卖行所在地县级主管税务机关批准，可以免征增值税。

(6) 执罚部门和单位查处的属于一般商业部门经营的商品，具备拍卖条件的，由执罚部门或单位商同级财政部门同意后，公开拍卖。其拍卖收入作为罚没收入由执罚部门和单位如数上缴财政，不予征税。

执罚部门和单位查处的属于一般商业部门经营的商品，不具备拍卖条件的，由执罚部门、财政部门、国家指定销售单位会同有关部门按质论价，交由国家指定销售单位纳入正常销售渠道变价处理、执罚部门按商定价格所取得的变价收入作为罚没收入如数上缴财政，不予征税。

执罚部门和单位查处的属于专管机关管理或专管企业经营的财物，如金银（不包括金银首饰）、外币、有价证券、非禁止出口文物，应交由专管机关或专营企业收兑或收购。执罚部门和单位按收兑或收购价所取得的收入作为罚没收入如数上缴财政，不予征税。

(7) 一般纳税人销售自己使用过的规定不得抵扣且未抵扣进项税额的固定资产，按简易办法依4%征收率减半征收增值税。一般纳税人销售自己使用过的除固定资产以外的物品，应当按照适用税率征收增值税。

小规模纳税人（除其他个人外）销售自己使用的固定资产，减按2%征收率征收增值税。小规模纳税人销售自己使用过的除固定资产以外的物品，应按3%的征收率征收增值税。

（8）纳税人销售旧货，按照简易办法依照4%征收率减半征收增值税。所称旧货，是指进入二次流通的具有部分使用价值的货物（含旧汽车、旧摩托车和旧游艇），但不包括自己使用过的物品。

（9）制种企业在下列生产经营模式下生产销售种子，属于农业生产者销售自产农业产品，应免征增值税：制种企业利用自有土地或承租土地，雇佣农户或雇工进行种子繁育，再经烘干、脱粒、风筛等深加工后销售种子；制种企业提供亲本种子委托农户繁育并从农户手中收回，再经烘干、脱粒、风筛等深加工后销售种子。

（10）对农民专业合作社销售本社成员生产的农业产品，视同农业生产者销售自产农业产品免征增值税。对农民专业合作社向本社成员销售的农膜、种子、种苗、化肥、农药、农机，免征增值税。

（11）纳税人生产销售和批发、零售有机肥产品免征增值税。有机肥产品是指有机肥料、有机—无机复混肥料和生物有机肥。包括：有机肥料指来源于植物和（或）动物，施于土壤以提供植物营养为主要功能的含碳物料；有机—无机复混肥料指由有机和无机肥料混合和（或）化合制成的含有一定量有机肥料的复混肥料；生物有机肥指特定功能微生物与主要以动植物残体（如禽畜粪便、农作物秸秆等）为来源并经无害化处理、腐熟的有机物料复合而成的一类兼具微生物肥料和有机肥效应的肥料。

（12）饲料产品免税范围包括：单一大宗饲料（指以一种动物、植物、微生物或矿物质为来源的产品或其副产品，其范围仅限于糠麸、酒糟、鱼粉、草饲料、饲料级磷酸氢钙及除豆粕以外的菜子粕、棉子粕、向日葵粕、花生粕等粕类产品）；混合饲料（指由两种以上单一大宗饲料、粮食、粮食副产品及饲料添加剂按照一定比例配置，其中单一大宗饲料、粮食及粮食副产品的参兑比例不低于95%的饲料）；配合饲料（指根据不同的饲料对象，饲养对象的不同生长发育阶段的营养需要，将多种饲料原料按饲料配方经工业生产后，形成的能满足饲养动物全部营养需要，但除水分外的饲料）；复合预混料（指能够按照国家有关饲料产品的标准要求量，全面提供动物饲养相应阶段所需微量元素四种或以上、维生素八种或以上，由微量元素、维生素、氨基酸和非营养性添加剂中任何两类或两类以上的组分与载体或稀释剂按一定比例配置的均匀混合物）；浓缩饲料（指由蛋白质、复合预混料及矿物质等按一定比例配制的均匀混合物）。具体有：对国内企业生产销售的尿素产品增值税免征增值税；对矿物质微量元素舔砖，免予征收增值税；除豆粕以外的其他粕类饲料产品，免征增值税；对饲用鱼油产品，免予征收增值税；对饲料级磷酸二氢钙产品，免征增值税。纳税人销售饲料级磷酸二氢钙产品，不得开具增值税专用发票；凡开具专用发票的，不得享受免征增值税政策，应照章全额缴纳增值税。

（13）纳税人生产销售和批、零售滴灌带和滴灌管产品免征增值税。滴灌带和滴灌管产品是指农业节水滴灌系统专用的、具有制造过程中加工的孔口或其他出流装置、能够以滴状或连续流状出水的水带和水管产品。滴灌带和滴灌管产品按照国家有关质量技术标准要求进行生产，并与PVC管（主管）、PE管（辅管）、承插管件、过滤器等部件组成为滴灌系统。

（14）增值税一般纳税人随同计算机网络、计算机硬件和机器设备等一并销售其自行开发生产的嵌入式软件，如果能够分别核算嵌入式软件与计算机硬件、机器设备等的销售额，可以享受软件产品增值税优惠政策。按17%的法定税率征收增值税后，对其增值税实际税负超过3%的部分实行即征即退政策。凡不能分别核算销售额的，不予退税。

（15）对再生水、以废旧轮胎为全部生产原料生产的胶粉、翻新轮胎、生产原料中掺兑废渣比例不低于30%的特定建材产品实行免征增值税政策。

下列货物实行增值税即征即退的政策：以工业废气为原料生产的高纯度二氧化碳产品，符合GB10621—2006的有关规定。以垃圾为燃料生产的电力或者热力，垃圾用量占发电燃料的比重不低于

80%，并且生产排放达到 GB13223—2003 第 1 时段标准或者 GB18485—2001 的有关规定。以煤炭开采过程中伴生的舍弃物油母页岩为原料生产的页岩油。以废旧沥青混凝土为原料生产的再生沥青混凝土，占比不低于 30%。采用旋窑法工艺生产并且生产原料中掺兑废渣比例不低于 30% 的水泥（包括水泥熟料）。

销售下列自产货物实现的增值税实行即征即退 50% 的政策：以退役军用发射药为原料生产的涂料硝化棉粉，占比不低于 90%。对燃煤发电厂及各类工业企业产生的烟气、高硫天然气进行脱硫生产的副产品。副产品，是指石膏（其二水硫酸钙含量不低于 85%）、硫酸（其浓度不低于 15%）、硫酸铵（其总氮含量不低于 18%）和硫磺。以废弃酒糟和酿酒底锅水为原料生产的蒸汽、活性炭、白碳黑、乳酸、乳酸钙、沼气，废弃酒糟和酿酒底锅水在生产原料中所占的比重不低于 80%。以煤矸石、煤泥、石煤、油母页岩为燃料生产的电力和热力。煤矸石、煤泥、石煤、油母页岩用量占发电燃料的比重不低于 60%。利用风力生产的电力。部分新型墙体材料产品。

对销售自产的综合利用生物柴油实行增值税先征后退政策。

纳税人申请退税时，除按有关规定提交的相关资料外，应提交下列资料：按照《再生资源回收管理办法》规定应当向有关部门备案的，其商务主管部门核发的备案登记证明的复印件；再生资源仓储、整理、加工场地的土地使用证和房屋产权证或者其租赁合同的复印件；通过金融机构结算的再生资源销售额及全部再生资源销售额的有关数据及资料。为保护纳税人的商业秘密，不要求纳税人提交其与客户通过银行交易的详细记录，对于有疑问的，可到纳税人机构所在地等场所进行现场核实。

（16）国有粮食购销企业必须按顺价原则销售粮食，对承担粮食收储任务的国有粮食购销企业销售的粮食免征增值税，免征增值税的国有粮食购销企业，由县（市）国家税务局会同同级财政，粮食部门审核确定。审批享受免税优惠的国有粮食购销企业时，税务机关应按规定缴销其增值税专用发票领购簿，并收缴其库存未用的增值税专用发票予以注销；兼营其他应税货物的，须重新核定其增值税专用发票用量。而对其他粮食企业经营粮食，除下列项目免征增值税外，一律征收增值税：军队用粮；经县（含）以上人民政府批准的灾救济粮、水库移民口粮。对销售食用植物油业务，除政府储备食用植物油的销售继续免征增值税外，一律照章征收增值税。粮油加工业务一律征收增值税。

（17）纳税人销售额未达到国务院财政、税务主管部门规定的增值税起征点的，免征增值税；达到起征点的，依照本条例规定全额计算缴纳增值税。

纳税人销售货物或者应税劳务适用免税规定的，可以放弃免税，依照条例的规定缴纳增值税。放弃免税后，36 个月内不得再申请免税。

增值税起征点的适用范围限于个人。增值税起征点的幅度规定如下：销售货物的，为月销售额 2 000～5 000 元；销售应税劳务的，为月销售额 1 500～3 000 元；按次纳税的，为每次（日）销售额 150～200 元。

10. 增值税纳税义务发生时间是如何规定的？

销售货物或者应税劳务、应税服务，为收讫销售款项或者取得索取销售款项凭据的当天；先开具发票的，为开具发票的当天。

进口货物，为报关进口的当天。

增值税扣缴义务发生时间为纳税人增值税纳税义务发生的当天。收讫销售款项或者取得索取销售款项凭据的当天，按销售结算方式的不同，具体为：

（1）采取直接收款方式销售货物，不论货物是否发出，均为收到销售款或者取得索取销售款凭据的当天；

（2）采取托收承付和委托银行收款方式销售货物，为发出货物并办妥托收手续的当天；

（3）采取赊销和分期收款方式销售货物，为书面合同约定的收款日期的当天，无书面合同的或者书面合同没有约定收款日期的，为货物发出的当天；

（4）采取预收货款方式销售货物，为货物发出的当天，但生产销售生产工期超过 12 个月的大型机械设备、船舶、飞机等货物，为收到预收款或者书面合同约定的收款日期的当天；

（5）委托其他纳税人代销货物，为收到代销单位的代销清单或者收到全部或者部分货款的当天。未收到代销清单及货款的，为发出代销货物满 180 天的当天；

（6）销售应税劳务，为提供劳务同时收讫销售款或者取得索取销售款的凭据的当天；

（7）纳税人发生视同销售货物行为，为货物移送的当天。

11. 增值税专用发票使用的基本规定有哪些？

增值税专用发票，是增值税一般纳税人（以下简称“一般纳税人”）销售货物或者提供应税劳务开具的发票，是购买方支付增值税额并可按照增值税有关规定据以抵扣增值税进项税额的凭证。一般纳税人应通过增值税防伪税控系统（简称防伪税控系统）使用增值税专用发票。使用，包括领购、开具、缴销、认证纸质专用发票及其相应的数据电文。所称防伪税控系统，是指经国务院同意推行的，使用专用设备和通用设备、运用数字密码和电子存储技术管理专用发票的计算机管理系统。所称专用设备，是指金税卡、IC 卡、读卡器和其他设备。所称通用设备，是指计算机、打印机、扫描器具和其他设备。

增值税专用发票由基本联次或者基本联次附加其他联次构成，基本联次为三联：发票联、抵扣联和记账联。发票联，作为购买方核算采购成本和增值税进项税额的记账凭证；抵扣联，作为购买方报送主管税务机关认证和留存备查的凭证；记账联，作为销售方核算销售收入和增值税销项税额的记账凭证。其他联次用途，由一般纳税人自行确定。

（1）企业在接到税务机关下达的增值税专用发票防伪税控系统通知书后，凭通知书参加防伪税控专业培训，培训合格后由有关部门发放税控金税卡和 IC 卡。企业在领取税控金税卡后，由技术合作部门负责在 3 日内安装完毕。企业领购 IC 卡后，凭卡和增值税专用发票领购、使用及保管办法规定的证件领购防伪税控所用电脑版增值税专用发票。其主管税务机关在售票时，会按以下程序办理：

首次售票时，应对企业经办人出示的增值税专用发票防伪税控系统通知书、增值税一般纳税人税务登记证（副本）及经办人的身份证进行认真审核，确认无误后，通过发行系统将企业的名称，纳税人登记号、地址、电话、银行账号及经办人身份证号等资料登录 IC 卡内。

售票时，应对企业经办人出示的增值税一般纳税人登记证（副本)、发票领购簿、财务专用章或发票专用章，税务代码章、经办人身份证与 IC 卡内存储的相关资料核实，确认后方可限量出售电脑版专用发票。同时，将发票的始流水号码及售票时间登录在 IC 卡和发票领购簿内。

企业需要向购货方开具红字发票时，必须符合《增值税专用发票使用规定》中有关销货退回及索取折让开具红票的规定，在“销售额”、“税额”及“防税合计（小写)”栏目中用负数表示。

企业和非防伪税控企业在取得百万元以上防伪税控专用发票时，必须在取得之日起 10 日内到主管税务机关认证，认证无误的，主管税务机关应在发票上注明“已认证”字样，凡密文有误或解密后的明文与发票数据不符的，扣留其抵扣联，一律不得抵扣税款。属于弄虚作假的，按偷税论处。

未经认证的防伪税控专用发票一律不得抵扣税款。主管税务机关对认证的防伪税控专用发票应登记台账，并在企业申报纳税时，与企业申报资料进行核对。

纳税期满时，企业应将申报期所属月份开具专用发票的情况（包括专用发票领、用（废）存情况）通过“税控 IC 卡”从税控黑匣子中抄取下来，列印清单，如实填报增值税申报表中有关专用发票的项目；将购进的货物或劳务取得专用发票抵扣联的有关内容，逐笔录入防伪税控系统，并列印清单，如实填报增值税专用发票/收购凭证/运输发票抵扣明细表中有关专用发票抵扣明细项目。

(2) 增值税专用发票只限于增值税的一般纳税人领购使用，增值税的小规模纳税人和非增值税纳税人不得领购使用。一般纳税人有下列情形之一的，不得领购开具专用发票：

第一，会计核算不健全，不能向税务机关准确提供增值税销项税额、进项税额、应纳税额数据及其他有关增值税税务资料的。上列其他有关增值税税务资料的内容，由省、自治区、直辖市和计划单列市国家税务局确定。

第二，有《税收征管法》规定的税收违法行为，拒不接受税务机关处理的。

第三，有下列行为之一，经税务机关责令限期改正而仍未改正的：虚开增值税专用发票；私自印制专用发票；向税务机关以外的单位和个人买取专用发票；借用他人专用发票；未按本规定第十一条开具专用发票；未按规定保管专用发票和专用设备；未按规定申请办理防伪税控系统变更发行；未按规定接受税务机关检查。

有上列情形的，如已领购专用发票，主管税务机关应暂扣其结存的增值税专用发票和IC卡。

(3) 除下面规定所列情形外，一般纳税人销售货物（包括视同销售货物在内）、应税劳务，根据增值税细则规定应当征收增值税的非应税劳务（以下简称销售应税项目），必须向购买方开具专用发票：向消费者销售应税项目；销售免税项目；销售报关出口的货物、在境外销售应税劳务；将货物用于非应税项目；将货物用于集体福利或个人消费；将货物无偿赠送他人；提供非应税劳务（应当征收增值税的除外）、转让无形资产或销售不动产。向小规模纳税人销售应税项目，可以不开具增值税专用发票。

(4) 增值税专用发票实行最高开票限额管理。最高开票限额，是指单份专用发票开具的销售额合计数不得达到的上限额度。最高开票限额由一般纳税人申请，税务机关依法审批。最高开票限额为10万元及以下的，由区县级税务机关审批；最高开票限额为100万元的，由地市级税务机关审批；最高开票限额为1 000万元及以上的，由省级税务机关审批。防伪税控系统的具体发行工作由区县级税务机关负责。

税务机关审批最高开票限额应进行实地核查。批准使用最高开票限额为10万元及以下的，由区县级税务机关派人实地核查；批准使用最高开票限额为100万元的，由地市级税务机关派人实地核查；批准使用最高开票限额为1 000万元及以上的，由地市级税务机关派人实地核查后将核查资料报省级税务机关审核。一般纳税人申请最高开票限额时，需填报最高开票限额申请表。一般纳税人领购专用设备后，凭最高开票限额申请表、发票领购簿到主管税务机关办理初始发行。所称初始发行，是指主管税务机关将一般纳税人的下列信息载入空白金税卡和IC卡的行为：企业名称；税务登记代码；开票限额；购票限量；购票人员姓名、密码；开票机数量；国家税务总局规定的其他信息。一般纳税人发生税务登记代码信息变化，应向主管税务机关申请注销发行外，其他项目信息变化，应向主管税务机关申请变更发行。

(5) 销货方因开票有误购买方拒收专用发票的，销售方须在专用发票认证期限内向主管税务机关填报申请单，并在申请单上填写具体原因以及相对应蓝字专用发票的信息，同时提供由购买方出具的写明拒收理由、错误具体项目以及正确内容的书面材料，主管税务机关审核确认后出具通知单。销售方凭通知单开具红字专用发票。

(6) 一般纳税人取得专用发票后，发生销货退回、开票有误等情形但不符合作废条件的，或者因销货部分退回及发生销售折让的，购买方应向主管税务机关填报开具红字增值税专用发票申请单(简称“申请单”)。申请单所对应的蓝字专用发票应经税务机关认证。经认证结果为“认证相符”并且已经抵扣增值税进项税额的，一般纳税人在填报申请单时不填写相对应的蓝字专用发票信息。经认证结果为“纳税人识别号认证不符”、“专用发票代码、号码认证不符”的，一般纳税人在填报申请单时应填写相对应的蓝字专用发票信息。申请单一式两联：第一联由购买方留存；第二联由购买方主管税务机关留存。同时，加盖一般纳税人财务专用章。

主管税务机关对一般纳税人填报的申请单进行审核后，会出具开具红字增值税专用发票通知单。通知单一式三联：第一联由购买方主管税务机关留存；第二联由购买方送交销售方留存；第三联由购买方留存。同时，应加盖主管税务机关印章。通知单应按月依次装订成册，并比照专用发票保管规定管理。

因专用发票抵扣联、发票联均无法认证的，由购买方填报申请单，并在申请单上填写具体原因以及相对应蓝字专用发票的信息，主管税务机关审核后出具通知单。购买方不作进项税额转出处理。购买方所购货物不属于增值税扣税项目范围，取得的专用发票未经认证的，由购买方填报申请单，并在申请单上填写具体原因以及相对应蓝字专用发票的信息，主管税务机关审核后出具通知单。购买方不作进项税额转出处理。因开票有误购买方拒收专用发票的，销售方须在专用发票认证期限内向主管税务机关填报申请单，并在申请单上填写具体原因以及相对应蓝字专用发票的信息，同时提供由购买方出具的写明拒收理由、错误具体项目以及正确内容的书面材料，主管税务机关审核确认后出具通知单。销售方凭通知单开具红字专用发票。因开票有误等原因尚未将专用发票交付购买方的，销售方须在开具有误专用发票的次月内向主管税务机关填报申请单，并在申请单上填写具体原因以及相对应蓝字专用发票的信息，同时提供由销售方出具的写明具体理由、错误具体项目以及正确内容的书面材料，主管税务机关审核确认后出具通知单。销售方凭通知单开具红字专用发票。

销售方凭购买方提供的通知单开具红字专用发票，在防伪税控系统中以销项负数开具。红字专用发票应与通知单一一对应。同时具有下列情形的，为本规定所称作废条件：收到退回的发票联、抵扣联时间未超过销售方开票当月；销售方未抄税并且未记账；购买方未认证或者认证结果为“纳税人识别号认证不符”、“专用发票代码、号码认证不符”。所称抄税，是报税前用 IC 卡或者 IC 卡和软盘抄取开票数据电文。

(7) 经认证，有下列情形之一的，不得作为增值税进项税额的抵扣凭证，税务机关退还原件，购买方可要求销售方重新开具专用发票：

第一，无法认证。是指专用发票所列密文或者明文不能辨认，无法产生认证结果。

第二，纳税人识别号认证不符。是指专用发票所列购买方纳税人识别号有误。

第三，专用发票代码、号码认证不符。是指专用发票所列密文解译后与明文的代码或者号码不一致。

经认证，有下列情形之一的，暂不得作为增值税进项税额的抵扣凭证，税务机关扣留原件，查明原因，分别情况进行处理：

第一，重复认证。是指已经认证相符的同一张增值税专用发票再次认证。

第二，密文有误。是指增值税专用发票所列密文无法解译。

第三，认证不符。是指纳税人识别号有误，或者增值税专用发票所列密文解译后与明文不一致。

第四，列为失控专用发票。是指认证时的增值税专用发票已被登记为失控专用发票。

(8) 用于抵扣增值税进项税额的专用发票应经税务机关认证相符（国家税务总局另有规定的除外）。认证相符的专用发票应作为购买方的记账凭证，不得退还销售方。一般纳税人丢失已开具增值税专用发票的发票联和抵扣联，如果丢失前已认证相符的，购买方凭销售方提供的相应增值税专用发票记账联复印件及销售方所在地主管税务机关出具的丢失增值税专用发票已报税证明单，经购买方主管税务机关审核同意后，可作为增值税进项税额的抵扣凭证；如果丢失前未认证的，购买方凭销售方提供的相应增值税专用发票记账联复印件到主管税务机关进行认证，认证相符的凭该专用发票记账联复印件及销售方所在地主管税务机关出具的丢失增值税专用发票已报税证明单，经购买方主管税务机关审核同意后，可作为增值税进项税额的抵扣凭证。

一般纳税人丢失已开具专用发票的抵扣联，如果丢失前已认证相符的，可使用增值税专用发票的发票联复印件留存备查；如果丢失前未认证的，可使用专用发票的发票联到主管税务机关认证，增值税专用发票的发票联复印件留存备查。

一般纳税人丢失已开具专用发票的发票联，可将专用发票抵扣联作为记账凭证，专用发票抵扣联复印件留存备查。专用发票抵扣联无法认证的，可使用增值税专用发票的发票联到主管税务机关认证。增值税专用发票的发票联复印件留存备查。

（9）增值税专用发票应按下列要求开具：项目齐全，与实际交易相符；字迹清楚，不得压线、错格；发票联和抵扣联加盖财务专用章或者发票专用章；按照增值税纳税义务的发生时间开具。对不符合上列要求的专用发票，购买方有权拒收。

一般纳税人销售货物或者提供应税劳务可汇总开具增值税专用发票。汇总开具增值税专用发票的，同时使用防伪税控系统开具销售货物或者提供应税劳务清单，并加盖财务专用章或者发票专用章。一般纳税人在开具专用发票当月，发生销货退回、开票有误等情形，收到退回的发票联、抵扣联符合作废条件的，按作废处理；开具时发现有误的，可即时作废。作废专用发票须在防伪税控系统中将相应的数据电文按"作废"处理，在纸质专用发票（含未打印的专用发票）各联次上注明"作废"字样，全联次留存。

售货物并向购买方开具专用发票后，如发生退货或销售折让，应视不同情况分别按以下规定办理：购买方在未付货款并且未作账务处理的情况下，须将原发票联和税款抵扣联主动退还销售方。销售方收到后，应在该发票联和税款抵扣联及有关的存根联、记账联上注明"作废"字样，作为扣减当期销项税额的凭证。未收到购买方退还的专用发票前，销售方不得扣减当期销项税额。属于销售折让的，销售方应按折让后的货款重开专用发票。

在购买方已付货款，或者货款未付但已作账处理，发票联及抵扣联无法退还的情况下，购买方必须取得当地主管税务机关开具的进货退出或索取折让证明单（以下简称“证明单”）送交销售方，作为销售方开具红字增值税专用发票的合法依据。销售方在未收到证明单以前，不得开具红字专用发用；收到证明单后，根据退回货物的数量、价款或折让金额向购买方开具红字增值税专用发票。红字增值税专用发票的存根联、记账联作为销售方扣减当期销项税额的凭证，其发票联、税款抵扣联作为购买方扣减进项税额的凭证。

购买方收到红字增值税专用发票后，应将红字增值税专用发票所注明的增值税额从当期进项税额中扣减。如不扣减，造成不纳税或少纳税的，属于偷税行为。

（10）纳税人善意取得虚开的增值税专用发票指购货方与销售方存在真实交易，且购货方不知取得的增值税专用发票是以非法手段获得的。纳税人善意取得虚开的增值税专用发票，如能重新取得合法、有效的专用发票，准许其抵扣进项税款；如不能重新取得合法、有效的专用发票，不准其抵扣进项税款或追缴其已抵扣的进项税款。

（11）因销货方防伪税控系统软件故障，增值税专用发票上扫印的密码发生差错，导致购货方纳税人不能抵扣税款的，购货方主管税务机关应逐级上报国家税务总局、经认定批准后销货方可比照销货退回的处理方法重新开具增值税专用发票。因企业人为造成的设备毁损或防伪税控系统软件的破坏有意偷逃增值税税款的，经税务机关查实后，收缴其 IC 卡及库存未用的电脑专用发票，并按有关规定予以处罚。企业负担修复或更换设备的全部费用。企业如发生解散、破产、撤销以及其他情形、依法终止纳税义务的，按照征管法有关规定，在办理注销税务登记前，应将其领用金税卡和 IC 卡如数退回主管税务机关。

（12）虚开税款数额 1 万元以上的或者虚开增值税专用发票致使国家税款被骗取 5 000 元以上的，应当依法定罪处罚。虚开税款数额 10 万元以上的，属于“虚开的税款数额较大”。具有下列情形之一的，属于“有其他严重情节”：因虚开增值税专用发票致使国家税款被骗取 5 万元以上的；曾因虚开增值税专用发票受过刑事处罚的；具有其他严重情节的。

虚开税款数额50万元以上的，属于“虚开的税款数额巨大”。具有下列情形之一的，属于“有其他特别严重情节”：因虚开增值税专用发票致使国家税款被骗取30万元以上的；虚开的税款数额接近巨大并有其他严重情节的；具有其他特别严重情节的。

利用虚开的增值税专用发票实际抵扣税款或者骗取出口退税100万元以上的，属于“骗取国家税款数额特别巨大”；造成国家税款损失50万元以上并且在侦查终结前仍无法追回的，属于“给国家利益造成特别重大损失”。利用虚开的增值税专用发票骗取国家税款数额特别巨大、给国家利益造成特别重大损失，为“情节特别严重”的基本内容。

所称虚开增值税专用发票，是指违反国家税收征管和发票管理规定、为他人虚开、为自己虚开、让他人为自己虚开、介绍他人虚开增值税专用发票的行为。其中：为他人虚开增值税专用发票或用于骗取出口退税、抵扣税款的其他发票，指合法拥有增值税专用发票或用于骗取出口退税、抵扣税款的其他发票的单位或者个人，明知他人没有货物购销或者没有提供或接受应税劳务而为其开具增值税专用发票或用于骗取出口退税、抵扣税款的其他发票，或者即使有货物购销或者提供了应税劳务但为其开具数量或者金额不实的增值税专用发票的行为。

为自己虚开增值税专用发票或用于骗取出口退税、抵扣税款的其他发票。指合法拥有增值税专用发票或用于骗取出口退税、抵扣税款的其他发票的单位和个人，明知他人没有货物购销或者没有提供或接受应税劳务的情况下为其开具增值税专用发票或用于骗取出口退税、抵扣税款的其他发票，或者即使有货物购销或者提供或接受了应税劳务但却为自己开具数量或者金额不实的增值税专用发票的行为。

让他人为自己虚开增值税专用发票或用于骗取出门退税、抵扣税款的其他发票，指没有货物购销或者没有提供或接受应税劳务的单位或者个人要求合法拥有增值税专用发票或用于骗取出口退税、抵扣税款的其他发票的单位或者个人为其开具增值税专用发票或用于骗取出口退税、抵扣税款的其他发票，或者即使有货物购销或者提供或接受了应税劳务但要求他人开具数量或者金额不实的增值税专用发票或用于骗取出口退税、抵扣税款的其他发票或者进行了实际经营活动，但让他人为自己代开增值税专用发票或用于骗取出口退税、抵扣税款的其他发票的行为。

介绍他人虚开增值税专用发票或用于骗取出口退税、抵扣税款的其他发票。指在合法拥有增值税专用发票或用于骗取出口退税、抵扣税款的其他发票的单位或者个人与要求虚开增值税专用发票或用于骗取出口退税、抵扣税款的其他发票的单位或者个人之间沟通联系、牵线搭桥的行为。

12. 怎样理解纳税辅导期？纳税辅导期的开始时间是如何规定的？辅导期增值税专用发票的使用应该注意什么问题？

（1）主管税务机关可以在一定期限内对下列增值税一般纳税人实行纳税辅导期管理：新认定为一般纳税人的小型商贸批发企业及国家税务总局规定的其他一般纳税人。所称的“小型商贸批发企业”，是指注册资金在80万元（含80万元）以下、职工人数在10人（含10人）以下的批发企业。只从事出口贸易，不需要使用增值税专用发票的企业除外。所称“其他一般纳税人”，是指具有下列情形之一的一般纳税人：增值税偷税数额占应纳税额的10%以上并且偷税数额在10万元以上的；骗取出口退税的；虚开增值税扣税凭证的；国家税务总局规定的其他情形。即除了因企业自身规模和性质限制而必须纳入辅导期管理外，纳税人具有上述情况之一的，也将被视为没有能力正常纳税而被纳入辅导期管理。

（2）新认定为一般纳税人的小型商贸批发企业实行纳税辅导期管理的期限为3个月；其他一般纳税人实行纳税辅导期管理的期限为6个月。新办小型商贸批发企业，主管税务机关会在认定办法规定的税务事项通知书内告知纳税人对其实行纳税辅导期管理，纳税辅导期自主管税务机关制作税务事项通知书的当月起执行；对其他一般纳税人，主管税务机关应自稽查部门作出税务稽查处理决定书后40个工作日内，制作、送达税务事项通知书告知纳税人对其实行纳税辅导期管理，纳税辅导期自主管税务机关制作税务事项通知书的次月起执行。

（3）辅导期纳税人取得的增值税专用发票（以下简称“专用发票”）抵扣联、海关进口增值税专用缴款书以及运输费用结算单据应当在交叉稽核比对无误后，方可抵扣进项税额。

（4）主管税务机关对辅导期纳税人实行限量限额发售专用发票。实行纳税辅导期管理的小型商贸批发企业，领购专用发票的最高开票限额不得超过10万元；其他一般纳税人专用发票最高开票限额应根据企业实际经营情况重新核定。辅导期纳税人专用发票的领购实行按次限量控制，主管税务机关可根据纳税人的经营情况核定每次专用发票的供应数量，但每次发售专用发票数量不得超过25份。

辅导期纳税人领购的专用发票未使用完而再次领购的，主管税务机关发售专用发票的份数不得超过核定的每次领购专用发票份数与未使用完的专用发票份数的差额。辅导期纳税人一个月内多次领购专用发票的，应从当月第二次领购专用发票起，按照上一次已领购并开具的专用发票销售额的3%预缴增值税，未预缴增值税的，主管税务机关不得向其发售专用发票。预缴增值税时，纳税人应提供已领购并开具的专用发票记账联，主管税务机关根据其提供的专用发票记账联计算应预缴的增值税。辅导期纳税人按规定预缴的增值税可在本期增值税应纳税额中抵减，抵减后预缴增值税仍有余额的，可抵减下期再次领购专用发票时应当预缴的增值税。纳税辅导期结束后，纳税人因增购专用发票发生的预缴增值税有余额的，主管税务机关应在纳税辅导期结束后的第一个月内，一次性退还纳税人。

（5）纳税辅导期内，主管税务机关未发现纳税人存在偷税、逃避追缴欠税、骗取出口退税、抗税或其他需要立案查处的税收违法行为的，从期满的次月起不再实行纳税辅导期管理，主管税务机关应制作、送达税务事项通知书，告知纳税人；主管税务机关发现辅导期纳税人存在偷税、逃避追缴欠税、骗取出口退税、抗税或其他需要立案查处的税收违法行为的，从期满的次月起按照本规定重新实行纳税辅导期管理，主管税务机关应制作、送达税务事项通知书，告知纳税人。

13. 怎样进行增值税纳税申报？

纳税人进行纳税申报必须实行电子信息采集。使用防伪税控系统开具增值税专用发票的纳税人必须在抄报税成功后，方可进行纳税申报。

（1）纳税申报资料。必报资料有：增值税纳税申报表（适用于增值税一般纳税人）及其增值税纳税申报表附列资料；使用防伪税控系统的纳税人，必须报送记录当期纳税信息的IC卡（明细数据备份在软盘上的纳税人，还须报送备份数据软盘）、增值税专用发票存根联明细表及增值税专用发票抵扣联明细表；资产负债表和利润表；发生成品油零售业务的纳税人还需要填报成品油购销存情况明细表；主管税务机关规定的其他必报资料。现在有补充资料和固定资产抵扣资料。

纳税申报实行电子信息采集的纳税人，除向主管税务机关报送上述必报资料的电子数据外，还需报送纸介的《增值税纳税申报表（适用于一般纳税人）》（主表及附表）。

备查资料有：已开具的增值税专用发票和普通发票存根联；符合抵扣条件并且在本期申报抵扣的增值税专用发票抵扣联；海关进口货物完税凭证、运输发票、购进农产品普通发票及购进废旧物资普通发票的复印件；收购凭证的存根联或报查联；代扣代缴税款凭证存根联；主管税务机关规定的其他备查资料。

备查资料是否需要在当期报送，由各省级国家税务局确定。

（2）增值税纳税申报资料的管理。对于增值税纳税申报必报资料，纳税人在纳税申报期内，应及时将全部必报资料的电子数据报送主管税务机关，并在主管税务机关按照税法规定确定的期限内

（具体时间由各省级国家税务局确定），将本办法第三条、第一款要求报送的纸介的必报资料（具体份数由省一级国家税务局确定）报送主管税务机关，税务机关签收后，一份退还纳税人，其余留存。

对于增值税纳税申报备查资料，纳税人在月度终了后，应将备查资料认真整理并装订成册。属于整本开具的手工版增值税专用发票及普通发票的存根联，按原顺序装订；开具的电脑版增值税专用发票，包括防伪税控系统开具的增值税专用发票的存根联，应按开票顺序号码每25份装订一册，不足25份的按实际开具份数装订。对属于扣税凭证的单证，根据取得的时间顺序，按单证种类每25份装订一册，不足25份的按实际份数装订。装订时，必须使用税务机关统一规定的征税/扣税单证汇总簿封面（简称“封面”），并按规定填写封面内容，由办税人员和财务人员审核签章。启用封面后，纳税人可不再填写原增值税专用发票的封面内容。纳税人当月未使用完的手工版增值税专用发票，暂不加装封面，两个月仍未使用完的，应在主管税务机关对其剩余部分剪角作废的当月加装封面。纳税人开具的普通发票及收购凭证在其整本使用完毕的当月，加装封面。封面的内容包括纳税人单位名称、本册单证份数、金额、税额、本月此种单证总册数及本册单证编号、税款所属时间等，具体格式由各省一级国家税务局制定。

增值税纳税申报表（适用于增值税一般纳税人）（主表及附表）由纳税人向主管税务机关购领。

（3）申报期限。纳税人应按月进行纳税申报，申报期为次月1日起至15日止，遇最后一日为法定节假日的，顺延1日；在每月1日至15日内有连续3日以上法定休假日的，按休假日天数顺延。

（4）罚则。纳税人未按规定期限办理纳税申报和报送纳税资料的，按照《中华人民共和国税收征收管理法》第六十二条的有关规定处罚。

纳税人经税务机关通知申报而拒不申报或者进行虚假的纳税申报，不缴或者少缴应纳税款的，按偷税处理，并按《中华人民共和国税收征收管理法》第六十三条的有关规定处罚。

纳税人不进行纳税申报，不缴或者少缴应纳税款的，按《中华人民共和国税收征收管理法》第六十四条的有关规定处罚。

表 2－1　　增值税纳税申报表

（适用于一般纳税人）

根据中华人民共和国增值税暂行条例第二十二条和第二十三条的规定。纳税人不论有无销售额，均应按主管税务机关核定的纳税期限按期填报本表，并于次月一日起十五日内，向当地税务机关申报。

税款所属时间：自　　年　月　日至　　年　月　日　填表日期：　　年　月　日

金额单位：元至角分

<table>
<tr><td>纳税人识别号</td><td colspan="4"></td><td colspan="3">所属行业：</td></tr>
<tr><td>纳税人名称</td><td>（公章）</td><td>法定代表人姓名</td><td></td><td>注册地址</td><td></td><td>营业地址</td><td></td></tr>
<tr><td>开户银行及账号</td><td></td><td colspan="2">企业登记注册类型</td><td colspan="2"></td><td>电话号码</td><td></td></tr>
</table>

<table>
<tr><td colspan="2" rowspan="2">项　目</td><td rowspan="2">行　次</td><td colspan="2">一般货物及劳务和应税服务</td><td colspan="2">即征即退货物及劳务和应税服务</td></tr>
<tr><td>本月数</td><td>本年累计</td><td>本月数</td><td>本年累计</td></tr>
<tr><td rowspan="10">销售额</td><td>（一）按适用税率征税货物及劳务销售额</td><td>1</td><td></td><td></td><td></td><td></td></tr>
<tr><td>其中：应税货物销售额</td><td>2</td><td>——</td><td>——</td><td>——</td><td>——</td></tr>
<tr><td>应税劳务销售额</td><td>3</td><td>——</td><td>——</td><td>——</td><td>——</td></tr>
<tr><td>纳税检查调整的销售额</td><td>4</td><td></td><td></td><td>——</td><td>——</td></tr>
<tr><td>（二）按简易征收办法征税货物销售额</td><td>5</td><td></td><td></td><td></td><td></td></tr>
<tr><td>其中：纳税检查调整的销售额</td><td>6</td><td>——</td><td>——</td><td>——</td><td>——</td></tr>
<tr><td>（三）免、抵、退办法出口货物销售额</td><td>7</td><td></td><td></td><td>——</td><td>——</td></tr>
<tr><td>（四）免税销售额</td><td>8</td><td></td><td></td><td>——</td><td>——</td></tr>
<tr><td>其中：免税货物销售额</td><td>9</td><td>——</td><td>——</td><td>——</td><td>——</td></tr>
<tr><td>免税劳务销售额</td><td>10</td><td>——</td><td>——</td><td>——</td><td>——</td></tr>
</table>

续表

项目		行次	一般货物及劳务和应税服务		即征即退货物及劳务和应税服务	
			本月数	本年累计	本月数	本年累计
税款计算	销项税额	11				
	进项税额	12				
	上期留抵税额	13				——
	进项税额转出	14				
	免、抵、退货物应退税额	15			——	——
	按适用税率计算的纳税检查应补缴税额	16			——	——
	应抵扣税额合计	17 = 12 + 13 - 14 - 15 + 16		——		——
	实际抵扣税额	18（若 17 < 11 则为 17，否则为 11）				——
	应纳税额	19 = 11 - 18				
	期末留抵税额	20 = 17 - 18				——
	简易征收办法计算的应纳税额	21				
	按简易征收办法计算的纳税检查应补缴税额	22	——	——	——	——
	应纳税额减征额	23				
	应纳税额合计	24 = 19 + 21 - 23				
税款缴纳	期初未缴税额（多缴为负数）	25	——	——	——	——
	实收出口开具专用缴款书退税额	26	——	——	——	——
	本期已缴税额	27 = 28 + 29 + 30 + 31	——	——	——	——
	①分次预缴税额	28		——		——
	②出口开具专用缴款书预缴税额	29	——	——	——	——
	③本期缴纳上期应纳税额	30	——	——	——	——
	④本期缴纳欠缴税额	31	——	——	——	——
	期末未缴税额（多缴为负数）	32 = 24 + 25 + 26 - 27	——	——	——	——
	其中：欠缴税额（≥0）	33	——	——	——	——
	本期应补（退）税额	34 = 24 - 28 - 29		——		——
	即征即退实际退税额	35	——	——		
	期初未缴查补税额	36	——	——	——	——
	本期入库查补税额	37	——	——	——	——
	期末未缴查补税额	38 = 16 + 22 + 36 - 37	——	——	——	——

续表

授权声明	如果你已委托代理人申报，请填写下列资料： 为代理一切税务事宜，现授权 （地址） 为本纳税人的代理申报人，任何与本申报表有关的往来文件，都可寄予此人。 授权人签字：	申报人声明	此纳税申报表是根据《中华人民共和国增值税暂行条例》的规定填报的，我相信它是真实的、可靠的、完整的。 声明人签字：

以下由税务机关填写：

收到日期： 接收人： 主管税务机关盖章：

填表说明如下：

本申报表适用于增值税一般纳税人填报。增值税一般纳税人销售按简易办法缴纳增值税的货物，也使用本表。

（1）“税款所属时间”：是指纳税人申报的增值税应纳税额的所属时间，应填写具体的起止年、月、日。

（2）“填表日期”：指纳税人填写本表的具体日期。

（3）“纳税人识别号”：填写税务机关为纳税人确定的识别号，即税务登记证号码。

（4）“所属行业”：按照国民经济行业分类与代码中的小类行业填写。

（5）“纳税人名称”：填写纳税人单位名称全称，不得填写简称，并加盖公章。

（6）“法定代表人姓名”：填写纳税人法定代表人的姓名。

（7）“注册地址”：填写纳税人税务登记证所注明的详细地址。

（8）“营业地址”：填写纳税人营业地的详细地址。

（9）“开户银行及账号”：填写纳税人开户银行的名称和纳税人在该银行的结算账户号码。

（10）“企业登记注册类型”：按税务登记证填写。

（11）“电话号码”：填写纳税人注册地和经营地的电话号码。

（12）“一般货物及劳务和应税服务”列：填写除享受增值税即征即退税收优惠政策的货物及劳务和应税服务的征（免）税数据。

（13）“即征即退货物及劳务”列：填写纳税人按照税法规定享受增值税即征即退税收优惠政策的货物及劳务和应税服务的征（免）税数据。

（14）第1行“（一）按适用税率征税货物及劳务销售额”栏数据，填写纳税人本期按一般计税方法计算缴纳增值税的销售额。包含在财务上不作销售但按税法规定应缴纳增值税的视同销售货物和价外费用销售额，外贸企业作价销售进料加工复出口的货物，税务、财政、审计部门检查按适用税率计算调整的销售额。

营业税改征增值税的纳税人，应税服务有扣除项目的，本栏目应填写扣除之前的不含税销售额。

提示：本栏“一般货物及劳务”列“本月数”=《附列资料（一)》第9列第1至5行之和— 第9列第6、7行之和。本栏“即征即退货物及劳务”的“本月数”=《附列资料（一)》第9列第6、7行之和。

（15）第4行“纳税检查调整的销售额”栏数据，填写纳税人因税务、财政、审计部门检查、并按适用税率计算调整的销售额。但享受即征即退税收优惠政策的货物及劳务和应税服务，经纳税检查发现的，不得填入“即征即退货物及劳务”列，而应填入“一般货物及劳务和应税服务”列。

营业税改征增值税的纳税人，应税服务有扣除项目的，本栏目应填写扣除之前的不含税销售额。

提示：本栏“一般货物及劳务和应税服务”列“本月数”=《附列资料（一)》第7列第1至5行之和。

（16）第5行“按简易征收办法征税货物的销售额”栏数据，填写纳税人本期按简易征收办法征收增值税的销售额。

营业税改征增值税的纳税人，应税服务有扣除项目的，本栏应填写扣除之前的不含税销售额。

提示：本栏“一般货物及劳务”列“本月数”=《附列资料（一)》第9列第8至12行之和— 第9列第13、14行之和。本栏“即征即退货物及劳务”的“本月数”=《附列资料（一)》第9列第13、14行之和。

（17）第7行“免、抵、退办法出口货物销售额”：填写纳税人本期执行免、抵、退办法出口货物、劳务和应税服务的销售额。

营业税改征增值税的纳税人，应税服务有扣除项目的，本栏应填写扣除之前的销售额。

提示：本栏“一般货物及劳务”列“本月数”=《附列资料（一)》第9列第15、16行之和。

（18）第8行“免税销售额”：填写纳税人本期按照税法规定免征增值税的销售额和适用零税率的销售额，但零税率的销售额中不包括适用免、抵、退办法的销售额。

营业税改征增值税的纳税人，应税服务有扣除项目的，本栏应填写扣除之前的免税销售额。

提示：本栏“一般货物及劳务”列“本月数”=《附列资料（一）》第9列第17、18行之和。

（19）第11行“销项税额”：填写纳税人本期按一般计税方法征税的货物及劳务和应税服务的销项税额。

营业税改征增值税的纳税人，应税服务有扣除项目的，本栏应填写扣除之后的销项税额。

提示：本栏“一般货物及劳务”列“本月数”=《附列资料（一）》（第10列第1、3行之和— 第10列第6行）+（第14列第2、4、5行之和— 第14列第7行）。

本栏“即征即退货物及劳务”的“本月数”=《附列资料（一）》第10列第6行+第14列第7行。

（20）第12行“进项税额”：填写纳税人本期申报抵扣的进项税额。

提示：本栏“一般货物及劳务”列“本月数”+本栏“即征即退货物及劳务”的“本月数”=《附列资料（二）》第12行“税额”。

（21）本表第13行“上期留抵税额”栏数据，按以下要求填写本栏的“本月数”和“本年累计”：

本栏“一般货物及劳务”列“本月数”按照上期申报表第20行“期末留抵税额”“一般货物及劳务”列“本月数”填写。

本栏“一般货物及劳务”列“本年累计”按照上期申报表第20行“期末留抵税额”“一般货物及劳务”列“本年累计”填写。

重要提示：本栏“一般货物及劳务”列“本年累计”按反映的是挂账留抵税额本期的期初数。

本栏“即征即退货物及劳务”列“本月数”按照上期申报表第20行“期末留抵税额”“即征即退货物及劳务”列“本月数”填写。

本栏“即征即退货物及劳务”列“本年累计”按照上期申报表第20行“期末留抵税额”“即征即退货物及劳务”列“本年累计”填写。

（22）第14行“进项税额转出”栏数据，填写纳税人已经抵扣但按税法规定应作进项税转出的进项税额。

提示：本栏“一般货物及劳务”列“本月数”+本栏“即征即退货物及劳务”的“本月数”=《附列资料（二）》第13行“税额”。

（23）第15行“免抵退货物应退税额”：填写退税机关按照出口货物免、抵、退办法审批的应退税额。

（24）第16行“按适用税率计算的纳税检查应补缴税额”：填写纳税人本期因税务、财政和审计部门检查按适用税率计算的纳税检查应补缴的增值税税额。

提示：本栏“一般货物及劳务”列“本月数”≤《附列资料（一)》第8列第1至5行之和+《附列资料（二)》第19行。

(25) 第17行“应抵扣税额合计”：填写纳税人本期应抵扣进项税额的合计数。

(26) 第18行“实际抵扣税额”：填写纳税人本期实际抵扣的进项税额。“本年累计”栏数据，应为年度内各月数之和。

本栏“一般货物及劳务”列“本月数”：按照表中公式计算填写。

本栏“一般货物及劳务”列“本年累计”：将“挂账留抵税额本期期初余额”与“一般计税方法的一般货物及劳务应纳税额”两个数据相比较，取二者中小的数据。

其中：挂账留抵税额本期期初余额=第13行“上期留抵税额”“一般货物及劳务和应税服务”列“本年累计”；

其中，一般计税方法的一般货物及劳务应纳税额=（第11行“销项税额”“一般货物及劳务和应税服务”列“本月数”—第18行“实际抵扣税额”“一般货物及劳务和应税服务”列“本月数”）×一般货物及劳务销项税额比例；

一般货物及劳务销项税额比例=（《附列资料（一)》第10列第1、3行之和—第10列第6行）/第11行“销项税额”“一般货物及劳务和应税服务”列“本月数”×100%。

提示：本栏“一般货物及劳务和应税服务”列“本年累计”反映挂账留抵税额本期实际抵扣数。“一般计税方法的一般货物及劳务应纳税额”的计算方法采用销项税额比例法。本栏“即征即退货物及劳务”的“本月数”按照表中公式计算填写。

(27) 第19行“应纳税额”：填写纳税人本期按适用税率计算并应缴纳的增值税额。

提示：本栏“一般货物及劳务和应税服务”列的计算与本栏“即征即退货物及劳务和应税服务”列的计算不同，具体是：

本栏“一般货物及劳务和应税服务”列“本月数”＝第11行“销项税额”“一般货物及劳务和应税服务”列“本月数”—第18行“实际抵扣税额”“一般货物及劳务和应税服务”列“本月数”—第18行“实际抵扣税额”“一般货物及劳务和应税服务”列“本年累计”。

本栏“即征即退货物及劳务和应税服务”列“本月数”＝第11行“销项税额”“即征即退货物及劳务和应税服务”列“本月数”—第18行“实际抵扣税额”“即征即退货物及劳务和应税服务”列“本月数”—第18行“实际抵扣税额”“即征即退货物及劳务和应税服务”列“本年累计”。

(28) 第20行“期末留抵税额”：为纳税人在本期销项税额中尚未抵扣完，留待下期继续抵扣的进项税额。

提示：本栏“一般货物及劳务和应税服务”列“本月数”：按照表中公式计算填写。

本栏“一般货物及劳务和应税服务”列“本年累计”反映挂账留抵税额本期期末余额。本栏“一般货物及劳务和应税服务”列“本年累计” = 第13行“上期留抵税额”“一般货物及劳务和应税服务”列“本年累计”— 第18行“实际抵扣税额”“一般货物及劳务和应税服务”列“本年累计”。本栏“即征即退货物及劳务和应税服务”列“本月数”：按照表中公式计算填写。

（29）第21行“简易征收办法计算的应纳税额”：填写纳税人本期按简易征收办法计算并应缴纳的增值税额，但不包括按简易征收办法计算的查补应纳税额。

营业税改征增值税的纳税人，应税服务有扣除项目的，本行应填写扣除之后的应纳税额。

提示：本栏“一般货物及劳务”列“本月数” = 《附列资料（一）》（第10列第8至11行之和— 第10列第13行） + （第14列第12行— 第14列第14行）。本栏“即征即退货物及劳务”的“本月数” = 《附列资料（一）》第10列第13行 + 第14列第14行。

（30）第23行“应纳税额减征额”：填写纳税人本期按照税法规定减征的增值税应纳税额。包含可在增值税应纳税额中全额抵扣的增值税税控系统专用设备费用以及技术维护费。

当本期减征额小于或者等于第19行“应纳税额”与第21行“简易征收办法计算的应纳税额”之和时，按本期减征额实际填写；当本期减征额大于第19行“应纳税额”与第21行“简易征收办法计算的应纳税额”之和时，按本期第19行与第21行之和填写，本期减征额不足递减部分结转下期继续递减。

（31）第24行“应纳税额合计”：填写纳税人本期应缴增值税的合计数。按照表中所列公式计算填写。

（32）第28行“①分次预缴税额”栏数据，填写纳税人本期分次预缴的增值税额。

提示：本栏填写内容包含：独立缴纳增值税的纳税人，按照税法规定在本地或者异地预缴且准予递减本期应纳税额的增值税额；汇总缴纳增值税的纳税人，按照税法规定在异地预缴且准予递减本期应纳税额的增值税额；汇总缴纳增值税的纳税人，按照税法规定在异地预缴且准予递减本期增值税税额的营业税额。

（33）第34行“本期应补（退）税额”：为纳税人本期应纳税额中应补缴或应退回的数额。

（34）第35行“即征即退实际退税额”：填写纳税人本期因符合增值税即征即退优惠政策规定，而实际收到的税务机关返还的增值税额。按照表中公式计算填写。

表 2－2　　增值税纳税申报表附列资料（一）

（本期销售情况明细）

税款所属时间：　年　月　日至　年　月　日

纳税人名称：（公章）　　　　　　　　　　　　　　金额单位：元至角分

项目及栏次				开具税控增值税专用发票		开具其他发票		未开具发票		纳税检查调整	
				销售额	销项（应纳）税额	销售额	销项（应纳）税额	销售额	销项（应纳）税额	销售额	销项（应纳）税额
				1	2	3	4	5	6	7	8
一、一般计税方法征税	全部征税项目	17%税率的货物及加工修理修配劳务	1								
一、一般计税方法征税	全部征税项目	17%税率的有形动产租赁服务	2								
一、一般计税方法征税	全部征税项目	13%税率	3								
一、一般计税方法征税	全部征税项目	11%税率	4								
一、一般计税方法征税	全部征税项目	6%税率	5								
一、一般计税方法征税	其中：即征即退项目	即征即退货物及加工修理修配劳务	6	——	——	——	——	——	——	——	——
一、一般计税方法征税	其中：即征即退项目	即征即退应税服务	7	——	——	——	——	——	——	——	——
二、简易计税方法征税	全部征税项目	6%征收率	8							——	——
二、简易计税方法征税	全部征税项目	5%征收率	9							——	——
二、简易计税方法征税	全部征税项目	4%征收率	10							——	——
二、简易计税方法征税	全部征税项目	3%征收率的货物及加工修理修配劳务	11							——	——
二、简易计税方法征税	全部征税项目	3%征收率的应税服务	12							——	——
二、简易计税方法征税	其中：即征即退项目	即征即退货物及加工修理修配劳务	13	——	——	——	——	——	——	——	——
二、简易计税方法征税	其中：即征即退项目	即征即退应税服务	14	——	——	——	——	——	——	——	——
三、免抵退税	货物及加工修理修配劳务		15	——	——		——		——	——	——
三、免抵退税	应税服务		16	——	——		——		——	——	——
四、免税	货物及加工修理修配劳务		17				——		——	——	——
四、免税	应税服务		18	——	——		——		——	——	——

续表

项目及栏次				合计			应税服务扣除项目本期实际扣除金额	扣除后	
				销售额	销项（应纳）税额	价税合计		含税（免税）销售额	销项（应纳）税额
				9 = 1 + 3 + 5 + 7	10 = 2 + 4 + 6 + 8	11 = 9 + 10	12	13 = 11 - 12	14 = 13 ÷（100% + 税率或征收率）× 税率或征收率
一、一般计税方法征税	全部征税项目	17% 税率的货物及加工修理修配劳务	1			——	——	——	——
		17% 税率的有形动产租赁服务	2						
		13% 税率	3			——	——	——	——
		11% 税率	4						
		6% 税率	5						
	其中：即征即退项目	即征即退货物及加工修理修配劳务	6			——	——	——	——
		即征即退应税服务	7						
二、简易计税方法征税	全部征税项目	6% 征收率	8			——	——	——	——
		5% 征收率	9			——	——	——	——
		4% 征收率	10			——	——	——	——
		3% 征收率的货物及加工修理修配劳务	11			——	——	——	——
		3% 征收率的应税服务	12						
	其中：即征即退项目	即征即退货物及加工修理修配劳务	13			——	——	——	——
		即征即退应税服务	14						
三、免抵退税	货物及加工修理修配劳务		15		——	——	——	——	——
	应税服务		16		——				——
四、免税	货物及加工修理修配劳务		17		——	——	——	——	——
	应税服务		18		——				——

表 2－3　　增值税纳税申报表附列资料（二）

（本期进项税额明细）

税款所属时间：　年　月　日至　年　月　日

纳税人名称：（公章）　　金额单位：元至角分

一、申报抵扣的进项税额

项　目	栏　次	份　数	金　额	税　额
（一）认证相符的税控增值税专用发票	1＝2＋3			
其中：本期认证相符且本期申报抵扣	2			
前期认证相符且本期申报抵扣	3			
（二）其他扣税凭证	4＝5＋6＋7＋8			
其中：海关进口增值税专用缴款书	5			
农产品收购发票或者销售发票	6			
代扣代缴税收通用缴款书	7		——	
运输费用结算单据	8			
	9	——	——	——
	10	——	——	——
（三）外贸企业进项税额抵扣证明	11	——	——	
当期申报抵扣进项税额合计	12＝1＋4＋11			

二、进项税额转出额

项　目	栏　次	税　额
本期进项税转出额	13＝14 至 23 之和	
其中：免税项目用	14	
非应税项目用、集体福利、个人消费	15	
非正常损失	16	
简易计税方法征税项目用	17	
免抵退税办法不得抵扣的进项税额	18	

续表

二、进项税额转出额

项　　目	栏　次	税　额
纳税检查调减进项税额	19	
红字专用发票通知单注明的进项税额	20	
上期留抵税额抵减欠税	21	
上期留抵税额退税	22	
其他应作进项税额转出的情形	23	

三、待抵扣进项税额

项　　目	栏　次	份　数	金　额	税　额
（一）认证相符的税控增值税专用发票	24	——	——	——
期初已认证相符但未申报抵扣	25	——	——	——
本期认证相符且本期未申报抵扣	26	——	——	——
期末已认证相符但未申报抵扣	27			
其中：按照税法规定不允许抵扣	28	——	——	——
（二）其他扣税凭证	29＝30至33之和			
其中：海关进口增值税专用缴款书	30			
农产品收购发票或者销售发票	31			
代扣代缴税收通用缴款书	32		——	
运输费用结算单据	33			
	34			

四、其他

项　　目	栏　次	税　额
本期认证相符的税控增值税专用发票	35	——

表2－4 **增值税纳税申报表附列资料（三）**

（应税服务扣除项目明细）

税款所属时间： 年 月 日至 年 月 日

纳税人名称：（公章） 金额单位：元至角分

项目及栏次	本期应税服务价税合计额（免税销售额）	应税服务扣除项目				
		期初余额	本期发生额	本期应扣除金额	本期实际扣除金额	期末余额
	1	2	3	4＝2＋3	5（5≤1且5≤4）	6＝4－5
17%税率的有形动产租赁服务						
11%税率的应税服务						
6%税率的应税服务						
3%征收率的应税服务						
免抵退税的应税服务						
免税的应税服务						

表2－5 **固定资产进项税额抵扣情况表**

纳税人识别号： 纳税人名称（公章）：

填表日期： 年 月 日 金额单位：元至角分

项目	当期申报抵扣的固定资产进项税额	当期申报抵扣的固定资产进项税额累计
增值税专用发票		
海关进口增值税专用缴款书		
合计		

表 2－6　　增值税纳税申报表（适用小规模纳税人）

纳税人识别号：□□□□□□□□□□□□□□□□□□□□

纳税人名称（公章）：　　　　　　　　　　　　金额单位：元（列至角分）

税款所属期：　　年　月　日至　　年　月　日　　　　填表日期：　　年　月　日

	项目	栏次	本月数		本年累计	
			应税货物及劳务	应税劳务	应税货物及劳务	应税劳务
一、计税依据	（一）应征增值税不含税销售额	1				
	税务机关代开的增值税专用发票不含税销售额	2				
	税控器具开具的普通发票不含税销售额	3				
	（二）销售使用过的应税固定资产不含税销售额	4(4≥5)		——		——
	其中：税控器具开具的普通发票不含税销售额	5		——		——
	（三）免税销售额	6(6≥7)				
	其中：税控器具开具的普通发票销售额	7				
	（四）出口免税销售额	8(8≥9)				
	其中：税控器具开具的普通发票销售额	9				
二、税款计算	本期应纳税额	10				
	本期应纳税额减征额	11				
	应纳税额合计	12＝10－11				
	本期预缴税额	13			——	——
	本期应补（退）税额	14＝12－13			——	——

纳税人或代理人声明：此纳税申报表是根据国家税收法律的规定填报的，我确定它是真实的、可靠的、完整的。	如纳税人填报，由纳税人填写以下各栏：	
	办税人员（签章）：	财务负责人（签章）：
	法定代表人（签章）：	联系电话：
	如委托代理人填报，由代理人填写以下各栏：	
	代理人名称：　　　　经办人（签章）：	联系电话：
	代理人（公章）：	

受理人：　　　　受理日期：　　年　月　日　　　　受理税务机关（签章）：

填表说明如下：

本申报表适用于增值税小规模纳税人（以下简称纳税人）填报。纳税人销售使用过的固定资产、销售免税货物或提供免税劳务的，也使用本表。具体项目填写说明如下：

（1）本表“税款所属期”是指纳税人申报的增值税应纳税额的所属时间，应填写具体的起止年、月、日。

（2）本表“纳税人识别号”栏，填写税务机关为纳税人确定的识别号，即：税务登记证号码。

（3）本表“纳税人名称”栏，填写纳税人单位名称全称，不得填写简称。

（4）本表第1项“应征增值税货物及劳务不含税销售额”栏数据，填写应征增值税货物及劳务、服务的不含税销售额，不包含销售使用过的固定资产应征增值税的不含税销售额、免税货物及劳务、服务销售额、出口免税货物销售额、稽查查补销售额。

对应服务有扣除项目的纳税人，本栏数据为减除应税服务扣除额后，计算的不含税销售额，其数据与当期《增值税纳税申报表（适用于小规模纳税人）附列资料》第8栏对应。

（5）本表第2项“税务机关代开的增值税专用发票不含税销售额”栏数据，填写税务机关代开的增值税专用发票的销售额合计。

对发生“应税服务扣除项目”，并向税务机关申请全额代开增值税专用发票的，本栏应填写税务机关全额代开的增值税专用发票的销售额合计。

（6）本表第3项“税控器具开具的普通发票不含税销售额”栏数据，填写税控器具开具的应征增值税货物及劳务的普通发票金额换算的不含税销售额。

对发生“应税服务扣除项目”，并向税务机关申请全额代开增值税专用发票的，本栏应填写税控器具开具的应税服务普通发票金额换算的不含税销售额。

（7）本表第4项“销售使用过的应税固定资产不含税销售额”栏数据，填写销售使用过的、固定资产目录中所列的固定资产（不动产除外）和销售旧货的不含税销售额，销售额＝含税销售额／（1＋3%）。

（8）本表第5项“税控器具开具的普通发票不含税销售额”栏数据，填写税控器具开具的销售使用过的应税固定资产（不动产除外）和销售旧货的普通发票金额换算的不含税销售额。

（9）本表第6项“免税销售额”栏数据，填写销售免征增值税货物及劳务、服务的销售额。对发生“应税劳务扣除项目”的纳税人，本栏应填写销售额全额数据。

（10）本表第7项“税控器具开具的普通发票销售额”栏数据，填写税控器具开具的销售免征增值税货物及劳务、服务的普通发票金额。对发生“应税劳务扣除项目”的纳税人，并全额开局普通发票的，本栏应填写税控器具全额开具的免税服务的普通发票金额。

（11）本表第8项“出口免税货物销售额”栏数据，填写出口免税货物的销售额。对发生“应税劳务扣除项目”的纳税人，本栏应填写销售额全额数据。

(12) 本表第9项"税控器具开具的普通发票销售额"栏数据，填写税控器具开具的出口免税货物、服务的普通发票金额。对发生"应税劳务扣除项目"的纳税人，并全额开局普通发票的，本栏应填写税控器具全额开具的出口免税服务的普通发票金额。

(13) 本表第10项"本期应纳税额"栏数据，填写本期按征收率计算缴纳的应纳税额。

(14) 本表第11项"本期应纳税额减征额"栏数据，填写数据是根据相关的增值税优惠政策计算的应纳税额减征额。

(15) 本表第13项"本期预缴税额"栏数据，填写纳税人本期预缴的增值税额，但不包括稽查补缴的应纳增值税额。

表2-7 增值税纳税申报表（适用小规模纳税人）

附列资料

纳税人名称（公章）： 金额单位：元（列至角分）

税款所属期： 年 月 日至 年 月 日 填表日期： 年 月 日

应税服务扣除额计算			
期初余额	本期发生额	本期扣除额	期末余额
1	2	3（3≤1+2之和，且3≤5）	4=1+2-3
应税服务计税销售额计算			
全部含税收入	本期扣除额	含税销售额	不含税销售额
5	6=3	7=5-6	8 = 7/1.03

填表说明如下：

本附列资料适用于应税服务有扣除项目的增值税小规模纳税人填报。本附列资料各栏次申报项目均不包含免税服务数据。应税服务扣除项目是指根据国家有关营业税改正增值税的税收政策规定，对纳税人按照国家有关营业税政策规定差额征收营业税的，在计算应税服务销售额时，允许从其取得的全部价款和家外费用中扣除的项目。具体项目填写说明如下：

(1) 本附列资料"税款所属期"是指纳税人申报的增值税应纳税额的所属时间，应填写具体的起止年、月、日。

(2) 本附列资料"纳税人名称"栏，填写纳税人单位名称全称，不得填写简称。

(3) 本附列资料第1项"期初余额"栏数据，为从本附列资料上期第4项"期末余额"栏转入本期的数据。

（4）本附列资料第2项“本期发生额”栏数据，填写本期发生的根据国家有关营业税改征增值税的税收政策规定，对纳税人按照国家有关营业税政策规定的差额征收营业税的，在计算应税服务销售额时，允许从其取得的全部价款和价外费用中扣除的价款数额。

（5）本附列资料第3项“本期扣除额”栏数据，填写应税服务扣除项目本期实际扣除的价款数额。

（6）本附列资料第4项“期末余额”栏数据，填写应税服务扣除额的期末余额。

（7）本附列资料第5项“全部含税收入”栏数据，填写纳税人提供应税服务、取得全部价款和价外费用数额。

（8）本附列资料第6项“本期扣除额”栏数据，为本附列资料第3项“本期扣除额”栏数据。第6栏“本期扣除额”＝第3栏“本期扣除额”

（9）本附列资料第7项“含税销售额”栏数据，填写应税服务的含税销售额。第7栏“含税销售额”＝第5栏“全部含税收入”－第6栏“本期扣除额”

（10）本附列资料第8项“不含税销售额”栏数据，填写应税服务的不含税销售额。第8项“不含税销售额”＝第7栏“含税销售额”／1.03

第8栏“不含税销售额”填入《增值税纳税申报表（适用于小规模纳税人）》第1项“应征增值税不含税销售额”－“本期数”－“应税服务”栏。

三、消费税

1. 消费税的主要特征是什么？消费税的纳税范围是如何规定的？农民从事哪些产品生产或进口需要缴纳消费税？

消费税是对在我国境内从事生产、委托加工和进口应税消费品的单位和个人就其应税消费品征收的一种税。我国消费税在征收范围根据产业政策与消费政策仅选择部分消费品征税，而不是对所有消费品征收消费税。消费税的主要特征是：

（1）征收环节比较单一。消费税的最终负担人是这些特定产品的消费者。但是，为了加强源泉控制，防止税款流失，消费税的征收环节主要确定在产制环节或进口环节。也就是说，应税消费品在生产环节或进口环节征收消费税之后，除个别消费品的纳税环节为零售环节（如金银首饰销售）之外，再继续转销该消费品不再征收消费税。但不论在哪个环节征税，都实行单环节征收，即使是以零售环节为纳税环节的应税消费品，在零售环节以前的诸多环节都不征收消费税。这样，既可以减少纳税人的数量，降低税款的征收费用和税源流失的风险，还可以避免重复征税。

（2）税率水平高且税负悬殊。消费税属于国家运用税收杠杆对某些消费品进行特殊调节的税种。为了有效体现国家政策，消费税的平均水平一般定得会比较高，并且不同征税项目的税负差异悬殊较大，对需要限制或控制消费的消费品，通常税负较重。而需要强调的是，我国现行消费税是同增值税相互配合而设置的税种。意在对某些需要特殊调节的消费品在征收增值税的同时，再征收一定金额的消费税，从而形成了一种交叉调节的间接税体系，同时会使这类产品的整体税负看起来更加合理与科学。

（3）征收方法灵活。消费税在征收方法上面，既可以采用对消费品制定单位税额，依照消费品的数量实行从量定额的征收办法，也可以采用对消费品制定比例税率，依照消费品的价格实行从价定率的征收办法。目前，对部分烟酒还采取了从价征收加从量征收的方法。

（4）税负能够转嫁。消费税是对应税消费品的征税，因而税负的归宿是消费者。但为了简化征收管理，我国消费税直接以应税消费品的生产经营者为纳税人，于产制销售环节、进口环节或者零售环节缴纳税款，并成为商品价格的一个组成部分向购买者收取，消费者实际上是应税消费品税负的最终承担者。

我国目前消费税的征税范围主要发生在生产、委托加工、进口环节；个别应税消费品的消费税征收会发生在零售环节，目前主要是金银首饰销售。

（1）生产应税消费品。生产应税消费品销售是消费税征收的主要环节，因消费税具有单一环节征税的特点，在生产销售环节征税以后，货物在流通环节无论再被转销多少次，也无须再缴纳消费税。生产应税消费品除了直接对外销售应征收消费税外，纳税人将生产的应税消费品换取生产资料、消费资料、投资入股、偿还债务，以及用于继续生产应税消费品以外的其他方面都应缴纳消费税。

（2）委托加工应税消费品。委托加工应税消费品是指委托方提供原料和主要材料，受托方只收取加工费和代垫部分辅助材料加工的应税消费品。由受托方提供原材料或其他情形的，一律不能视同加工应税消费品。委托加工的应税消费品收回后，再继续用于生产应税消费品销售的，其加工环节缴纳的消费税款可以扣除。

（3）进口应税消费品。单位和个人进口货物属于消费税征税范围的，在进口环节也要征收消费税。进口环节缴纳的消费税由海关代征。

（4）零售应税消费品。经国务院批准，自1995年1月1日起，金银首饰消费税由生产销售环节征收改为零售环节征收。改在零售环节征收消费税的金银首饰仅限于金基、银基合金首饰以及金、银和金基、银基合金的镶嵌首饰。金银首饰与其他产品组成成套消费品销售的，应按销售额全额征收消费税。金银首饰连同包装物销售的，无论包装是否单独计价，也无论会计上面如何核算，均应并入金银首饰的销售额计征消费税。带料加工的金银首饰，应按受托方销售同类金银首饰的销售价格确定计税依据征收消费税。没有同类金银首饰销售价格的，按照组成计税价格计算纳税。零售环节适用税率为5%，在纳税人销售金银首饰、钻石及钻石饰品时征收。

农民从事烟、酒及酒精、化妆品、贵重首饰及珠宝玉石、鞭炮、烟火、成品油、汽车轮胎、小汽车、摩托车、高尔夫球及球具、高档手表、游艇、木制一次性筷子和实木地板产品的生产销售、委托加工及其进口，应该按照规定缴纳消费税。若在零售商店内销售金银首饰应按照规定缴纳消费税。

2. 消费税的纳税人是如何规定的?

在中华人民共和国境内生产、委托加工和进口本条例规定的消费品的单位和个人，以及国务院确定的销售消费税暂行条例规定的消费品的其他单位和个人，为消费税的纳税人，应当依法缴纳消费税。

单位，是指企业、行政单位、事业单位、军事单位、社会团体及其他单位。个人是指个体工商户及其他个人。在中华人民共和国境内，是指生产、委托加工和进口属于应当缴纳消费税的消费品的起运地或者所在地在境内。

3. 消费税的税目与税率是如何规定的?

（1）烟 。凡是以烟叶为原料加工生产的产品，不论使用何种辅料，均属于本税目的征收范围。本税目下设甲类卷烟、乙类卷烟、雪茄烟、烟丝四个子目。其中：甲类卷烟是指每大箱（5万支）销售价格在780元（含780元）以上的卷烟。乙类卷烟是指每大箱（5万支）销售价格在780元以下的卷烟。不同包装规格卷烟的销售价格均按每大箱（5万支）折算。

雪茄烟是指以晾晒烟为原料或者以晾晒烟和烤烟为原料，用烟叶或卷烟纸、烟草薄片作为烟支内包皮，再用烟叶作为烟支外包皮，经机器或手工卷制而成的烟草制品。按内包皮所用材料的不同可分为全叶卷雪茄烟和半叶卷雪茄烟。雪茄烟的征收范围包括各种规格、型号的雪茄烟。

烟丝是指将烟叶切成丝状、粒状、片状、末状或其他形状，再加入辅料，经过发酵、储存，不经卷制即可供销售吸用的烟草制品。烟丝的征收范围包括以烟叶为原料加工生产的不经卷制的散装烟，如斗烟、莫合烟、烟末、水烟、黄红烟丝等。

（2）酒及酒精。下设粮食白酒、薯类白酒、黄酒、啤酒、其他酒、酒精六个子目。其中：

粮食白酒是指以高粱、玉米、大米、糯米、大麦、小麦、小米、青稞等各种粮食为原料，经过糖化、发酵后，采用蒸馏方法酿制的白酒。

薯类白酒是指以白薯（红薯、地瓜）、木薯、马铃薯（土豆）、芋头、山药等各种干鲜薯类为原料，经过糖化、发酵后，采用蒸馏方法酿制的白酒。用甜菜酿制的白酒，比照薯类白酒征税。

黄酒是指以糯米、粳米、籼米、大米、黄米、玉米、小麦、薯类等为原料，经加温、糖化、发酵、压榨酿制的酒。由于工艺、配料和含糖量的不同，黄酒分为干黄酒、半干黄酒、半甜黄酒、甜黄酒四类。黄酒的征收范围包括各种原料酿制的黄酒和酒度超过12度（含12度）的土甜酒。

啤酒是指以大麦或其他粮食为原料，加入啤酒花，经糖化、发酵、过滤酿制的含有二氧化碳的酒。啤酒按照杀菌方法的不同，可分为熟啤酒和生啤酒或鲜啤酒。啤酒的征收范围包括各种包装和散装的啤酒。无醇啤酒比照啤酒征税。

其他酒是指除粮食白酒、薯类白酒、黄酒、啤酒以外，酒度在1度以上的各种酒。其征收范围包括糠麸白酒、其他原料白酒、土甜酒、复制酒、果木酒、汽酒、药酒等等。其中：糠麸白酒是指用各种粮食的糠麸酿制的白酒。用稗子酿制的白酒，比照糠麸酒征税。其他原料白酒是指用醋糟、糖渣、糖漏水、甜菜渣、粉渣、薯皮等各种下脚料，葡萄、桑椹、橡子仁等各种果实、野生植物等代用品以及甘蔗、糖等酿制的白酒。土甜酒是指用糯米、大米、黄米等为原料，经加温、糖化、发酵（通过酒曲发酵），采用压榨酿制的酒度不超过12度的酒。酒度超过12度的应按黄酒征税。复制酒是指以白酒、黄酒、酒精为酒基，加入果汁、香料、色素、药材、补品、糖、调料等配制或泡制的酒，如各种配制酒、泡制酒、滋补酒等等。果木酒是指以各种果品为主要原料，经发酵过滤酿制的酒。汽酒是指以果汁、香精、色素、酸料、酒（或酒精）、糖（或糖精）等调配，冲加二氧化碳制成的酒度在1度以上的酒。药酒是指按照医药卫生部门的标准，以白酒、黄酒为酒基，加入各种药材泡制或配制的酒。

酒精又名乙醇，是指以含有淀粉或糖分的原料，经糖化和发酵后，用蒸馏方法生产的酒精度数在95度以上的无色透明液体；也可以石油裂解气中的乙烯为原料，用合成方法制成。酒精的征收范围包括用蒸馏法和合成方法生产的各种工业酒精、医药酒精、食用酒精。

（3）化妆品。征收范围包括各类美容、修饰类化妆品、高档护肤类化妆品和成套化妆品。其中：美容、修饰类化妆品是指香水、香水精、香粉、口红、指甲油、胭脂、眉笔、唇笔、蓝眼油、眼睫毛以及成套化妆品。舞台、戏剧、影视演员化妆用的上妆油、卸装油、油彩、不属于本税目的征收范围。高档护肤类化妆品征收范围另行制定。

（4）贵重首饰及珠宝玉石。征收范围包括各种金银珠宝首饰和经采掘、打磨、加工的各种珠宝玉石。其中：金银珠宝首饰包括：凡以金、银、白金、宝石、珍珠、钻石、翡翠、珊瑚、玛瑙等高贵稀有物质以及其他金属、人造宝石等制作的各种纯金银首饰及镶嵌首饰（含人造金银、合成金银首饰等）。珠宝玉石的种类则包括钻石、珍珠、松石、青金石（青金石的种类包括波斯青金石、苏联青金石或西班牙青金石、智利青金石）、欧泊石（欧泊石的种类包括白欧泊石、黑欧泊石、晶质欧泊石、火欧泊石、胶状欧泊石或玉滴欧泊石、漂砾欧泊石、脉石欧泊石或基质中欧泊石）、橄榄石（橄榄石的种类包括贵橄榄石、黄玉、镁橄榄石、铁橄榄石、“黄昏祖母绿”和硼铝镁石）、长石（长石的种类包括月光石或冰长石、日光石或砂金石的长石、拉长石、天河石或亚马逊石）、玉（硬玉、软玉）、石英（石英的种类包括水晶、晕彩或彩红石英、金红石斑点或网金红石石英、紫晶、黄晶、烟石英或烟晶、芙蓉石、东陵石、蓝线石石英、乳石英、蓝石英或蓝宝石石英、虎眼石、鹰眼或猎鹰眼、石英猫眼、带星的或星光石英）、玉髓（玉髓的种类包括月光石、绿玉髓、红玛瑙、肉红玉髓、鸡血石、葱绿玉髓、玛瑙、缟玛瑙、碧玉、深绿玉髓、硅孔雀石玉髓、硅化木）、石榴石（石榴石的种类包括铁铝榴石、镁铝榴石、镁铁榴石、锰铝榴石、钙铁榴石、钙铬榴石）、锆石、尖晶石（尖晶石的种类包括红色尖晶石、红宝石色的尖晶石或红宝石尖晶石、紫色的或类似贵榴石色泽的尖晶石、粉或玫瑰色尖晶石、桔红色尖晶石、蓝色尖晶石、蓝宝石色尖晶石或蓝宝石尖晶石、象变石的尖晶石、黑色尖晶石、铁镁尖晶石或镁铁尖晶石）、黄玉（黄玉的种类包括棕黄至黄棕、浅蓝至淡蓝、粉红、无色的、其他品种）、碧玺（碧玺的种类包括红色的、绿色的、蓝色的、黄和橙色、无色或白色、黑色、杂色宝石、猫眼碧玺、变色石似的碧玺）、金绿玉（金绿玉的种类包括变石、猫眼石、变石猫眼宝石及其他一些变种）、绿柱石（绿柱石的种类包括祖母绿、海蓝宝石、maxixe 型绿柱石、金绿柱石、铯绿柱石、其他透明的品种、猫眼绿柱石、星光绿柱石）、刚玉（刚玉的种类包括红宝石、星光红宝石、蓝宝石、艳色蓝宝石、星光蓝宝石）、琥珀（琥珀的种类包括海珀、坑珀、洁珀、块珀、脂珀、浊珀、泡珀、骨珀）、珊瑚、煤玉、龟甲、合成刚玉、合成宝石（合成宝石种类包括合成金红石、钛酸锶、钇铝榴石、轧镓榴石、合成立方锆石、合成蓝宝石、合成尖晶石、合成金红石、合成变石、合成钻石、合成祖母绿、合成欧泊、合成石英)、双合石(双合石的种类有石榴石与玻璃双合石、祖母绿的代用品、欧泊石代用品、星光蓝宝石代用品、钻石代用品、其他各种仿宝石复合石)、玻璃仿制品。

(5) 鞭炮、焰火。征收范围包括:喷花类、旋转类、旋转升空类、火箭类、吐珠类、线香类、小礼花类、烟雾类、造型玩具类、炮竹类、摩擦炮类、组合烟花类、礼花弹类。体育上用的发令纸,鞭炮药引线,不属于本征收范围。

(6) 成品油。

汽油。汽油是指用原油或其他原料加工生产的辛烷值不小于66的可用作汽油发动机燃料的各种轻质油。含铅汽油是指铅含量每升超过0.013克的汽油。汽油分为车用汽油和航空汽油。以汽油、汽油组分调和生产的甲醇汽油、乙醇汽油也属于本税目征收范围。

柴油。柴油是指用原油或其他原料加工生产的倾点或凝点在-50至30的可用作柴油发动机燃料的各种轻质油和以柴油组分为主、经调和精制可用作柴油发动机燃料的非标油。以柴油、柴油组分调和生产的生物柴油也属于本税目征收范围。

石脑油。石脑油又叫化工轻油,是以原油或其他原料加工生产的用于化工原料的轻质油。石脑油的征收范围包括除汽油、柴油、航空煤油、溶剂油以外的各种轻质油。非标汽油、重整生成油、拔头油、戊烷原料油、轻裂解料(减压柴油VGO和常压柴油AGO)、重裂解料、加氢裂化尾油、芳烃抽余油均属轻质油,属于石脑油征收范围。

溶剂油。溶剂油是用原油或其他原料加工生产的用于涂料、油漆、食用油、印刷油墨、皮革、农药、橡胶、化妆品生产和机械清洗、胶粘行业的轻质油。橡胶填充油、溶剂油原料,属于溶剂油征收范围。

航空煤油。航空煤油也叫喷气燃料,是用原油或其他原料加工生产的用作喷气发动机和喷气推进系统燃料的各种轻质油。

润滑油。润滑油是用原油或其他原料加工生产的用于内燃机、机械加工过程的润滑产品。润滑油分为矿物性润滑油、植物性润滑油、动物性润滑油和化工原料合成润滑油。润滑油的征收范围包括矿物性润滑油、矿物性润滑油基础油、植物性润滑油、动物性润滑油和化工原料合成润滑油。以植物性、动物性和矿物性基础油（或矿物性润滑油）混合掺配而成的"混合性"润滑油，不论矿物性基础油（或矿物性润滑油）所占比例高低，均属润滑油的征收范围。

燃料油。燃料油也称重油、渣油，是用原油或其他原料加工生产，主要用作电厂发电、锅炉用燃料、加热炉燃料、冶金和其他工业炉燃料。腊油、船用重油、常压重油、减压重油、180CTS 燃料油、7 号燃料油、糠醛油、工业燃料、4～6 号燃料油等油品的主要用途是作为燃料燃烧，属于燃料油征收范围。

（7）汽车轮胎。征收范围包括：轻型乘用汽车轮胎；载重及公共汽车、无轨电车轮胎；矿山、建筑等车辆用轮胎；特种车辆用轮胎（指行驶于无路面或雪地、沙漠等高越野轮胎）；摩托车轮胎；各种挂车用轮胎；工程车轮胎；其他机动车轮胎；汽车与农用拖拉机、收割机、手扶拖拉机通用轮胎。

（8）摩托车。征收范围包括轻便摩托车和摩托车。主要是：两轮车（普通车；微型车；越野车；普通赛车；微型赛车；越野赛车；特种车）、边三轮车（普通边三轮车；特种边三轮车）、正三轮车（普通正三轮车；特种正三轮车）。

（9）小汽车。汽车是指由动力驱动，具有四个或四个以上车轮的非轨道承载的车辆。征收范围包括含驾驶员座位在内最多不超过 9 个座位（含）的，在设计和技术特性上用于载运乘客和货物的各类乘用车和含驾驶员座位在内的座位数在 10～23 座（含 23 座）的在设计和技术特性上用于载运乘客和货物的各类中轻型商用客车。

用排气量小于 1.5 升（含）的乘用车底盘（车架）改装、改制的车辆属于乘用车征收范围。用排气量大于 1.5 升的乘用车底盘（车架）或用中轻型商用客车底盘（车架）改装、改制的车辆属于中轻型商用客车征收范围。

含驾驶员人数（额定载客）为区间值的（如8~10人；17~26人）小汽车，按其区间值下限人数确定征收范围。电动汽车不属于本税目征收范围。

（10）高尔夫球及球具。高尔夫球及球具是指从事高尔夫球运动所需的各种专用装备，包括高尔夫球、高尔夫球杆及高尔夫球包（袋）等。其中，高尔夫球是指重量不超过45.93克、直径不超过42.67毫米的高尔夫球运动比赛、练习用球；高尔夫球杆是指被设计用来打高尔夫球的工具，由杆头、杆身和握把三部分组成；高尔夫球包（袋）是指专用于盛装高尔夫球及球杆的包（袋）。本税目征收范围包括高尔夫球、高尔夫球杆、高尔夫球包（袋）。高尔夫球杆的杆头、杆身和握把属于本税目的征收范围。

（11）高档手表。高档手表是指销售价格（不含增值税）每只在10 000元（含）以上的各类手表。

（12）游艇。游艇是指长度大于8米小于90米，船体由玻璃钢、钢、铝合金、塑料等多种材料制作，可以在水上移动的水上浮载体。按照动力划分，游艇分为无动力艇、帆艇和机动艇。本税目征收范围包括艇身长度大于8米（含）小于90米（含），内置发动机，可以在水上移动，一般为私人或团体购置，主要用于水上运动和休闲娱乐等非牟利活动的各类机动艇。

（13）木制一次性筷子。木制一次性筷子，又称卫生筷子，是指以木材为原料经过锯段、浸泡、旋切、刨切、烘干、筛选、打磨、倒角、包装等环节加工而成的各类一次性使用的筷子。本税目征收范围包括各种规格的木制一次性筷子。未经打磨、倒角的木制一次性筷子属于本征税范围。

（14）实木地板。实木地板是指以木材为原料，经锯割、干燥、刨光、截断、开榫、涂漆等工序加工而成的块状或条状的地面装饰材料。实木地板按生产工艺不同，可分为独板（块）实木地板、实木指接地板、实木复合地板三类；按表面处理状态不同，可分为未涂饰地板（白坯板、素板）和漆饰地板两类。征收范围包括各类规格的实木地板、实木指接地板、实木复合地板及用于装饰墙壁、天棚的侧端面为榫、槽的实木装饰板。未经涂饰的素板属于本征税范围。

表 3－1　　消费税税目、税率表

税　　目	税　　率
一、烟	
1. 卷烟	
（1）甲类卷烟	56%加0.003元/支（生产环节）
（2）乙类卷烟	36%加0.003元/支（生产环节）
（3）批发环节	5%
2. 雪茄烟	25%
3. 烟丝	30%
二、酒及酒精	
1. 白酒	20%加0.5元/500克（或者500毫升）
2. 黄酒	240元/吨
3. 啤酒	
（1）甲类啤酒	250元/吨
（2）乙类啤酒	220元/吨
4. 其他酒	10%
5. 酒精	5%
三、化妆品	30%
四、贵重首饰及珠宝玉石	
1. 金银首饰、铂金首饰和钻石及钻石饰品	5%
2. 其他贵重首饰和珠宝玉石	10%
五、鞭炮、焰火	15%
六、成品油	
1. 汽油	
（1）含铅汽油	1.40元/升
（2）无铅汽油	1.00元/升
2. 柴油	0.80元/升
3. 航空煤油	0.80元/升
4. 石脑油	1.00元/升
5. 溶剂油	1.00元/升
6. 润滑油	1.00元/升
7. 燃料油	0.80元/升
七、汽车轮胎	3%
八、摩托车	
1. 气缸容量（排气量，下同）在250毫升（含250毫升）以下的	3%
2. 气缸容量在250毫升以上的	10%

续表

税 目	税 率
九、小汽车	
1. 乘用车	
(1) 气缸容量(排气量,下同)在1.0升(含1.0升)以下的	1%
(2) 气缸容量在1.0升以上至1.5升(含1.5升)的	3%
(3) 气缸容量在1.5升以上至2.0升(含2.0升)的	5%
(4) 气缸容量在2.0升以上至2.5升(含2.5升)的	9%
(5) 气缸容量在2.5升以上至3.0升(含3.0升)的	12%
(6) 气缸容量在3.0升以上至4.0升(含4.0升)的	25%
(7) 气缸容量在4.0升以上的	40%
2. 中轻型商用客车	5%
十、高尔夫球及球具	10%
十一、高档手表	20%
十二、游艇	10%
十三、木制一次性筷子	5%
十四、实木地板	5%

纳税人兼营不同税率的应税消费品,应当分别核算不同税率应税消费品的销售额、销售数量。未分别核算销售额、销售数量,或者将不同税率的应税消费品组成成套消费品销售的,从高适用税率。所称纳税人兼营不同税率的应当缴纳消费税的消费品,是指纳税人生产销售两种税率以上的应税消费品。

4. 消费税的纳税义务发生时间是如何规定的?

纳税人销售应税消费品的,按不同的销售结算方式分别为:采取赊销和分期收款结算方式的,为书面合同约定的收款日期的当天,书面合同没有约定收款日期或者无书面合同的,为发出应税消费品的当天;采取预收货款结算方式的,为发出应税消费品的当天;采取托收承付和委托银行收款方式的,为发出应税消费品并办妥托收手续的当天;采取其他结算方式的,为收讫销售款或者取得索取销售款凭据的当天。

纳税人自产自用应税消费品的,为移送使用的当天。

纳税人委托加工应税消费品的,为纳税人提货的当天。

纳税人进口应税消费品的，为报关进口的当天。

5. 消费税的纳税期限和纳税地点是如何规定的？

消费税的纳税期限分别为1日、3日、5日、10日、15日或者1个月。纳税人的具体纳税期限，由主管税务机关根据纳税人应纳税额的大小分别核定；不能按照固定期限纳税的，可以按次纳税。

纳税人以1个月为一期纳税的，自期满之日起10日内申报纳税；以1日、3日、5日、10日或者15日为一期纳税的，自期满之日起5日内预缴税款，于次月1日起10日内申报纳税并结清上月应纳税款。

纳税人进口应税消费品，应当自海关填发税款缴纳证的次日起7日内缴纳税款。

纳税人销售的应税消费品，以及自产自用的应税消费品，除国家另有规定的外，应当向纳税人核算地主管税务机关申报纳税。委托加工的应税消费品，由受托方向所在地主管税务机关解缴消费税税款。进口的应税消费品，由进口人或者代理人向报关地海关申报纳税。

出口的应税消费品办理退税后，发生退关，或者国外退货进口时予以免税的，报关出口者必须及时向其所在地主管税务机关申报补缴已退的消费税税款。纳税人直接出口的应税消费品办理免税后，发生退关或国外退货进口时已予以免税的，经所在地主管税务机关批准，可暂不办理补税，待其转为国内销售时，再向其主管税务机关申报补缴消费税。

纳税人到外县（市）销售或委托外县（市）代销自产应税消费品的，于应税消费品销售后，回纳税人核算地或所在地缴纳消费税。

纳税人的总机构与分支机构不在同一县（市）的，应在生产应税消费品的分支机构所在地缴纳消费税。但经国家税务总局及所属税务分局批准，纳税人分支机构应纳消费税税款也可由总机构汇总向总机构所在地主管税务机关缴纳。对纳税人的总机构与分支机构不在同一省（自治区、直辖市）的，如需改由总机构汇总在总机构所在地纳税的，需经国家税务总局批准；对纳税人的总机构与分支机构在同一省（自治区、直辖市）内，而不在同一县（市）的，如需改由总机构汇总在总机构所在地纳税的，需经国家税务总局所属分局批准。纳税人总机构与分支机构不在同一县（市）的，分支机构应纳税款应在所在地缴纳。但经国家税务总局及省级国家税务局批准，纳税人分支机构应纳消费税税款也可由总机构汇总向总机构所在地主管国家税务局缴纳。

固定业户到外县（市）临时销售金银首饰，应当向其机构所在地主管国家税务局申请开具外出经营活动税收管理证明，回其机构所在地向主管国家税务局申报纳税。未持有其机构所在地主管国家税务局核发的外出经营活动税收管理证明的，销售地主管国家税务局一律按规定征收消费税。其在销售地发生的销售额，回机构所在地后仍应校规定申报纳税，在销售地缴纳的消费税款不得从应纳税额中扣减。

委托加工的应税消费品，一般由受托方向所在地的税务机关解缴消费税税款。但是，纳税人委托个体经营者加工的应税消费品，一律由委托方收回之后在委托方所在地纳税。

进口的应税消费品，由进口人或其代理的向报关地海关申报缴纳消费税。

6. 消费税应税产品销售额与销售量是如何规定的?

消费税的计税依据采用从价定率和从量定额计税两种办法。实行从价定率征收方法的消费品的计税依据为纳税人销售应税消费品向购买方收取的全部价款和价外费用。实行从量定额征收方法的消费品的计税依据为销售量。

（1）应税消费品的销售额，是指纳税人销售应税消费品向购买方收取的全部价款和价外费用，不包括向买方收取的增值税税款。纳税人销售的应税消费品以人民币以外的货币结算销售额的，其销售额的人民币折合率可以选择销售额发生的当天或者当月 1 日的人民币汇率中间价。纳税人应在事先确定采用何种折合率，确定后1年内不得变更。

所称销售额，不包括应向购货方收取的增值税税款。如果纳税人应税消费品的销售额中未扣除增值税税款或者因不得开具增值税专用发票而发生价款和增值税税款合并收取的，在计算消费税时，应当换算为不含增值税税款的销售额。其换算公式为：

应税消费品的销售额 = 含增值税的销售额 ÷(1 + 增值税税率或者征收率)

应税消费品连同包装物销售的，无论包装物是否单独计价以及在会计上如何核算，均应并入应税消费品的销售额中缴纳消费税。如果包装物不作价随同产品销售，而是收取押金，此项押金则不应并入应税消费品的销售额中征税。但对因逾期未收回的包装物不再退还的或者已收取的时间超过12个月的押金，应并入应税消费品的销售额，按照应税消费品的适用税率缴纳消费税。对既作价随同应税消费品销售，又另外收取押金的包装物的押金，凡纳税人在规定的期限内没有退还的，均应并入应税消费品的销售额，按照应税消费品的适用税率缴纳消费税。

所称价外费用，是指价外向购买方收取的手续费、补贴、基金、集资费、返还利润、奖励费、违约金、滞纳金、延期付款利息、赔偿金、代收款项、代垫款项、包装费、包装物租金、储备费、优质费、运输装卸费以及其他各种性质的价外收费。下列项目不包括在内：第一，同时符合以下条件的代垫运输费用：承运部门的运输费用发票开具给购买方的，同时纳税人将该项发票转交给购买方的。第二，同时符合以下条件代为收取的政府性基金或者行政事业性收费：由国务院或者财政部批准设立的政府性基金，由国务院或者省级人民政府及其财政、价格主管部门批准设立的行政事业性收费；同时收取时开具省级以上财政部门印制的财政票据，并且所收款项全额上缴财政。

（2）纳税人自产自用的应税消费品，按照纳税人生产的同类消费品的销售价格计算销售额；没有同类消费品销售价格的，按照组

成计税价格计算销售额。其计算公式是：组成计税价格 =（成本 + 利润）÷（1 - 比例税率）

实行复合计税办法计算纳税的组成计税价格计算公式是：组成计税价格 =（成本 + 利润 + 自产自用数量 × 定额税率）÷（1 - 比例税率）

所称同类消费品的销售价格，是指纳税人或者代收代缴义务人当月销售的同类消费品的销售价格，如果当月同类消费品各期销售价格高低不同，应按销售数量加权平均计算。但销售的应税消费品有下列情况之一的，不得列入加权平均计算：销售价格明显偏低并无正当理由的；无销售价格的。如果当月无销售或者当月未完结，应按照同类消费品上月或者最近月份的销售价格计算纳税。

（3）委托加工的应税消费品，按照受托方的同类消费品的销售价格计算纳税；没有同类消费品销售价格的，按照组成计税价格计算纳税。实行从价定率办法计算纳税的组成计税价格计算公式是：组成计税价格 =（材料成本 + 加工费）÷（1 - 比例税率）。

实行复合计税办法计算纳税的组成计税价格计算公式是：组成计税价格 =（材料成本 + 加工费 + 委托加工数量 × 定额税率）÷（1 - 比例税率）

所称成本，是指应税消费品的产品生产成本。所称利润，是指根据应税消费品的平均成本利润率计算的利润。应税消费品平均成本利润率由国家税务总局确定。所称材料成本，是指委托方所提供加工材料的实际成本。应税消费品全国平均成本利润率规定如表 3 - 2 所示。

表 3 - 2　　平均成本利润率规定

货物名称	利润率	货物名称	利润率
甲类卷烟	10%	贵重首饰及珠宝玉石	6%
乙类卷烟	5%	汽车轮胎	5%
雪茄烟	5%	摩托车	6%
烟丝	5%	乘用车	8%

续表

货物名称	利润率	货物名称	利润率
粮食白酒	10%	中型商用客车	5%
薯类白酒	5%	高尔夫球及球具	10%
其他酒	5%	游艇	10%
酒精	5%	高档手表	20%
化妆品	5%	木制一次性筷子	5%
鞭炮、焰火	5%	实木地板	5%

委托加工应税消费品的纳税人，必须在委托加工合同上如实注明（或者以其他方式提供）材料成本，凡未提供材料成本的，受托方主管税务机关有权核定其材料成本。

所称加工费，是指受托方加工应税消费品向委托方所收取的全部费用（包括代垫辅助材料的实际成本）。

（4）进口的应税消费品，按照组成计税价格计算纳税。实行从价定率办法计算纳税的组成计税价格计算公式是：组成计税价格 =（关税完税价格 + 关税）÷（1 – 消费税比例税率）。

实行复合计税办法计算纳税的组成计税价格计算公式是：组成计税价格 =（关税完税价格 + 关税 + 进口数量 × 消费税定额税率）÷（1 – 消费税比例税率）。

纳税人应税消费品的计税价格明显偏低并无正当理由的，由主管税务机关核定其计税价格。

所称关税完税价格，是指海关核定的关税计税价格。所称应税消费品的计税价格的核定权限规定如下：卷烟、白酒和小汽车的计税价格由国家税务总局核定，送财政部备案；其他应税消费品的计税价格由省、自治区和直辖市国家税务局核定；进口的应税消费品的计税价格由海关核定。

（5）应税消费品的销售量，是指应税消费品的数量。具体为：销售应税消费品的，为应税消费品的销售数量；自产自用应税消费品的，为应税消费品的移送使用数量；委托加工应税消费品的，为纳税人收回的应税消费品数量；进口应税消费品的，为海关核定的应税消费品进口征税数量。

实行从量定额办法计算应纳税额的应税消费品，计量单位的换算标准如表3-3所示。

表3-3　　吨、升换算

序　号	产品名称	计量单位的换算标准
(1)	黄酒	1吨=962升
(2)	啤酒	1吨=988升
(3)	汽油	1吨=1 388升
(4)	柴油	1吨=1 176升
(5)	航空煤油	1吨=1 246升
(6)	石脑油	1吨=1 385升
(7)	溶剂油	1吨=1 282升
(8)	润滑油	1吨=1 126升
(9)	燃料油	1吨=1 015升

7. 消费税的应纳税额如何计算?

(1) 在从价定率计算方法下，应纳税额等于应税消费品的销售额乘以适用税率，应纳税额的多少取决于应税消费品的销售额和适用税率两个因素。在从量定额计算方法下，应纳税额等于应税消费品的销售数量乘以单位税额，应纳税额的多少取决于应税消费品的销售数量和单位税额两个因素。采用从价从量复合计征（现行消费税的征税范围中，只有卷烟、粮食白酒、薯类白酒采用复合计征方法）条件下，应纳税额等于应税销售数量乘以定额税率再加上应税销售额乘以比例税率。其中，生产销售卷烟、粮食白酒、薯类白酒从量定额计税依据为实际销售数量。进口、委托加工、自产自用卷烟、粮食白酒、薯类白酒从量定额计税依据分别为海关核定的进口征税数量、委托方收回数量、移送使用数量。

对既有自产卷烟，同时又委托联营企业加工与自产卷烟牌号、规格相同卷烟的工业企业（简称回购企业），从联营企业购进后再直接销售的卷烟，对外销售时不论是否加价，凡是符合下述条件的，不再征收消费税；不符合下述条件的，则征收消费税：回购企业在委托联营企业加工卷烟时，除提供联营企业所需加工卷烟牌号外，还须同时提供税务机关已公示的消费税计税价格。联营企业必须按照已公示的调拨价格申报缴纳消费税。回购企业将联营企业加工卷烟回购后再销售的卷烟，其销售收入应与自产的卷烟的销售收入分开核算，以备税务机关检查；如不分开核算，则一并计入自产卷烟销售收入征收消费税。

特殊规定：纳税人通过自设非独立核算门市部销售的自产应税销售品，应当按照门市部对外销售额或者销售数量征收消费税；纳税人用于换取生产资料和消费资料、投资入股和抵偿债务等方面的应税消费品，应当以纳税人同类应税消费品的最高销售价格作为计税依据计算消费税；纳税人兼营不同税率的应税消费品，应当分别核算不同税率应税消费品的销售额、销售数量。未分别核算销售额、销售数量，或者将不同税率的应税消费品组成成套消费品销售的，从高适用税率。

例题 3－1：某景区村办酒厂年销售白酒 2 000 吨，年销售额预计 880 万元。9 月份销售白酒 150 吨，对外销售不含税单价每吨 6 500 元；销售散装白酒 10 吨，销售单价每吨 5 000 元。款项全部收妥入账。计算该酒厂 9 月份应纳消费税税额如下：

应纳税额 $=(150\times6\ 500+10\times5\ 000)\times20\%+(150\times2\ 000+10\times2\ 000)\times0.5=365\ 000$（元）

例题 3－2：某卷烟厂 9 月份外购烟丝价款 100 000 元，月初库存外购已税烟丝 7 500 元，月末库存外购已税烟丝 36 000 元。当月以外购烟丝生产卷烟的销售量为 28 个标准箱，每标准箱调拨价格 40 元，共计 280 000 元。有关计算如下：

当月准予扣除的外购应税消费品买价 $=75\ 000+100\ 000-36\ 000=139\ 000$（元）

当月准予扣除的外购应税消费品已缴税额 = 139 000 × 30% = 41 700（元）

当月应缴消费税额 = 28 × 150 + 280 000 × 36% − 41 700 = 63 300（元）

例题 3 − 3：某村办卷烟厂 7 月份出售 25 个标准箱，每标准条调拨价格 70 元，共计价款 437 500 元，同时销售烟丝 45 000 元。款已经收妥入账。该厂当月应缴消费税税额计算如下：

应缴消费税税额 = 25 × 150 + 437 500 × 56% + 45 000 × 30% = 262 250（元）

（2）委托加工应税消费品是指委托方提供原料和主要材料，受托方只收取加工费和代垫部分辅助材料加工的应税消费品。如果出现下列情形，无论纳税人在财务上如何处理，都不得作为委托加工应税消费品，而应按销售自制应税消费品缴纳消费税：受托方提供原材料生产的应税消费品；受托方先将原材料卖给委托方，然后再接受加工的应税消费品；受托方以委托方名义购进原材料生产的应税消费品。

委托加工的应税消费品直接出售的，不再征收消费税。纳税人用执行委托加工收回下列应税消费品连续生产应税消费品，在计征消费税时可以扣除委托加工收回应税消费品的已纳消费税税款。下列委托加工收回的应税消费税品准予从应纳消费税税额中扣除原料已纳消费税税额：以委托加工收回的已税烟丝为原料生产的卷烟；以委托加工收回的已税化妆品为原料生产的化妆品；以委托加工收回的已税护肤护发品为原料生产的护肤护发品；以委托加工收回的已税珠宝玉石为原料生产的贵重首饰及珠宝玉石；以委托加工收回的已税鞭炮、焰火为原料生产的鞭炮、焰火；以委托加工收回的已税汽车轮胎连续生产的汽车轮胎；以委托加收回的已税摩托车连续生产的摩托车。

受托方加工完毕向委托方交货时代收代缴消费税。如果受托方是个体经营者，委托方须在收回加工应税消费品后向所在地主管税务机关缴纳消费税。委托方要补税，受托方就不再补税了。对委托方补征税款的计税依据是：如果收回的应税消费品直接销售，按销售额计税补征；如果收回的应税消费品尚未销售或用于连续生产等，按组成计税价格计税补征。委托加工的应税消费品，受托方在交货时已代收代缴消费税，委托方收回后直接销售的，不再征收消费税。

当期准予扣除的外购消费品应缴税额 =（期初库存的外购应税消费品买价 + 当期购进应税消费品买价 - 期末库存外购应税消费品买价）×外购应税消费品适用税率

例题 3-4：某村办加工厂受托加工一批应税消费品，委托方提供的材料成本共计 95 000 元，协议加工费收取 1 200 元，适用消费税率 10%。若受托方没有同类产品市场参考价格，则计算该村办加工厂应代扣代缴消费税税额如下：

$$应缴消费税税额 = \frac{9\ 500 + 1\ 200}{1 - 10\%} \times 10\% = 1\ 189（元）$$

例题 3-5：某日化厂委托利源公司加工化妆品，收回时被代扣代缴消费税 4 000 元；同时委托美皇公司加工化妆品，收回时被代扣代缴消费税 5 000 元。该日化厂将两者继续加工成本厂自身的出厂产品。当月销售额 440 000 元。该企业期初库存的委托加工应税消费品已纳税款 2 700 元，期末库存的委托加工应税消费品已纳税款 3 300 元。计算如下：

当月准予抵扣的委托加工应税消费品已纳税款 = 2 700 +（4 000 + 5 000）- 3 300 = 8 400（元）

当月应缴消费税税额 = 440 000 × 30% - 8 400 = 123 600（元）

（3）进口应税消费品，实行从价定率办法计算应纳消费税税额的，按照组成计税价格计算纳税。组成计税价格计算公式是：组成计税价格 =（关税完税价格 + 关税）÷（1 - 消费税税率）；其应纳税额计算公式是：应纳税额 = 组成计税价格 × 适用税率。

实行从量定额办法计算应税消费品应纳税额的，其计算公式是：应纳税额 = 应税消费品数量 × 消费税单位税额。

例题 3-6：某村办贸易公司从韩国某化妆品公司进口成套化妆

品一批。该套化妆品到岸价格（成本加保险和运费价格）为 40 万元，进口关税率 50%，适用消费税率 30%。其应缴消费税和增值税税额如下：

应缴消费税税额 = 400 000 ×（1 + 50%）/（1 – 30%）× 30% = 257 143（元）

应缴增值税税额 =（400 000 + 400 000 × 50% + 257 143）× 17% = 145 714（元）

（4）对于随应税消费品一同销售的包装物，无论包装物是否单独计价以及在会计上如何核算，均应并入应税消费品的销售额中缴纳消费税。对增值税一般纳税人（包括纳税人自己或代其他部门）向购买方收取的价外费用和逾期包装物押金，应视为含税收入处理，在征税时换算成不含税收入并入销售额计征增值税。例如，某一般纳税人销售摩托车（250 毫升以上），连同包装一起销售，其中应税消费品 20 000 元、包装物 2 000 元，应税消费品消费税税率为 10%，则该企业应纳消费税 =〔20 000 + 2 000 ÷（1 + 17%）〕× 10% = 2 170.94（元）。

对于不随应税消费品销售只收押金的包装物，包装物不作价随同产品销售，而是收取押金。此项押金则不应并入应税消费品的销售额中征税，但对因逾期未收回的包装物不再退还的或者已收取的时间超过 12 个月的押金，应并入应税消费品的销售额，按照应税消费品的适用税率缴纳消费税。例如，某一般纳税人销售高尔夫球具收取包装物押金 23 400 元，逾期 12 个月未收回包装物押金，消费税适用税率 10%。一般消费品其押金逾期转为收入时计征消费税，包装物押金应纳消费税 = 23 400 ÷（1 + 17%）× 10% = 2 000（元）。

对于既随应税消费品销售又收押金的包装物，实际经营中，有时存在销售带包装且包装物已作价的应税消费品，又同时收取包装物押金的现象。这种情况下，押金暂不并入销售额征税，只对作价销售的包装物征收消费税，但纳税人在规定的期限内没有退还的，均应并入应税消费品的销售额，按照应税消费品的适用税率缴纳消费税。例如，某一般纳税人向某一商场销售摩托车（250 毫升以上，含包装费 5 000 元）共计 30 000 元，另外收取包装物押金 3 000 元，应税消费品消费税税率为 10%，如果丙企业在 12 个月内退还了押金，则应纳消费税 =〔25 000 + 5 000 ÷（1 + 17%）〕× 10% = 2 927.35（元）；如果丙企业在 12 个月内没有退还押金，则应纳消费税 =〔25 000 +（5 000 + 3 000）÷（1 + 17%）〕× 10% = 3 183.76（元）。

酒类产品包装物的特殊规定：对酒类产品生产企业销售酒类产品而收取的包装物押金，无论押金是否返还与会计上如何核算，均需并入酒类产品销售额中依酒类产品的适用税率征收消费税。而对销售啤酒、黄酒所收取的押金，按一般押金的规定处理。啤酒、黄酒以外的其他酒类产品，其押金在收取时计征消费税和增值税。啤酒、黄酒收取的包装物押金，无论是否逾期，均不缴消费税。原因是由于啤酒、黄酒采用从量定额办法征收消费税，应税消费品的计税依据是销售数量而非销售金额，征税的多少与销售数量成正比，而与销售金额无直接关系。因此，企业销售啤酒、黄酒时，如果发生包装物销售行为，或收取押金，均不存在计征消费税的问题。对酒类包装物征税的规定只适用于实行从价定率办法征收消费税的粮食白酒、薯类白酒和其他酒，而不适用于实行从量定额办法征收消费税的啤酒和黄酒产品。例如，某一般纳税人 2012 年 3 月销售粮食白酒，不含税价 20 000 元，另收取包装物押金 2 000 元，消费税适用税率 20%，从量计征的消费税 1 000 元。该企业应纳消费税 =〔20 000 + 2 000 ÷（1 + 17%）〕× 20% + 1 000 = 5 341.88（元）。

8. 如何进行消费税的纳税申报？

消费税纳税人应该依照税收法律法规规定或主管税务机关依法确定的申报期限，向主管税务机关办理消费税的纳税申报。生产石脑油、溶剂油、航空煤油、润滑油、燃料油的纳税人在办理纳税申报时还应提供生产企业生产经营情况表和生产企业产品销售明细表（油品）。外购应税消费品连续生产应税消费品的，提供外购应税消费品增值税专用发票（抵扣联）原件和复印件。如果外购应税消费品的增值税专用发票属于汇总填开的，除提供增值税专用发票（抵扣联）原件和复印件外，还应提供随同增值税专用发票取得的由销售方开具并加盖财务专用章或发票专用章的销货清单原件和复印件。委托加工收回应税消费品连续生产应税消费品的，提供“代扣代收税款凭证”原件和复印件。进口应税消费品连续生产应税消费品的，提供“海关进口消费税专用缴款书”原件和复印件。扣缴义务人必须报送消费税代扣代缴税款报告表。

汽油、柴油消费税纳税人还需报送：生产企业生产经营情况表（油品）；生产企业产品销售明细表（油品）；主管部门下达的月度生产计划；企业根据生产计划制定的月份排产计划。抵减进口葡萄酒消费税退税纳税人还需报送海关进口消费税专用缴款书复印件。

表 3-4　　酒及酒精消费税纳税申报表

税款所属期：　　年　月　日至　　年　月　日

纳税人名称（公章）：

纳税人识别号：□□□□□□□□□□□□□□□

填表日期：　　年　月　日　　　　　　　　金额单位：元（列至角分）

项目 应税消费品名称	适用税率		销售数量	销售额	应纳税额
	定额税率	比例税率			
粮食白酒（定额税率）	0.5 元/斤	20%			
薯类白酒（定额税率）	0.5 元/斤	20%			
啤酒	250 元/吨	——			
啤酒	220 元/吨	——			
黄酒	240 元/吨	——			
其他酒	——	10%			
酒精	——	5%			
合计	——	——	——	——	

续表

本期准予抵减税额： 本期减（免）税额： 期初未缴税额：	声明：此纳税申报表是根据国家税收法律的规定填报的，我确定它是真实的、可靠的、完整的。 经办人（签章）： 财务负责人（签章）： 联系电话：
本期缴纳前期应纳税额： 本期预缴税额： 本期应补（退）税额： 期末未缴税额：	（如果你已委托代理人申报，请填写）授权声明：为代理一切税务事宜，现授权________（地址）________为本纳税人的代理申报人，任何与本申报表有关的往来文件，都可寄予此人。 授权人签章：

以下由税务机关填写：

受理人（签章）：　　　受理日期：　　年　月　日　　受理税务机关（章）：

填表说明（本表仅限酒及酒精消费税纳税人使用）如下：

（1）本表“销售数量”为《中华人民共和国消费税暂行条例》、《中华人民共和国消费税暂行条例实施细则》及其他法规、规章规定的当期应申报缴纳消费税的酒及酒精销售（不含出口免税）数量。计量单位：粮食白酒和薯类白酒为斤（如果实际销售商品按照体积标注计量单位，应按500毫升为1斤换算），啤酒、黄酒、其他酒和酒精为吨。

（2）本表“销售额”为《中华人民共和国消费税暂行条例》、《中华人民共和国消费税暂行条例实施细则》及其他法规、规章规定的当期应申报缴纳消费税的酒及酒精销售（不含出口免税）收入。

（3）本表“应纳税额”计算公式如下：

粮食白酒、薯类白酒：应纳税额 = 销售数量 × 定额税率 + 销售额 × 比例税率

啤酒、黄酒：应纳税额 = 销售数量 × 定额税率

其他酒、酒精：应纳税额 = 销售额 × 比例税率

（4）本表“本期准予抵减税额”按本表附件一的本期准予抵减税款合计金额填写。

（5）本表“本期减（免）税额”不含出口退（免）税额。

（6）本表“期初未缴税额”填写本期期初累计应缴未缴的消费税额，多缴为负数。

其数值等于上期“期末未缴税额”。

(7) 本表“本期缴纳前期应纳税额”填写本期实际缴纳入库的前期消费税额。

(8) 本表“本期预缴税额”填写纳税申报前已预先缴纳入库的本期消费税额。

(9) 本表“本期应补（退）税额”计算公式如下，多缴为负数：本期应补（退）税额＝应纳税额（合计栏金额）－本期准予抵减税额－本期减（免）税额－本期预缴税额

(10) 本表“期末未缴税额”计算公式如下，多缴为负数：期末未缴税额＝期初未缴税额＋本期应补（退）税额－本期缴纳前期应纳税额

表3－5　本期准予抵减税额计算表

税款所属期：　　年　月　日至　　年　月　日

纳税人名称（公章）：

纳税人识别号：□□□□□□□□□□□□□□□□□□□□□

填表日期：　年　月　日　　　　金额单位：元（列至角分）

一、当期准予抵减的外购啤酒液已纳税款计算	啤酒（定额税率220元/吨）	啤酒（定额税率250元/吨）
1. 期初库存外购啤酒液数量：		
2. 当期购进啤酒液数量：		
3. 期末库存外购啤酒液数量：		
4. 当期准予抵减的外购啤酒液已纳税款：		
二、当期准予抵减的进口葡萄酒已纳税款：		
三、本期准予抵减税款合计：		

附：准予抵减消费税凭证明细

	号　码	开票日期	数　量	单　价	定额税率(元/吨)
啤酒（增值税专用发票）					
	合计	——		——	——
	号　码	开票日期	数　量	完税价格	税款金额
葡萄酒（海关进口消费税专用缴款书）					
	合计	——			

填表说明如下：

（1）本表作为《酒及酒精消费税纳税申报表》的附报资料，由以外购啤酒液为原料连续生产啤酒的纳税人或以进口葡萄酒为原料连续生产葡萄酒的纳税人填报。

（2）根据《国家税务总局关于用外购和委托加工收回的应税消费品连续生产应税消费品征收消费税问题的通知》和《国家税务总局关于啤酒集团内部企业间销售（调拨）啤酒液征收消费税问题的批复》的规定，本表“当期准予抵减的外购啤酒液已纳税款”计算公式如下：当期准予抵减的外购啤酒液已纳税款＝（期初库存外购啤酒液数量＋当期购进啤酒液数量－期末库存外购啤酒液数量）×外购啤酒液适用定额税率。其中，外购啤酒液适用定额税率由购入方取得的销售方销售啤酒液所开具的增值税专用发票上记载的单价确定。适用定额税率不同的，应分别核算外购啤酒液数量和当期准予抵减的外购啤酒液已纳税款，并在表中填写合计数。

（3）根据《国家税务总局关于印发〈葡萄酒消费税管理办法（试行）〉的通知》的规定，本表“当期准予抵减的进口葡萄酒已纳税款”为纳税人进口葡萄酒取得的《海关进口消费税专用缴款书》注明的消费税款。

（4）本表“本期准予抵减税款合计”应与《酒及酒精消费税纳税申报表》中对应项目一致。

（5）以外购啤酒液为原料连续生产啤酒的纳税人应在“附：准予抵减消费税凭证明细”栏据实填写购入啤酒液取得的增值税专用发票上载明的“号码”、“开票日期”、“数量”、“单价”等项目内容。

（6）以进口葡萄酒为原料连续生产葡萄酒的纳税人应在“附：准予抵减消费税凭证明细”栏据实填写进口消费税专用缴款书上载明的“号码”、“开票日期”、“数量”、“完税价格”、“税款金额”等项目内容。

表3－6　　本期代收代缴税额计算表

税款所属期：　　年　月　日至　　年　月　日

纳税人名称（公章）：

纳税人识别号：□□□□□□□□□□□□□□□□□□□□

填表日期：　　年　月　日　　　　金额单位：元（列至角分）

委托方单位名称	项目 应税消费品名称	适用税率	受托加工数量	同类产品销售价格	材料成本	加工费	组成计税价格	本期代收代缴税款
	合计	——	——	——	——	——	——	
	合计	——	——	——	——	——	——	

填表说明如下：

（1）本表作为烟类、酒及酒精、成品油、小汽车及其他应税消费品消费税纳税申报表的附报资料，由应税消费品受托方填报。“受托方单位名称”填全称。本表“应税消费品名称”经系统核定，纳税人可根据实际销售情况进行选择填报。

（2）本表“受托加工数量”的计量单位为卷烟为万支、雪茄烟为支、烟丝为千克；粮食白酒和薯类白酒为斤（如果实际销售商品按照体积表注计量单位，应按500毫升为1斤换算），啤酒、黄酒、其他酒和酒精为吨；成品油为升；小汽车为辆；汽车轮胎为套；摩托车为辆；高档手表为只；游艇为艘；实木地板为平方米；木制一次性筷子为万双。化妆品、贵重首饰及珠宝玉石（含金银首饰、铂金首饰、钻石及钻石饰品）、鞭炮烟火、高尔夫球及球具按照受托方实际使用的计量单位填写。

（3）本表“同类产品销售价格”为受托方同类产品销售价格。

（4）根据《中华人民共和国消费税暂行条例》的规定，本表“组成计税价格”的计算公式如下：组成计税价格 =(材料成本 + 加工费)/(1 - 消费税税率)

（5）根据《中华人民共和国消费税暂行条例》的规定，本表“本期代收代缴税款”的计算公式如下：

当受托方有同类产品销售价格时，烟、酒及酒精类产品本期代收代缴税款 = 同类产品销售价格 × 受托加工数量 × 适用税率 + 受托加工数量 × 适用税率；小汽车及其他应税消费品本期代收代缴税款 = 同类产品销售价格 × 受托加工数量 × 适用税率。

当受托方没有同类产品销售价格时，烟、酒及酒精类产品本期代收代缴税款 = 组成计税价格 × 适用税率 + 受托加工数量 × 适用税率；小汽车及其他应税消费品本期代收代缴税款 = 组成计税价格 × 适用税率

汽油、柴油、石脑油、溶剂油、润滑油和燃料油本期代收代缴税款 = 受托加工数量 × 适用税率；根据《财政部 国家税务总局关于调整和完善消费税政策的通知》“航空煤油暂缓征收消费税”的规定，航空煤油暂不申报消费税。

表 3-7　　生产经营情况表

税款所属期：　　年　月　日至　　年　月　日

纳税人名称（公章）：

纳税人识别号：□□□□□□□□□□□□□□□□□□□□

填表日期：　　年　月　日　　　　　　　　金额单位：元（列至角分）

应税消费品名称 / 项目	粮食白酒	薯类白酒	啤酒（适用税率250元/吨）	啤酒（适用税率220元/吨）	黄酒	其他酒	酒精
生产数量							
销售数量							
委托加工收回酒及酒精直接销售数量							

续表

项目 \ 应税消费品名称	粮食白酒	薯类白酒	啤酒（适用税率250元/吨）	啤酒（适用税率220元/吨）	黄酒	其他酒	酒精
委托加工收回酒及酒精直接销售额							
出口免税销售数量							
出口免税销售额							

填表说明如下：

（1）本表为年报，作为《酒及酒精消费税纳税申报表》的附报资料，由酒及酒精消费税纳税人于年度终了后填写，次年1月份办理消费税纳税申报时报送。

（2）本表“生产数量”，填写本期生产的产成品数量。本表“销售数量”填写要求同《酒及酒精消费税纳税申报表》。本表“出口免税销售数量”和“出口免税销售额”为享受出口免税政策的应税消费品销售数量和销售额。

（3）本表计量单位：粮食白酒和薯类白酒为斤（如果实际销售商品按照体积标注计量单位，应按500毫升为1斤换算），啤酒、黄酒、其他酒和酒精为吨。

表3-8　　其他应税消费品消费税纳税申报表

税款所属期：　年　月　日至　年　月　日

纳税人名称（公章）：

纳税人识别号：□□□□□□□□□□□□□□□□□□□□

填表日期：　年　月　日　　　　金额单位：元（列至角分）

应税消费品名称 \ 项目	适用税率		销售数量	销售额	应纳税额
	定额税率	比例税率			
合计	——	——	——	——	

续表

本期准予抵减税额： 本期减（免）税额： 期初未缴税额：	声明：此纳税申报表是根据国家税收法律的规定填报的，我确定它是真实的、可靠的、完整的。 经办人（签章）： 财务负责人（签章）： 联系电话：
本期缴纳前期应纳税额： 本期预缴税额： 本期应补（退）税额： 期末未缴税额：	（如果你已委托代理人申报，请填写）授权声明： 为代理一切税务事宜，现授权＿＿＿（地址）＿＿＿为本纳税人的代理申报人，任何与本申报表有关的往来文件，都可寄予此人。 授权人签章：

以下由税务机关填写：

受理人（签章）：　　受理日期：　　年　月　日　　受理税务机关（章）：

填表说明如下：

（1）本表限化妆品、贵重首饰及珠宝玉石、鞭炮烟火、汽车轮胎、摩托车、高尔夫球及球具、高档手表、游艇、木制一次性筷子、实木地板等消费税纳税人使用。

（2）本表“销售数量”的计量单位是：汽车轮胎为套；摩托车为辆；高档手表为只；游艇为艘；实木地板为平方米；木制一次性筷子为双；化妆品、贵重首饰及珠宝玉石、鞭炮烟火、高尔夫球及球具按照纳税人实际使用的计量单位填写并在本栏中注明。

四、营　业　税

1. 营业税的主要特征是什么？营业税的征税范围是如何规定的？农民从事哪些经营活动需要缴纳营业税？

营业税是以纳税人从事经营活动的营业额或经营额为征税对象的一种流转税。营业税的主要特征如下：

（1）主要对非商品销售额征税。流转税的征税对象是从事商业化生产经营活动的纳税人所取得的销售额，包括商品销售额和非商品销售额。与增值税和消费税以对商品销售额征税为主不同，我国现行营业税的征税对象主要是非商品销售额。这一特点与营业税的征收范围以第三产业为主有关，即除了对货物的销售、加工、修理修配劳务、交通运输和现代服务业服务以及货物进口征收增值税，对特定消费品的生产、委托加工及进口征收消费税之外，包括建筑安装、金融保险、邮电通讯、文化体育、娱乐、服务在内的各类劳务及其服务以及转让无形资产和销售不动产都属于营业税的征收范围。增值税、消费税和营业税在征收范围上面有着分工与衔接，形成了对商品销售额和非商品销售额并行征收的格局。这样做，既可以避免出现流转税征收领域上面的空当和漏洞，还可以保证政府从生产经营各个环节广泛取得财政收入，并平衡各个产业的发展。

（2）按照行业进行税款征收。我国现行营业税按照不同行业设置相应的税目和税率，即对于同一个行业实行统一税率，对不同的行业实行差别税率。而与此形成鲜明对照的是，增值税和消费税则是按照商品设计相应的税目和税率。营业税之所以具备这一特征，主要原因在于第三产业各个行业之间大都属于专业性经营，彼此之间的自然分工界限历来都比较明显，加之行业之间盈利水平存在较大差异，客观上要求政府通过征税对不同行业之间的盈利水平进行适当的调整和梳理。按照行业设计税目和税率的方式来征收营业税，不仅可以适当简化计算征收，而且有利于调整不同行业之间的盈利水平。

(3) 征收成本较低。在我国现行的营业税的征收项目中，除少部分应税项目外，大多数营业税项目以纳税人取得的营业收入全额作为计税依据，并不需要扣除相应的成本和费用。加之营业税的征收范围较之清楚，实行在同一行业内采取同一比例税率的计算方法，因而其应纳税额的计算方法并不需要一些繁琐的调整工作，能够降低纳税人应纳税额计算的工作量，减少政府征收机关的征税成本。

在我国境内，凡是提供应税劳务、转让无形资产和销售不动产的行为，均属于营业税的征税范围。劳务是指属于建筑业、金融保险业、邮电通信业、文化体育业、娱乐业、服务业税目征收范围的劳务（以下称应税劳务）。加工和修理、修配，不属于营业税暂行条例规定的劳务（以下称非应税劳务）。所称提供的劳务、转让无形资产或者销售不动产，是指有偿提供条例规定的劳务、有偿转让无形资产或者有偿转让不动产所有权的行为（以下称应税行为）。但单位或者个体工商户聘用的员工为本单位或者雇主提供条例规定的劳务，不包括在内。所称有偿，是指取得货币、货物或者其他经济利益。

所称在中华人民共和国境内（以下简称境内）提供条例规定的劳务、转让无形资产或者销售不动产，是指：提供或者接受条例规定劳务的单位或者个人在境内；所转让的无形资产（不含土地使用权）的接受单位或者个人在境内；所转让或者出租土地使用权的土地在境内；所销售或者出租的不动产在境内。

纳税人有下列情形之一的，视同发生应税行为：单位或者个人将不动产或者土地使用权无偿赠送其他单位或者个人；单位或者个人自己新建（以下简称自建）建筑物后销售，其所发生的自建行为；财政部、国家税务总局规定的其他情形。

一项销售行为如果既涉及应税劳务又涉及货物，为混合销售行为。从事货物的生产、批发或者零售的企业、企业性单位和个体工商户的混合销售行为，视为销售货物，不缴纳营业税；其他单位和个人的混合销售行为，视为提供应税劳务，缴纳营业税。所称货物，是指有形动产，包括电力、热力、气体在内。所称从事货物的生产、批发或者零售的企业、企业性单位和个体工商户，包括以从事货物的生产、批发或者零售为主，并兼营应税劳务的企业、企业性单位和个体工商户在内。纳税人的下列混合销售行为，应当分别核算应税劳务的营业额和货物的销售额，其应税劳务的营业额缴纳营业税，货物销售额不缴纳营业税；未分别核算的，由主管税务机关核定其应税劳务的营业额：提供建筑业劳务的同时销售自产货物的行为；财政部、国家税务总局规定的其他情形。

符合国务院税务主管部门有关规定的凭证（以下统称合法有效凭证），是指：支付给境内单位或者个人的款项，且该单位或者个人发生的行为属于营业税或者增值税征收范围的，以该单位或者个人开具的发票为合法有效凭证；支付的行政事业性收费或者政府性基金，以开具的财政票据为合法有效凭证；支付给境外单位或者个人的款项，以该单位或者个人的签收单据为合法有效凭证，税务机关对签收单据有疑义的，可以要求其提供境外公证机构的确认证明；国家税务总局规定的其他合法有效凭证。

对非金融机构和个人买卖外汇、有价证券、期货业务以及金融机构的期货买卖不缴纳营业税。以发行基金方式募集资金不属于营业税的征税范围，不缴纳营业税。金融机构买卖基金的价差收入属于营业税的征税范围，个人和非金融机构买卖基金的价差收入，不属于营业税的征税范围。保险企业取得的追偿款，出口信用保险公司办理的出口信用保险业务和出口信用担保业务（包括融资和非融资担保），不属于营业税的征收范围。

转让企业产权的行为，不属于营业税的征税范围。但不动产、无形资产的有偿转让属于营业税的征税范围。

融资性售后回租业务中承租方出售资产的行为，不属于营业税征收范围，不征收营业税。所称融资性售后回租业务是指承租方以融资为目的将资产出售给经批准从事融资租赁业务的企业后，又将该项资产从该融资租赁企业租回的行为。融资性售后回租业务中承租方出售资产时，资产所有权以及与资产所有权有关的全部报酬和风险并未完全转移。因此，售后回租协议不是判定实质是否为融资性售后回租业务的唯一条件，只有具备了融资性售后回租业务的实质，可以按照规定不征收增值税和营业税。另外根据现行企业所得税法及有关收入确定规定，融资性售后回租业务中，承租人出售资产的行为，不确认为销售收入，所以也不产生企业所得税纳税义务。

单位或者个人将不动产或者土地使用权无偿赠送其他单位或者个人，视同发生应税行为按规定征收营业税；单位或者个人自己新建（简称自建）建筑物后自用，不缴纳营业税。单位或者个人自己新建建筑物后销售，其所发生的自建行为，视同发生应税行为按规定征收营业税。以不动产投资入股，共担投资风险的，投资时不缴纳营业税；在投资期内转让其股权的也不需要缴纳营业税。

单位或者个人将土地使用权归还给土地所有者时，只要出具县级（含）以上地方人民政府收回土地使用权的正式文件，无论支付征地补偿费的资金来源是否为政府财政资金，该行为均属于土地使用者将土地使用权归还给土地所有者的行为，不需要缴纳营业税。

酒店产权式经营业主在约定的时间内提供房产使用权与酒店进行合作经营，如房产产权并未归属新的经济实体，业主按照约定取得的固定收入和分红收入均应视为租金收入，根据有关税收法律、行政法规的规定征收营业税。单位和个人在旅游景点经营索道取得的收入按“服务业”税目“旅游业”项目征收营业税。

在我国，农民从事建筑安装、金融保险、邮电通讯、文化体育、娱乐、服务在内的各类劳务及其服务，以及转让无形资产和销售不动产都需要缴纳营业税税款。

2. 营业税的纳税人是如何规定的？营业税的扣缴义务人是如何规定的？

营业税的纳税人是指在中华人民共和国境内从事提供劳务、转让无形资产和销售不动产的单位和个人。所称单位，是指企业、行政单位、事业单位、军事单位、社会团体及其他单位。所称个人，是指个体工商户和其他个人。

所称在中华人民共和国境内（简称境内）提供条例规定的劳务、转让无形资产或者销售不动产是指：提供或者接受条例规定劳务的单位或者个人在境内；所转让的无形资产（不含土地使用权）的接受单位或者个人在境内；所转让或者出租土地使用权的土地在境内；所销售或者出租的不动产在境内。纳税人有下列情形之一的，视同发生应税行为：单位或者个人将不动产或者土地使用权无偿赠送其他单位或者个人；单位或者个人自己新建（简称自建）建筑物后销售，其所发生的自建行为；财政部、国家税务总局规定的其他情形。

单位以承包、承租、挂靠方式经营的，承包人、承租人、挂靠人（统称承包人）发生应税行为，承包人以发包人、出租人、被挂靠人（统称发包人）名义对外经营并由发包人承担相关法律责任的，以发包人为纳税人；否则以承包人为纳税人。

负有营业税纳税义务的单位为发生应税行为并收取货币、货物或者其他经济利益的单位，但不包括单位依法不需要办理税务登记的内设机构。

凡是从事经营活动或者设立不具备法人条件的企业，需要办理营业执照和税务登记。即不论是法人单位，还是非法人分支机构，只要提供了营业税劳务并取得了收益，就是营业税的纳税人。

营业税扣缴义务人规定如下：中华人民共和国境外的单位或者个人在境内提供应税劳务、转让无形资产或者销售不动产，在境内未设有经营机构的，以其境内代理人为扣缴义务人；在境内没有代理人的，以受让方或者购买方为扣缴义务人。国务院财政、税务主管部门规定的其他扣缴义务人。

3. 营业税计算税款的依据是如何规定的?

营业税的计税依据是纳税人提供的应税劳务、转让无形资产或者销售不动产所发生的营业额。所称劳务是指属于建筑业、金融保险业、邮电通信业、文化体育业、娱乐业、服务业税目征收范围的劳务（应税劳务)。纳税人的营业额为纳税人提供应税劳务、转让无形资产或者销售不动产收取的全部价款和价外费用。所称价外费用，包括收取的手续费、补贴、基金、集资费、返还利润、奖励费、违约金、滞纳金、延期付款利息、赔偿金、代收款项、代垫款项、罚息及其他各种性质的价外收费，但不包括同时符合以下条件代为收取的政府性基金或者行政事业性收费：由国务院或者财政部批准设立的政府性基金，由国务院或者省级人民政府及其财政、价格主管部门批准设立的行政事业性收费；收取时开具省级以上财政部门印制的财政票据；所收款项全额上缴财政。营业税计税依据的具体规定如下：

(1) 建筑业的计税依据是纳税人承包建筑、修缮、安装、装饰和其他工程作业所取得的营业收入额，即建筑安装企业向建设单位收取的工程价款及价外费用。若建筑安装企业向建设单位收取的临时设施费、劳动保护费和施工机构迁移费以及施工企业收取的材料差价款、抢工费、全优工程奖和提前竣工奖，都应并入营业额征收营业税。但是，纳税人将建筑工程分包给其他单位的，以其取得的全部价款和价外费用扣除其支付给其他单位的分包款后的余额为营业额。

(2) 金融保险业的计税依据是金融保险业的营业额。具体包括贷款利息、融资租赁收益、金融商品转让收益以及从事金融经纪业务和其他金融业务的手续费收入。保险业的营业额为纳税人从事保险业务向对方收取的保费收入。

贷款业务的营业额为贷款利息收入（包括各种加息、罚息等)；

融资租赁业务以其向承租者收取的全部价款和价外费用（包括残值）减去出租方承担的出租货物的实际成本后的余额为营业额；外汇、有价证券、期货等金融商品买卖业务，以卖出价减去买入价后的余额为营业额（卖出价是指卖出原价，不得扣除卖出过程中支付的各种费用和税金；买入价是指购进原价，不包括购进过程中支付的各种费用和税金）；金融经纪业务和其他金融业务营业额为手续费全部收入（金融企业从事代收电话费、水费、煤气费、信息费、学杂费、寻呼费、社保统筹费、交通违章罚款、税款等业务，以全部收入减去支付给委托方价款后的余额（即手续费）为营业额。

办理初保业务的营业额为纳税人经营保险业务向对方收取的全部价款，即向被保险人收取的全部保险费；储金业务的营业额为纳税人在纳税期内的储金平均余额乘以中国人民银行公布的1年期存款的月利率；保险企业开展无赔偿奖励业务的，以向投保人实际收取的保费为营业额。

（3）邮电通信业的计税依据如下：邮政业务的营业额为纳税人从事传递函件或者包件、邮汇、报刊发行、邮政物品销售、邮政储蓄或其他邮政业务所取得的营业收入额。电信业的营业额为纳税人提供电报、电话、电传、电话机安装、电信物品销售或其他电信业务所取得的营业收入额。但是，电信部门以集中受理方式为集团客户提供跨省的出租电路业务：由受理地区的电信部门按取得的全部价款减除分割给参与提供跨省电信业务的电信部门的价款后的差额为营业额计征营业税；对参与提供跨省电信业务的电信部门，按各自取得的全部价款为营业额计征营业税。邮政电信单位与其他单位合作，共同为用户提供邮政电信业务及其他服务并由邮政电信单位统一收取价款业务：以全部收入减去支付给合作方价款后的余额为营业额。电信单位销售的各种有价电话卡业务：以按面值确认的收入减去当期财务会计上体现的销售折扣折让后的余额为营业额。

（4）文化体育业的计税依据是从事文化体育业的单位或者个人所取得的营业额。以营业额全额作为计税依据。但是，单位或个人进行演出，以全部收入减去付给提供演出场所的单位、演出公司或经纪人的费用后的余额为营业额。广播电视有线数字付费频道业务应由直接向用户收取数字付费频道收视费的单位，按其向用户收取的收视费全额，向所在地主管税务机关缴纳营业税。对各合作单位分得的收视费收入，不再征收营业税。

(5) 娱乐业的计税依据是娱乐业的营业额。娱乐业的营业额为经营娱乐业收取的全部价款和价外费用，包括门票收费、台位费、点歌费、烟酒、饮料、茶水、鲜花、小吃等收费及经营娱乐业的其他各项收费。高尔夫俱乐部所收取的会员费收入、游览场所内的游艺活动的收费都应包括在娱乐业的应税营业额中。

(6) 服务业的计税依据是纳税人从事各项服务所收取的营业收入全额。纳税人从事代理业务，应以其向委托人收取的全部价款和价外费用减除现行税收政策规定的可扣除部分后的余额为计税营业额。所称代理业务是指服务性单位从事餐饮中介服务；福利彩票机构以外的代销单位销售福利彩票；提供人力资源服务；纳税人从事代理报关业务；纳税人从事无船承运业务。旅店业的营业额为提供住宿服务的各项收入。饮食业的营业额为向顾客提供饮食消费服务而收取的餐饮收入。从事旅游业务的，以其取得的全部价款和价外费用扣除替旅游者支付给其他单位或者个人的住宿费、餐费、交通费、旅游景点门票和支付给其他接团旅游企业的旅游费后的余额为营业额；旅游企业组织旅游团到中华人民共和国境外旅游：在境外改由其他旅游企业接团，以全程旅游费减去付给该接团企业的旅游费后的余额为营业额。广告业的营业额为从事广告设计、制作、刊登、发布等活动取得的广告收入。而广告代理业，代理者向委托方收取的全部价款和价外费用减去付给其他广告公司及广告发布者的广告发布费后的余额为营业额。租赁业务的营业额为经营租赁业务所取得的租金收入全额，不得扣除任何费用。其他服务业：营业额为发生其他服务业劳务时，向对方收取的全部费用和价外费用。

(7) 转让无形资产计税依据的营业额为转让无形资产所取得的转让额，具体包括无形资产受让方支付给转让方的全部货币、实物和其他经济利益。若纳税人转让土地使用权，以全部收入减去土地使用权的购置或受让原价后的余额为营业额；纳税人转让抵债所得的土地使用权，以全部收入减去抵债时该项土地使用权作价后的余额为营业额。

（8）销售不动产计税依据的营业额为向不动产购买者收取的全部价款和价外费用。若纳税人销售或转让其购置的不动产，以全部收入减去不动产的购置原价后的余额为营业额；纳税人销售或转让抵债所得的不动产，以全部收入减去抵债时该项不动产作价后的余额为营业额。需要说明的是，纳税人取得的凭证不符合法律、行政法规或者国务院税务主管部门有关规定的，该项目金额不得扣除。

纳税人的营业额计算缴纳营业税后因发生退款减除营业额的，应当退还已缴纳营业税税款或者从纳税人以后的应缴纳营业税税额中减除。

纳税人发生应税行为，如果将价款与折扣额在同一张发票上注明的，以折扣后的价款为营业额；如果将折扣额另开发票的，不论其在财务上如何处理，均不得从营业额中扣除。

纳税人提供应税劳务、转让无形资产或者销售不动产的价格明显偏低并无正当理由的，由主管税务机关核定其营业额。即纳税人有价格明显偏低并无正当理由或者所列视同发生应税行为而无营业额的，按下列顺序确定其营业额：

（1）按纳税人最近时期发生同类应税行为的平均价格核定；

（2）按其他纳税人最近时期发生同类应税行为的平均价格核定；

（3）按下列公式核定：营业额＝营业成本或者工程成本×（1＋成本利润率）÷（1－营业税税率）。公式中的成本利润率，由省、自治区、直辖市税务局确定。

4. 营业税的税目和税率是如何规定的？

按照营业税暂行条例的规定，营业税的税目主要涉及六项应税劳务、一项转让无形资产行为和一项销售不动产的行为。具体内容如下：

（1）建筑业。建筑业是指建筑安装工程作业。征收范围包括：建筑、安装、修缮、装饰、其他工程作业。

建筑，是指新建、改建、扩建各种建筑物、构筑物的工程作业，包括与建筑物相连的各种设备或支柱、操作平台的安装或装设工程作业，以及各种窑炉和金属结构工程作业在内。

安装，是指生产设备、动力设备、起重设备、运输设备、传动设备、医疗实验设备及其他各种设备的装配、安置工程作业，包括与设备相连的工作台、梯子、栏杆的装设工程作业和被安装设备的绝缘、防腐、保温、油漆等工程作业在内。

修缮，是指对建筑物、构筑物进行修补、加固、养护、改善，使之恢复原来的使用价值或延长其使用期限的工程作业。

装饰，是指对建筑物、构筑物进行修饰，使之美观或具有特定用途的工程作业。

其他工程作业，是指上列工程作业以外的各种工程作业，如代办电信工程、水利工程、道路修建、疏浚、钻井（打井）、拆除建筑物或构筑物、平整土地、搭脚手架、爆破等工程作业。

（2）金融保险业。金融保险业是指经营金融、保险的业务。征收范围包括：金融、保险。

金融，是指经营货币资金融通活动的业务，包括贷款、融资租赁、金融商品转让、金融经纪业和其他金融业务。典当业的抵押贷款业务，无论其资金来源如何，均按自有资金贷款征税。中国人民银行的贷款业务，不征税。

保险，是指将通过契约形式集中起来的资金，用以补偿被保险人的经济利益的业务。

（3）邮电通信业。邮电通信业是指专门办理信息传递的业务。征收范围包括：邮政、电信。

邮政，是指传递实物信息的业务，包括传递函件或包件、邮汇、报刊发行、邮务物品销售、邮政储蓄及其他邮政业务。

电信，是指用各种电传设备传输电信号来传递信息的业务，包括电报、电传、电话、电话机安装、电信物品销售及其他电信业务。

（4）文化体育业。文化体育业是指经营文化、体育活动的业务。收范围包括：文化业、体育业。

文化业，是指经营文化活动的业务，包括表演、播映、其他文化业。广告的播映不按本税目征税。

体育业，是指举办各种体育比赛和为体育比赛或体育活动提供场所的业务。以租赁方式为文化活动、体育比赛提供场所，不按本税目征税。

（5）娱乐业。娱乐业是指为娱乐活动提供场所和服务的业务。征收范围包括：经营歌厅、舞厅、卡拉 OK 歌舞厅、音乐茶座、台球、高尔夫球、保龄球场、游艺场等娱乐场所，以及娱乐场所为顾客进行娱乐活动提供服务的业务。上列娱乐场所为顾客进行娱乐活动提供的饮食服务及其他各种服务，均属于本税目征收范围。

（6）服务业。服务业是指利用设备、工具、场所、信息或技能为社会提供服务的业务。征收范围包括：代理业、旅店业、饮食业、旅游业、仓储业、租赁业、广告业、其他服务业。金融经纪业、邮政部门的报刊发行业务，不按本税目征税。饭馆、餐厅及其他饮食服务场所，为顾客在就餐的同时进行的自娱自乐形式的歌舞活动所提供的服务，按“娱乐业”税目征税。融资租赁，不按本税目征税。航空勘探、钻井（打井）勘探、爆破勘探，不按本税目征税。

（7）转让无形资产。转让无形资产是指转让无形资产的所有权或使用权的行为。征收范围包括：转让土地使用权、转让商标权、转让专利权、转让非专利技术、转让著作权、转让商誉。土地所有者出让土地使用权和土地使用者将土地使用权归还给土地所有者的行为，不征收营业税。土地租赁，不按本税目征税。提供无所有权技术的行为，不按本税目征税。以无形资产投资入股，参与接受投资方的利润分配、共同承担投资风险的行为，不征收营业税。但转让该项股权，应按本税目征税。

（8）销售不动产。销售不动产是指有偿转让不动产所有权的行为。征收范围包括：销售建筑物或构筑物，销售其他土地附着物。以转让有限产权或永久使用权方式销售建筑物，视同销售建筑物。在销售不动产时连同不动产所占土地的使用权一并转让的行为，比照销售不动产征税。以不动产投资入股，参与接受投资方利润分配、共同承担投资风险的行为，不征营业税。但转让该项股权，应按本税目征税。不动产租赁，不按本税目征税。

表 4－1　　营业税税目和税率表

税　目	税　率	注　释
一、建筑业	3%	
二、金融保险业	5%	
三、邮电通信业	3%	
四、文化体育业	3%	
五、娱乐业	20%	台球、保龄球的税率是5%
六、服务业	5%	
七、转让无形资产	5%	
八、销售不动产	5%	

纳税人兼有不同税目的应当缴纳营业税的劳务（简称应税劳务）、转让无形资产或者销售不动产，应当分别核算不同税目的营业额、转让额、销售额（统称营业额）；未分别核算营业额的，从高适用税率。

5. 营业税的纳税义务发生时间是如何规定的？

营业税纳税义务发生时间为纳税人提供应税劳务、转让无形资产或者销售不动产并收讫营业收入款项或者取得索取营业收入款项凭据的当天。国务院财政、税务主管部门另有规定的，从其规定。具体是：纳税人转让土地使用权或者销售不动产，采取预收款方式的，其纳税义务发生时间为收到预收款的当天。纳税人提供建筑业或者租赁业劳务，采取预收款方式的，其纳税义务发生时间为收到预收款的当天。纳税人将不动产或者土地使用权无偿赠送其他单位或者个人的，其纳税义务发生时间为不动产所有权、土地使用权转移的当天。纳税人发生自建行为的，其纳税义务发生时间为销售自建建筑物的纳税义务发生时间。

所称收讫营业收入款项，是指纳税人应税行为发生过程中或者完成后收取的款项。所称取得索取营业收入款项凭据的当天，为书面合同确定的付款日期的当天；未签订书面合同或者书面合同未确定付款日期的，为应税行为完成的当天。纳税人在应税行为发生过程中收到的部分价款应从收到之日起就履行纳税义务，其他价款可在应税行为完成的当天来申报纳税。

纳税人提供建筑业应税劳务，施工单位与发包单位签订书面合同，如合同明确规定付款（包括提供原材料、动力和其他物资，不含预收工程价款）日期的，按合同规定的付款日期为纳税义务发生时间；合同未明确付款（同上）日期的，其纳税义务发生时间为纳税人收讫营业收入款项或者取得索取营业款项凭据的当天。纳税人提供建筑业应税劳务，施工单位与发包单位未签订书面合同的，其纳税义务发生时间为纳税人收讫营业收入款项或者取得索取营业收入款项凭据的当天。

对俱乐部会员入会时一次性缴清的入会费，无论在财务上如何进行处理，均以取得收入的当天为纳税义务发生时间。

营业税扣缴义务发生时间为纳税人营业税纳税义务发生的当天。

纳税人应当向应税劳务发生地、土地或者不动产所在地的主管税务机关申报纳税而自应当申报纳税之月起超过 6 个月没有申报纳税的，由其机构所在地或者居住地的主管税务机关补征税款。

6. 营业税的纳税期限是如何规定的？

营业税的纳税期限分别为 5 日、10 日、15 日、1 个月或者 1 个季度。纳税人的具体纳税期限，由主管税务机关根据纳税人应纳税额的大小分别核定；不能按照固定期限纳税的，可以按次纳税。

纳税人以 1 个月或者 1 个季度为一个纳税期的，自期满之日起

15日内申报纳税；以5日、10日或者15日为一个纳税期的，自期满之日起5日内预缴税款，于次月1日起15日内申报纳税并结清上月应纳税款。

扣缴义务人解缴税款的期限，依照前两款的规定执行。

7. 营业税的纳税地点是如何规定的？

纳税人提供应税劳务应当向其机构所在地或者居住地的主管税务机关申报纳税。但是，纳税人提供的建筑业劳务以及国务院财政、税务主管部门规定的其他应税劳务，应当向应税劳务发生地的主管税务机关申报纳税。纳税人转让无形资产应当向其机构所在地或者居住地的主管税务机关申报纳税。但是，纳税人转让、出租土地使用权，应当向土地所在地的主管税务机关申报纳税。纳税人销售、出租不动产应当向不动产所在地的主管税务机关申报纳税。

扣缴义务人应当向其机构所在地或者居住地的主管税务机关申报缴纳其扣缴的税款。

8. 营业税的应纳税额如何计算？

纳税人提供应税劳务、转让无形资产或者销售不动产，按照营业额和规定的税率计算应纳税额。应纳税额计算公式：应纳税额 = 营业额 × 税率

营业额以人民币计算。纳税人以人民币以外的货币结算营业额的，应当折合成人民币计算。

纳税人从事旅游业务的，以其取得的全部价款和价外费用扣除替旅游者支付给其他单位和个人的住宿费、餐费、交通费、旅游景点门票和支付给其他接团企业的旅游费后的余额为营业额。

例题4-1：某村办农家乐旅游公司从市区组团到附近旅游景点游玩并包括农家乐在内的三日游，取得旅游收入80 000元。其中，代旅游者支付的交通费10 000元，住宿费20 000元，景点食宿及门票费用25 000元。计算该旅游公司当月应缴营业税税额如下：

应缴营业税税额 = (80 000 - 10 000 - 20 000 - 25 000) × 5% =

1 250（元）

纳税人经营酒店客房业务同时又经营酒店附设的娱乐城业务的，应分开核算，并选择不同的适用税率计算应缴营业税税额。未分别核算的，从高适用税率计算应缴税额。

例题4-2：某村地处旅游景区，所经营的一家酒店本月客房出租收入100万元，会议室出租收入20万元；复印费收入5万元；通讯费收入1万元、支付给电信部门费用0.4万元；餐厅收入30万元。该酒店附设商店出售商品零售额（含税）1.4万元。该酒店附设歌舞厅当月取得门票收入60万元，台位费收入30万元，相关酒水和饮料出售收入20万元，鲜花和小食品销售收入10万元。计算该酒店当月应缴营业税税额如下：

应缴营业税税额 = (100 + 20 + 5 + 1 - 0.4 + 1.4 + 30) × 5% + (60 + 30 + 20 + 10) × 20% = 7.85 + 24 = 31.85（万元）

单位和个人进行演出，以全部票价收入或者包场收入减去付给提供演出场所的单位、演出公司或者经纪人费用后的余额作为计税依据计算应缴营业税税额。

例题4-3：某乡文化馆剧院安排由某经纪人所组织的歌舞演出并由剧院代售门票，共获得票价收入15万元，同时扣除场地租金1.5万元，支付经纪人费用1.4万元。相关部门和个人应缴营业税税额如下：

剧院应缴营业税税额 = 15 000 × 5% + (150 000 - 15 000 - 14 000) × 3% = 4 380（元）

剧院代扣代缴经纪人应纳营业税 = 14 000 × 3% = 420（元）

例题4-4：某村办建筑公司承接一座住宅楼的断桥铝门窗的安装工程，合同总价款7 000万元，自行加工并安装门窗工费收入700万元。计算应缴营业税和增值税税额如下：

应缴营业税税额 = 7 000 × 3% = 210（万元）

应缴增值税税额 = $\frac{700}{1+3\%}$ × 3% = 20.39（万元）

9. 营业税有哪些具体的优惠政策？

（1）下列项目免征营业税：托儿所、幼儿园、养老院、残疾人福利机构提供的育养服务，婚姻介绍，殡葬服务；残疾人员个人提供的劳务；医院、诊所和其他医疗机构提供的医疗服务；学校和其他教育机构提供的教育劳务，学生勤工俭学提供的劳务；农业机耕、排灌、病虫害防治、植物保护、农牧保险以及相关技术培训业务，家禽、牲畜、水生动物的配种和疾病防治；纪念馆、博物馆、文化馆、文物保护单位管理机构、美术馆、展览馆、书画院、图书馆举办文化活动的门票收入，宗教场所举办文化、宗教活动的门票收入；境内保险机构为出口货物提供的保险产品。

除前款规定外，营业税的免税、减税项目由国务院规定。任何地区、部门均不得规定免税、减税项目。

部分免税项目的范围限定如下：所称残疾人员个人提供的劳务，是指残疾人员本人为社会提供的劳务。所称学校和其他教育机构，是指普通学校以及经地、市级以上人民政府或者同级政府的教育行政部门批准成立、国家承认其学员学历的各类学校。所称农业机耕，是指在农业、林业、牧业中使用农业机械进行耕作（包括耕耘、种植、收割、脱粒、植物保护等）的业务；排灌，是指对农田进行灌溉或排涝的业务；病虫害防治，是指从事农业、林业、牧业、渔业的病虫害测报和防治的业务；农牧保险，是指为种植业、养殖业、牧业种植和饲养的动植物提供保险的业务；相关技术培训，是指与农业机耕、排灌、病虫害防治、植物保护业务相关以及为使农民获得农牧保险知识的技术培训业务；家禽、牲畜、水生动物的配种和疾病防治业务的免税范围，包括与该项劳务有关的提供药品和医疗用具的业务。所称纪念馆、博物馆、文化馆、文物保护单位管理机构、美术馆、展览馆、书画院、图书馆举办文化活动，是指这些单位在自己的场所举办的属于文化体育业税目征税范围的文化活动。其门票收入，是指销售第一道门票的收入。宗教场所举办文化、宗教活动的门票收入，是指寺院、宫观、清真寺和教堂举办文化、宗教活动销售门票的收入。所称为出口货物提供的保险产品，包括出口货物保险和出口信用保险。

（2）凭军用粮票和军粮供应证按军供价供应中国人民解放军和中国人民武装警察部队的粮食，经县（含）以上人民政府批准，凭救灾救济粮食（证）按规定的销售价格向需救助的灾民供应的粮食，经县（含）以上人民政府批准，凭水库移民口粮票（证）按规定的销售价格供应给水库移民的粮食，免征收增值税；政府储备食用植物油的销售免征增值税；粮食部门经营的退耕还林还草补助粮，凡符合国家规定标准的，免征增值税。

（3）对安置残疾人的单位，实行由税务机关按单位实际安置残疾人的人数，减征营业税的办法。实际安置的每位残疾人每年可退还的增值税或减征的营业税的具体限额，由县级以上税务机关根据单位所在区县（含县级市、旗）适用的经省（含自治区、直辖市、计划单列市）级人民政府批准的最低工资标准的6倍确定，但最高不得超过每人每年3.5万元。安置残疾人就业的单位（包括福利企业、盲人按摩机构、工疗机构和其他单位），同时符合以下条件并经过有关部门的认定后，均可申请享受税收优惠政策：依法与安置的每位残疾人签订了一年以上（含一年）的劳动合同或服务协议，并且安置的每位残疾人在单位实际上岗工作。月平均实际安置的残疾人占单位在职职工总数的比例应高于25%（含25%），并且实际安置的残疾人人数多于10人（含10人）。为安置的每位残疾人按月足额缴纳了单位所在区县人民政府根据国家政策规定的基本养老保险、基本医疗保险、失业保险和工伤保险等社会保险。通过银行等金融机构向安置的每位残疾人实际支付了不低于单位所在区县适用的经省级人民政府批准的最低工资标准的工资。具备安置残疾人上岗工作的基本设施。

（4）对劳务公司接受用工单位的委托，为其安排劳动力，凡用工单位将其应支付给劳动力的工资和为劳动力上交的社会保险以及住房公积金统一交给劳务公司代为发放或办理的，以劳务公司从用工单位收取的全部价款和价外费用减去代收转付给劳动力的工资和为劳动力办理社会保险及住房公积金后的余额为营业额。所称劳务公司必须同时符合以下条件：其营业执照中经营范围必须允许其从事劳务派遣或劳务中介业务，同时必须取得劳动部门核发的职业介绍许可证；劳务公司与用工单位双方应签订劳动力派遣或中介合同；劳务公司与用工单位在结算价款时应分别核算具体用工人员的实际工资（包括为劳动力上交的社会保险及住房公积金）以及中介费（管理费）。实际工资应全额发放给劳动力，其他社会保险按规定缴纳，劳务公司只取得中介费（管理费）；其派遣的劳动力提供的劳务必须是本单位经营范围之外的业务。

（5）单位和个人（包括外商投资企业、外商投资设立的研究开发中心、外国企业和外籍个人）从事技术转让、技术开发和与之相关的技术咨询、技术服务业务取得的收入免征营业税。

（6）个人将购买超过5年（含5年）的普通住宅对外销售的，免征营业税；个人将购买超过5年（含5年）的非普通住房对外销售的，按照其销售收入减去购买房屋的价款后的差额征收营业税。

（7）个人无偿赠与不动产、土地使用权，属于下列情形之一的，免征营业税：离婚财产分割；无偿赠与配偶、父母、子女、祖父母、外祖父母、孙子女、外孙子女、兄弟姐妹；无偿赠与对其承担直接抚养或者赡养义务的抚养人或者赡养人；房屋产权所有人死亡，依法取得房屋产权的法定继承人、遗嘱继承人或者受遗赠人。

（8）对按政府规定价格出租的公有住房，包括企业和自收自支事业单位向职工出租的单位自有住房；房管部门向居民出租的公有住房；落实私房政策中带户发还产权并以政府规定租金标准向居民出租的私有住房，免征营业税。

（9）对非营利性医疗机构按照国家规定的价格取得的医疗服务收入，免征营业税。对营利性医疗机构取得的收入，按规定征收各项税收。但是，自其取得执业登记之日起，三年内对其取得的医疗服务收入免征营业税。对疾病控制机构和妇幼保健机构等卫生机构按照国家规定的价格取得的卫生服务收入，免征营业税。

（10）对从事个体经营的军队转业干部、城镇退役士兵和随军家属，自领取税务登记证之日起，三年内免征营业税。个体经营是指雇工7人（含7人）以下的个体经营行为。

纳税人兼营免税、减税项目的，应当分别核算免税、减税项目的营业额；未分别核算营业额的，不得免税、减税。

纳税人营业额未达到国务院财政、税务主管部门规定的营业税起征点的，免征营业税；达到起征点的，依照全额计算缴纳营业税。所称营业税起征点，是指纳税人营业额合计达到起征点。营业税起征点的适用范围限于个人。营业税起征点的幅度规定如下：按期纳税的，为月营业额1 000～5 000元；按次纳税的，为每次（日）营业额100元。

10. 如何进行营业税的纳税申报？

进行纳税申报的营业税纳税人均应报送以下资料：营业税纳税申报表；按照本纳税人发生营业税应税行为所属的税目，分别填报相应税目的营业税纳税申报表附表；同时发生两种或两种以上税目应税行为的，应同时填报相应的纳税申报表附表；凡使用税控收款机的纳税人应同时报送税控收款机IC卡；主管税务机关规定的其他申报资料。

纳税人应按月（季）进行纳税申报，申报期为次月1日起至10日止，遇最后一日为法定节假日的，顺延1日；在每月1日至10日内有连续3日以上法定休假日的，按休假日天数顺延。

表4－2　营业税纳税申报表

填表日期：　年　月　日

纳税人识别号：□□□□□□□□□□□□□□□　金额单位：元（列至角分）

纳税人名称								税款所属时期			
税目	经营项目	营业额					税率	本期			
		全部收入	不征税项目	减除项目	减免税项目	应税营业额		应纳税额	减免税额	预缴税额	应补（退）税额
1	2	3	4	5	6	7＝3－4－5－6	8	9＝7×8	10＝6×8	11	12＝9－10－11
合计											

续表

<table>
<tr><td colspan="2">如纳税人填报，由纳税人填写以下各栏</td><td colspan="4">如委托代理人填报，由代理人填写以下各栏</td><td>备　注</td></tr>
<tr><td rowspan="3">会计主管
（签 章）</td><td rowspan="3">纳税人
（公章）</td><td>代理人
名　称</td><td colspan="2"></td><td rowspan="3">代理人
（公章）</td><td rowspan="3"></td></tr>
<tr><td>地 址</td><td colspan="2"></td></tr>
<tr><td>经办人</td><td></td><td>电话</td></tr>
<tr><td colspan="7">以下由税务机关填写</td></tr>
<tr><td>收到申报表日期</td><td colspan="2"></td><td>接收人</td><td colspan="3"></td></tr>
</table>

填表说明如下：

（1）本表适用于营业税纳税人填报。

（2）“全部收入”，系指纳税人的全部营业收入。

（3）“不征税项目”，系指税法规定的属于营业税征收范围的营业额。

（4）“减除项目”，系指税法规定允许从营业收入中的扣除项目的营业额。

（5）“减免税项目”，系指税法规定的减免税项目的营业额。

五、企业所得税

1. 企业所得税的主要特征是什么？企业所得税的纳税人与扣缴义务人是如何规定的？农民从事哪些经营活动需要缴纳企业所得税？

企业所得税是对我国境内的企业和其他取得收入的组织的生产经营所得和其他所得征收的一种税。企业所得税的主要特征有：

（1）征税对象是所得额。所得额是纳税人每一个纳税年度的收入总额减除不征税收入、免税收入、各项扣除以及允许弥补以前年度亏损后的余额。所得额既不属于企业实现的利润额，也不属于企业的销售额或营业额。企业所得税是一种不同于流转税的税种。

（2）计算程序复杂。企业所得税的计税依据是应纳税所得额。而应纳税所得额与企业账面会计利润是两个不同的范畴。企业需要在按照企业会计准则核算的规定，计算出企业利润总额的基础上，根据企业所得税法的规定，将某些不予计列项目进行重新调整，即将某些收入所得排除在应纳税所得额之外，或对某些项目的支出给予一定的限制。应纳税所得额的计算程序较流转额的计算复杂繁琐得多。

（3）贯彻量能负担原则。企业所得税的征收以纳税人的生产经营所得和其他所得作为税基，贯彻量能负担的原则。即所得多的多征，所得少的少征，无所得的不征。企业所得税的征收按照纳税人的负担能力的大小和无所得确定所得税的税收负担，征收税款的多少与纳税人所得的多少联系起来，能够较好体现税收的公平原则。

(4) 采用按年征收，分期预缴，年终汇算清缴的征收办法。企业利润总额（会计利润）是企业一定时期生产经营成果的最终反映，大多按照年度计算和反映。因而以企业利润总额为基础计算征收的企业所得税，采用按年征收，分期预缴，年终汇算清缴的征收办法。

企业所得税的纳税人，是依据企业所得税法负有纳税义务的企业和其他取得收入的组织。在中国境内，企业和其他取得收入的组织（统称企业）为企业所得税纳税人，依照《企业所得税法》的规定缴纳企业所得税。同时，考虑到个人独资企业、合伙企业属于自然人性质企业，没有法人资格，股东承担无限责任，《企业所得税法》及其《实施条例》规定：依照中国法律、行政法规成立的个人独资企业、合伙企业，不适用《企业所得税法》。企业所得税纳税人包括各类企业、事业单位、社会团体、民办非企业单位和从事经营活动的其他组织。

为了有效行使我国税收管辖权，最大限度维护我国的税收利益，《企业所得税法》选择了来源地税收管辖权和居民税收管辖权相结合的混合管辖权，具体为登记注册地标准和实际管理机构标准，把企业分为居民企业和非居民企业，分别确定不同的纳税义务。居民企业承担无限纳税义务，就来源于中国境内、境外的全部所得纳税；非居民企业承担有限纳税义务，一般只就来源于中国境内的所得纳税。尽管登记注册地标准便于识别居民企业，但考虑到很多企业为规避一国税负和转移税收负担，往往在低税率地区或避税地登记注册，设立基地公司，人为选择注册地以规避税负，因此，同时采用实际管理机构标准，规定在外国（地区）注册的企业、但实际管理机构在中国境内的，也认定为居民企业。

(1) 居民企业。《企业所得税法》规定："居民企业，是指依法在中国境内成立，或者依照外国（地区）法律成立但实际管理机构在中国境内的企业。""居民企业应当就其来源于中国境内、境外的所得缴纳企业所得税。"在香港特别行政区、澳门特别行政区和台湾地区成立的企业，参照适用上述规定。

所称企业登记注册地，是指企业依照国家有关规定登记注册的住所地。包括：依法在中国境内成立的企业，包括依照中国法律、行政法规在中国境内成立的企业、事业单位、社会团体以及其他取得收入的组织。依照外国（地区）法律成立的企业，包括依照外国（地区）法律成立的企业和其他取得收入的组织。

所称实际管理机构，是指对企业的生产经营、人员、账务、财产等实施实质性全面管理和控制的机构。对于实际管理机构的判断，应当遵循实质重于形式的原则。

所称境外中资企业，是指由中国境内的企业或企业集团作为主要控股投资者，在境外依据外国（地区）法律注册成立的企业。但是，境外中资企业同时符合以下条件的，应判定其为实际管理机构在中国境内的居民企业（简称非境内注册居民企业）：企业负责实施日常生产经营管理运作的高层管理人员及其管层管理部门履行职责的场所主要位于中国境内；企业的财务决策（如借款、放款、融资、财务风险管理等）和人事决策（如任命、解聘和薪酬等）由位于中国境内的机构或人员决定，或需要得到位于中国境内的机构或人员批准；企业的主要财产、会计账簿、公司印章、董事会和股东会议纪要档案等位于或存放于中国境内；企业一半（含）以上有投票权的董事或高层管理人员经常居住于中国境内。

尽管非境内注册居民企业应当承担无限纳税义务，但是，其在中国境内投资设立的企业，其外商投资企业的税收法律地位不变。境外中资企业被判定为非境内注册居民企业的，不视为受控外国企业，但其所控制的其他受控外国企业仍应按照有关规定进行税务处理。境外中资企业可向其实际管理机构所在地或中国主要投资者所在地主管税务机关提出居民企业申请，主管税务机关对其居民企业身份进行初步审核后，层报国家税务总局确认；境外中资企业未提出居民企业申请的，其中国主要投资者的主管税务机关可以根据所掌握的情况对其是否属于中国居民企业自出初步判定，层报国家税务总局确认。境外中资企业被认定为中国居民企业后成为双重居民身份的，按照中国与相关国家（或地区）签署的税收协定（或安排）的规定执行。这种情况就是通常所称的因税收管辖权之间的冲突引起的法律性重复征税。

所称合伙企业以每一个合伙人为纳税人，合伙企业的生产经营所得和其他所得采取“先分后税”的原则。合伙人是法人和其他组织时，应缴纳企业所得税，其应纳税所得额按照合伙人是自然人而应缴纳个人所得税的规定计算。生产经营所得和其他所得，包括合伙企业分配给所有合伙人的所得和企业当年留存的所得（利润）。合伙企业的合伙人按照下列原则确定应纳税所得额：合伙企业的合伙人以合伙企业的生产经营所得和其他所得，按照合伙协议约定的分配比例确定应纳税所得额；合伙协议未约定或者约定不明确的，以全部生产经营所得和其他所得，按照合伙人协商决定的分配比例确定应纳税所得额；协商不成的，以全部生产经营所得和其他所得，按照合伙人实缴出资比例确定应纳税所得额；无法确定出资比例的，以全部生产经营所得和其他所得，按照合伙人数量平均计算每个合伙人的应纳税所得额。合伙协议不得约定将全部利润分配给部分合伙人。合伙企业的合伙人是法人和其他组织的，合伙人在计算缴纳企业所得税时，不得用合伙企业的亏损抵减其盈利。

（2）非居民企业。《企业所得税法》规定：“非居民企业，是指依照外国（地区）法律成立且实际管理机构不在中国境内，但在中国境内设立机构、场所的，或者在中国境内未设立机构、场所，但有来源于中国境内所得的企业。”“非居民企业在中国境内设立机构、场所的，应当就其所设机构、场所取得的来源于中国境内的所得，以及发生在中国境外但与其所设机构、场所有实际联系的所得，缴纳企业所得税。”“非居民企业在中国境内未设立机构、场所的，或者虽设立机构、场所但取得的所得与其所设机构、场所没有实际联系的，应当就其来源于中国境内的所得缴纳企业所得税。”在香港特别行政区、澳门特别行政区和台湾地区成立的企业，参照适用上述规定。

所称机构、场所，是指在中国境内从事生产经营活动的机构、场所，包括：管理机构、营业机构、办事机构；工厂、农场、开采自然资源的场所；提供劳务的场所；从事建筑、安装、装配、修理、勘探等工程作业的场所；其他从事生产经营活动的机构、场所。

非居民企业委托营业代理人在中国境内从事生产经营活动的，包括委托单位或者个人经常代其签订合同，或者储存、交付货物等，该营业代理人视为非居民企业在中国境内设立的机构、场所。

来源于中国境内、境外的所得，按照以下原则确定：销售货物所得，按照交易活动发生地确定；提供劳务所得，按照劳务发生地确定；转让财产所得，不动产转让所得按照不动产所在地确定，动产转让所得按照转让动产的企业或者机构、场所所在地确定，权益性投资资产转让所得按照被投资企业所在地确定；股息、红利等权益性投资所得，按照分配所得的企业所在地确定；利息所得、租金所得、特许权使用费所得，按照负担、支付所得的企业或者机构、场所所在地确定，或者按照负担、支付所得的个人的住所地确定；其他所得，由国务院财政、税务主管部门确定。

所称实际联系，是指非居民企业在中国境内设立的机构、场所拥有据以取得所得的股权、债权，以及拥有、管理、控制据以取得所得的财产等。

所称在中国境内未设立机构、场所的，或者虽设立机构、场所但取得的所得与其所设机构、场所没有实际联系的非居民企业，就其取得的来源于中国境内的所得应缴纳的所得税，实行源泉扣缴，以支付人为扣缴义务人。税款由扣缴义务人在每次支付或者到期应支付时，从支付或者到期应支付的款项中扣缴。

（3）扣缴义务人。对非居民企业在中国境内未设立机构、场所的，或者虽设立机构、场所但取得的所得与其所设机构、场所没有实际联系的，其来源于中国境内的所得应缴纳的所得税，实行源泉扣缴，以支付人为扣缴义务人。税款由扣缴义务人在每次支付或者到期应支付时，从支付或者到期应支付的款项中扣缴。所称支付人，是指依照有关法律规定或者合同约定对非居民企业直接负有支付相关款项义务的单位或者个人。所称支付，包括现金支付、汇拨支付、转账支付和权益兑价支付等货币支付和非货币支付。所称到期应支付的款项，是指支付人按照权责发生制原则应当计入相关成本、费用的应付款项。

对非居民企业在中国境内取得工程作业和劳务所得应缴纳的所得税，税务机关可以指定工程价款或者劳务费的支付人为扣缴义务人。在中国境内从事工程作业和提供劳务的非居民企业发生下列情形之一的，县级以上税务机关可以指定工程价款或者劳务费的支付人为扣缴义务人。包括：预计工程作业或者提供劳务期限不足一个纳税年度，且有证据表明不履行纳税义务的；没有办理税务登记或者临时税务登记，且未委托中国境内的代理人履行纳税义务的；未按照规定期限办理企业所得税纳税申报或者预缴申报的。

扣缴义务人，由县级以上税务机关指定，并同时告知扣缴义务人所扣税款的计算依据、计算方法、扣缴期限和扣缴方式。

应当扣缴的所得税，扣缴义务人未依法扣缴或者无法履行扣缴义务的，由纳税人在所得发生地缴纳。纳税人未依法缴纳的，税务机关可以从该纳税人在中国境内其他收入项目的支付人应付的款项中，追缴该纳税人的应纳税款。

扣缴义务人每次代扣的税款，应当自代扣之日起七日内缴入国库，并向所在地的税务机关报送扣缴企业所得税报告表。

税务机关在追缴该纳税人应纳税款时，应当将追缴理由、追缴数额、缴纳期限和缴纳方式等告知该纳税人。

农民朋友集资设置的符合居民企业、非居民企业条件并获得销货收入、提供劳务收入、财产转让收入、权益性投资收益、利息收入、接受捐赠收入、特许权使用费收入及其他收入的，或者符合扣缴义务人资格的都需要按照企业所得税法的规定缴纳企业所得税。

2. 企业所得税的征税对象是什么？

企业所得税的征税对象是纳税人取得的生产经营所得和其他所得。其中：生产经营所得是指从事制造业、采掘业、交通运输业、建筑安装业、农业、林业、畜牧业、渔业、水利业、商品流通业、金融业、保险业、邮电通信业、服务业，以及财政、税务部门确认的其他营利事业取得的合法所得；还包括卫生、物资、供销、城市公用和其他行业的企业，以及一些社团组织、事业单位开展多种经营和有偿服务活动，取得的合法经营所得。其他所得是指纳税人取得的股息、利息、租金、转让各类资产、特许权使用费以及营业外收益等所得。此外，纳税人按照章程规定解散或破产以及其他原因宣布终止时，其清算终了后的清算所得，也属于企业所得税的征税对象。

居民企业应当就其来源于中国境内、境外的所得缴纳企业所得税。所得包括销售货物所得、提供劳务所得、转让财产所得、股息红利所得、利息所得、租金所得、特许权使用费所得、接受捐赠所得和其他所得。

非居民企业在中国境内设立机构、场所的，应当就其所设机构、场所取得的来源于中国境内的所得，以及发生在中国境外但与其所设机构、场所有实际联系的所得，缴纳企业所得税；非居民企业在中国境内未设立机构、场所的，或者虽设立机构、场所但取得的所得与其所设机构、场所没有实际联系的，应当就其来源于中国境内的所得缴纳企业所得税。来源于中国境内、境外所得，按照以下原则确定：销售货物所得，按照交易活动发生地确定；提供劳务所得，按照劳务发生地确定；转让财产所得，不动产转让所得按照不动产所在地确定，动产转让所得按照转让动产的企业或者机构、场所所在地确定，权益性投资资产转让所得按照被投资企业所在地确定；股息、红利等权益性投资所得，按照分配所得的企业所在地确定；利息所得、租金所得、特许权使用费所得，按照负担、支付所得的企业或者机构、场所所在地确定，或者按照负担、支付所得的个人的住所地确定；其他所得，由国务院财政、税务主管部门确定。

世界各国在税收管辖权方面都同时实行地域税收管辖权和居民税收管辖权。地域管辖权的实质是，凡是来自本国境内的所得，无论纳税人是否属于本国的公民或居民，本国政府都有权对其征税。居民管辖权的实质是，对本国居民或公民所取得的来自本国境内和境外的所得都要征税。世界上大多数国家对本国居民或公民所取得的来自本国境内和境外的所得都要征税。同时采用抵免法来避免国际双重征税，即允许纳税人来源于本国境外的所得所缴纳的外国所得税款在应向本国政府缴纳的所得税款中扣除。但扣除额不得超过该纳税义务人境外所得依照本国税法规定计算的应纳税额。

3. 企业所得税的税率是如何规定的?

(1) 居民企业所得税的基本税率为25%的比例税率。非居民企业在中国境内未设立机构、场所的，或者虽设立机构、场所但取得的所得与其所设机构、场所没有实际联系的，基于收入来源管辖权进行征税的原则，其适用税率为20%。在实际征收中，就其来源于中国境内的所得缴纳企业所得税，减按10%的税率征收企业所得税。

(2) 符合条件的小型微利企业，减按20%的税率征收企业所得税。所称符合条件的小型微利企业，是指从事国家非限制和禁止行业，并符合下列条件的企业：工业企业，年度应纳税所得额不超过30万元，从业人数不超过100人，资产总额不超过3 000万元；其他企业，年度应纳税所得额不超过30万元，从业人数不超过80人，资产总额不超过1 000万元。国家对年应税所得额低于3万元(含)的，其应税所得额减按50%计算税款。

(3) 国家需要重点扶持的高新技术企业，减按15%的税率征收企业所得税。所称国家需要重点扶持的高新技术企业，是指拥有核心自主知识产权，并同时符合下列条件的企业：产品(服务)属于国家重点支持的高新技术领域规定的范围，研究开发费用占销售收入的比例不低于规定比例；高新技术产品(服务)收入占企业总收入的比例不低于规定比例；科技人员占企业职工总数的比例不低于规定比例；高新技术企业认定管理办法规定的其他条件。

4. 企业所得税的应税收入和不征税收入主要包括哪些项目?

企业所得税的应税收入包括企业业以货币形式和非货币形式从各种来源取得的收入，为收入总额。其中，货币收入是指企业取得的现金以及将以固定或可确定金额的货币收取的收入，具体包括现金（库存现金、银行存款和其他货币资金）、应收账款和应收票据以及准备持有至到期的债券投资等。非货币收入是指企业取得的货币形式以外的收入，包括存货（原材料、包装物、低值易耗品、库存商品、委托加工物资、委托代销商品、分期收款发出商品等）、固定资产、无形资产、股权投资、不准备持有至到期的债券投资、劳务以及债务的豁免等。对企业以非货币形式取得的收入，有别于货币性收入的固定性和确定性，通常按公平价格来确定收入额。公平价格是指独立企业之间按公平交易原则和经营常规，自愿进行资产交换和债务清偿的金额。本条中包含的收入，具体界定如下：

（1）销售货物收入：是指企业销售库存商品、产成品、半成品、原材料、包装物、低值易耗品以及其他货物取得的收入。

（2）提供劳务收入：是指企业从事建筑安装、交通运输、仓储、邮政、信息传输、计算机服务、住宿、餐饮、金融、商务服务、科学研究、技术服务、地质勘查、水利管理、环境管理、公共设施管理、居民服务、教育、卫生、社会保障、社会福利、文化、体育、娱乐和其他劳务服务活动取得的收入。

（3）转让财产收入：是指企业转让固定资产、无形资产、股权、股票、债券、债权等所取得的收入。

（4）股息、红利等权益性投资收益：是指企业凭借权益性投资从被投资方分配取得的收入，包括股息、红利、联营分利等。

（5）利息收入：是指企业将资金提供他人使用或他人占用本企业资金所取得的利息收入，包括存款利息、贷款利息、债券利息、欠款利息等收入。

（6）租金收入：是指企业提供固定资产、包装物和其他资产的使用权取得的收入。

（7）特许权使用费收入：是指企业提供专利权、非专利技术、商标权、著作权以及其他特许权的使用权而取得的收入。

(8) 接受捐赠收入：是指企业接受捐赠的货币和非货币资产。

(9) 其他收入：包括企业资产盘盈或溢余收入、罚款收入、逾期未返还的包装物押金、因债权人原因确实无法支付的应付款项、债务重组收入、非货币性资产交换实现的收入、政府补助（财政拨款、税收返还等）、视同销售收入、依法收取并纳入财政管理的行政事业性收费和政府性基金、已作坏账损失处理后又收回的应收账款，以及国务院规定的其他收入。

企业从政府取得的各类奖金、扶持资金，除了由国务院财政、税务主管部门规定专项用途并经国务院批准的财政性资金外，应并入取得当期应纳税所得额计算缴纳企业所得税。

收入的确认条件如下：

(1) 企业销售收入的确认，必须遵循权责发生制原则和实质重于形式原则。企业销售商品同时满足下列条件的，应确认收入的实现：商品销售合同已经签订，企业已将商品所有权相关的主要风险和报酬转移给购货方；企业对已售出的商品既没有保留通常与所有权相联系的继续管理权，也没有实施有效控制；收入的金额能够可靠地计量；已发生或将发生的销售方的成本能够可靠地核算。

符合收入确认条件，采取下列商品销售方式的，应按以下规定确认收入实现时间：销售商品采用托收承付方式的，在办妥托收手续时确认收入。销售商品采取预收款方式的，在发出商品时确认收入。销售商品需要安装和检验的，在购买方接受商品以及安装和检验完毕时确认收入。如果安装程序比较简单，可在发出商品时确认收入。销售商品采用支付手续费方式委托代销的，在收到代销清单时确认收入。以分期收款方式销售货物的，按照合同约定的收款日期确认收入的实现。采取产品分成方式取得收入的，按照企业分得产品的日期确认收入的实现，其收入额按照产品的公允价值确定。

采用售后回购方式销售商品的，销售的商品按售价确认收入，回购的商品作为购进商品处理。有证据表明不符合销售收入确认条件的，如以销售商品方式进行融资，收到的款项应确认为负债，回购价格大于原售价的，差额应在回购期间确认为利息费用。

以旧换新销售商品的，销售商品应当按照销售商品收入确认条件确认收入，回收的商品作为购进商品处理。

销售商品涉及商业折扣的，应当按照扣除商业折扣后的金额确定销售商品收入金额。不符合税收规定的销售折扣和折让不得冲减销售收入。

销售商品涉及现金折扣的，应当按扣除现金折扣前的金额确定销售商品收入金额，实际发生的现金折扣作为财务费用扣除。

企业已经确认销售收入的售出商品发生销售折让和销售退回，应当在发生当期冲减当期销售商品收入。

企业以买一赠一等方式组合销售本企业商品的，不属于捐赠，应将总的销售金额按各项商品的公允价值的比例来分摊确认各项的销售收入。

（2）采用完工进度（完工百分比）法确认提供劳务收入的所得税条件是：企业在各个纳税期末，提供劳务交易的结果能够可靠估计的，应采用完工进度（完工百分比）法确认提供劳务收入。提供劳务交易的结果能够可靠估计，是指同时满足下列条件：收入的金额能够可靠地计量；交易的完工进度能够可靠地确定；交易中已发生和将发生的成本能够可靠地核算。

企业应按照从接受劳务方已收或应收的合同或协议价款确定劳务收入总额，根据纳税期末提供劳务收入总额乘以完工进度扣除以前纳税年度累计已确认提供劳务收入后的金额，确认为当期劳务收入；同时，按照提供劳务估计总成本乘以完工进度扣除以前纳税期间累计已确认劳务成本后的金额，结转为当期劳务成本。

企业提供劳务完工进度的确定，可选用下列方法：已完工作的测量；已提供劳务占劳务总量的比例；发生成本占总成本的比例。

提供安装费等特定劳务的应税收入确认方法

安装费。应根据安装完工进度确认收入。安装工作是商品销售附带条件的，安装费在确认商品销售实现时确认收入。

宣传媒介的收费。应在相关的广告或商业行为出现于公众面前时确认收入。广告的制作费，应根据制作广告的完工进度确认收入。

软件费。为特定客户开发软件的收费，应根据开发的完工进度确认收入。

服务费。包含在商品售价内可区分的服务费，在提供服务的期间分期确认收入。

艺术表演、招待宴会和其他特殊活动的收费。在相关活动发生时确认收入。收费涉及几项活动的，预收的款项应合理分配给每项活动，分别确认收入。

会员费。申请入会或加入会员，只允许取得会籍，所有其他服务或商品都要另行收费的，在取得该会员费时确认收入。申请入会或加入会员后，会员在会员期内不再付费就可得到各种服务或商品，或者以低于非会员的价格销售商品或提供服务的，该会员费应在整个受益期内分期确认收入。

特许权费。属于提供设备和其他有形资产的特许权费，在交付资产或转移资产所有权时确认收入；属于提供初始及后续服务的特许权费，在提供服务时确认收入。

劳务费。长期为客户提供重复的劳务收取的劳务费，在相关劳务活动发生时确认收入。

(3) 股息、红利等权益性投资收益、租金收入、利息收入、特许权使用费收入确认时间为：股息、红利等权益性投资收益，除国务院财政、税务主管部门另有规定外，按照被投资方作出利润分配决定的日期确认收入的实现。利息收入，按照合同约定的债务人应付利息的日期确认收入的实现。租金收入，按照合同约定的承租人应付租金的日期确认收入的实现。特许权使用费收入，按照合同约定的特许权使用人应付特许权使用费的日期确认收入的实现。接受捐赠收入，按照实际收到捐赠资产的日期确认收入的实现。

(4) 除国务院财政、税务主管部门另有规定外，企业发生非货币性资产交换，以及将货物、财产、劳务用于捐赠、偿债、赞助、集资、广告、样品、职工福利或者利润分配等用途的，应当视同销售货物、转让财产或者提供劳务。

除将资产转移至境外以外，如果被处置资产所有权属在形式和实质上均不发生改变，不视同销售确认收入，相关资产的计税基础延续计算。内部处置资产的情形包括：将资产用于生产、制造、加工另一产品；改变资产形状、结构或性能；改变资产用途（如，自建商品房转为自用或经营）；将资产在总机构及其分支机构之间转移；上述两种或两种以上情形的混合；其他不改变资产所有权属的用途。

企业资产所有权属发生改变，如将资产用于市场推广或销售、交际应酬、职工奖励或福利、股息分配、对外捐赠及其他改变资产所有权属的用途，不属于内部处置资产，应视同销售确认收入。属于企业自制的资产，按企业同类资产同期对外销售价格确定销售收入；属于外购的资产，按购入时的价格确定销售收入。

不征税收入，是指从企业所得税原理上讲应永久不能列入征税范围的收入，其不属于税收优惠的范畴。不征税收入不属于营利性活动带来的经济利益，是专门从事特定目的收入。企业所得税法及其实施条例规定，收入总额中的下列收入为不征税收入：

（1）财政拨款：是指财政部门根据法律法规等有关规定，经过预算程序对国家机关以及事业单位、社会团体、企业直接拨付的经费。企业实际收到的财政拨款中的财政补贴和税收返还等，按照现行会计准则的规定，属于政府补助的范畴，计人企业的营业外收入科目，除企业取得的所得税返还（退税）和出口退税的增值税进项外，一般作为应税收人征收企业所得税。

（2）行政事业性收费：是指国家机关、事业单位、代行政府职能的社会团体及其他组织根据法律法规等有关规定，依照国务院规定程序批准，在实施社会公共管理，以及在向公民、法人提供特定公共服务过程中，向特定对象收取的费用。

（3）政府性基金：是指各级人民政府及其所属部门根据法律、国家行政法规和中共中央、国务院有关文件的规定，为支持某项事业发展，按照国家规定程序批准，向公民、法人和其他组织征收的具有专项用途的资金。包括各种基金、资金、附加以及专项收费等。规定行政事业性收费和政府性基金为不征税收入，主要基于以下考虑：一是行政事业性收费和政府性基金的组织或机构一般是承担行政性职能或从事公共事务的，不以营利为目的，一般不作为应税收入的主体；二是行政事业性收费和政府性基金一般通过财政的“收支两条线”管理，封闭运行，对其征税没有实际意义。

《财政部、国家税务总局关于财政性资金行政事业性收费政府性基金有关企业所得税政策问题的通知》规定：企业按照规定缴纳的、由国务院或财政部批准设立的政府性基金以及由国务院和省、自治区、直辖市人民政府及其财政、价格主管部门批准设立的行政事业性收费，准予在计算应纳税所得额时扣除。企业缴纳的不符合上述审批管理权限设立的基金、收费，不得在计算应纳税所得额时扣除。企业收取的各种基金、收费，应计入企业当年收入总额。对企业依照法律、法规及国务院有关规定收取并上缴财政的政府性基金和行政事业性收费，准予作为不征税收入，于上缴财政的当年在计算应纳税所得额时从收入总额中减除；未上缴财政的部分，不得从收入总额中减除。

（4）其他不征税收入：是指为了适应社会发展的需要，由国务院规定的承担公共管理职能的非营利性组织可能取得一些新的不征税收入。

5. 企业所得税的纳税地点与纳税年度是如何规定的？

除税收法律、行政法规另有规定外，居民企业以企业登记注册地为纳税地点；但登记注册地在境外的，以实际管理机构所在地为纳税地点。居民企业在中国境内设立不具有法人资格的营业机构的，应当汇总计算并缴纳企业所得税。非居民企业取得本法第三条第二款规定的所得，以机构、场所所在地为纳税地点。非居民企业在中国境内设立两个或者两个以上机构、场所的，经税务机关审核批准，可以选择由其主要机构、场所汇总缴纳企业所得税。非居民企业取得规定的所得，以扣缴义务人所在地为纳税地点。

非居民企业经批准汇总缴纳企业所得税后，需要增设、合并、迁移、关闭机构、场所或者停止机构、场所业务的，应当事先由负责汇总申报缴纳企业所得税的主要机构、场所向其所在地税务机关报告；需要变更汇总缴纳企业所得税的主要机构、场所的，依照前款规定办理。

企业汇总计算并缴纳企业所得税时，应当统一核算应纳税所得额，具体办法由国务院财政、税务主管部门另行制定。所称主要机构、场所，应当同时符合下列条件：对其他各机构、场所的生产经营活动负有监督管理责任；设有完整的账簿、凭证，能够准确反映各机构、场所的收入、成本、费用和盈亏情况。

除国务院另有规定外，企业之间不得合并缴纳企业所得税。

企业所得税征收采取按年征收，分期预缴，年终汇算清缴的办法。企业所得税按纳税年度计算。纳税年度自公历1月1日起至12月31日止。企业在一个纳税年度中间开业，或者终止经营活动，使该纳税年度的实际经营期不足12个月的，应当以其实际经营期为一个纳税年度。企业依法清算时，应当以清算期间作为一个纳税年度。

企业分月或者分季预缴企业所得税时，应当按照月度或者季度的实际利润额预缴；按照月度或者季度的实际利润额预缴有困难的，可以按照上一纳税年度应纳税所得额的月度或者季度平均额预缴，或者按照经税务机关认可的其他方法预缴。预缴方法一经确定，该纳税年度内不得随意变更。

企业所得税分月或者分季预缴。企业应当自月份或者季度终了之日起15日内，向税务机关报送预缴企业所得税纳税申报表，预缴税款。企业所得税分月或者分季预缴，由税务机关具体核定。

6. 企业所得税有哪些具体的优惠政策？

（1）国债利息收入、股息红利等权益性投资收益和符合条件的非营利组织的收入属于免税收入范围。

国债利息完全由国家财政资金支付。如果对其征税，一方面相当于对国家财政支付的利息通过征收所得税的方式再收回一部分，没有什么实际意义，另一方面将减少国债购买者最终得到的利息收入，不利于鼓励企业购买国债。而且企业购买国债在取得利息收入的同时基本上没有对应的成本费用支出，因此对国债利息收入免税不违背收入和成本费用配比原则。国债利息收入，专指企业持有国务院财政部门发行的国债取得的利息收入，不包括企业取得其他部门发行的专项债券的利息收入。

当某一居民企业对另一居民企业进行权益性投资时，投资企业可能从被投资企业取得股息、红利等权益性投资，由于股息、红利是投资企业进行权益性投资获得的经济回报，是导致其净资产增加的经济利益流入的重要组成部分，因此，对投资企业取得的股息、红利等权益性投资收益应当纳入其应税收入总额之中。但由于股息、红利是从被投资企业税后利润中分配的，如果将股息、红利全额并入投资企业的应税收入中征收企业所得税，会出现对同一经济来源所得的重复征税。税法规定，符合条件的居民企业之间的股息、红利等权益性投资收益为免税收入。考虑到税收政策应鼓励企业对生产经营的直接投资，而以股票方式的间接投资，并不以股息、红利收入为主要目的，其主要目的是从二级市场获得股票运营收益，不应成为税收优惠鼓励的目标。因此，新税法规定免予征税的股息、红利等权益性投资收益，不包括持有居民企业公开发行并上市流通的股票连续时间不超过 12 个月取得的权益性投资收益。同时，此项包含在中国境内设立机构、场所的非居民企业从居民企业取得与该机构、场所有实际联系的股息、红利等权益性投资收入。

非营利组织不以营利为目的，其所得基本上全部用于公益目的，以弥补政府在某些公共领域作用的不足，如果对非营利组织征税，将不利于其充分发挥公益作用，因而税法规定对非营利组织的全部或某些收入免予征收所得税。为不妨碍非营利组织正常公益性或非营利性业务活动的开发，税法规定享受税收优惠的非营利组织的收入，一般不包括非营利组织从事营利性活动取得的收入。

（2）对安置残疾人单位的企业所得税政策：单位支付给残疾人的实际工资可在企业所得税前据实扣除，并可按支付给残疾人实际工资的100%加计扣除。单位实际支付给残疾人的工资加计扣除部分，如大于本年度应纳税所得额的，可准予扣除其不超过应纳税所得额的部分，超过部分本年度和以后年度均不得扣除。亏损单位不适用上述工资加计扣除应纳税所得额的办法。单位在执行上述工资加计扣除应纳税所得额办法的同时，可以享受其他企业所得税优惠政策。

（3）对单位按照规定取得的增值税退税或营业税减税收入，免征企业所得税。所称单位是指税务登记为各类所有制企业（不包括个人独资企业、合伙企业和个体经营户）、事业单位、社会团体和民办非企业单位。

（4）定期减免税和可以减免优惠。定期减免优惠主要对基础产业和居民企业技术转让所得及环境保护、节能节水项目的减免。其中，税法规定：企业从事国家重点扶持的公共基础设施项目投资经营的所得，可以免征、减征企业所得税。新税法实施条例规定从项目取得第一笔生产经营收入所属纳税年度起，第一年至第三年免征企业所得税，第四年至第六年减半征收企业所得税。企业按规定享受减免税优惠的项目，在减免税期未满时转让的，受让方自受让之日起，可以在剩余期限内享受规定的减免税优惠；减免税期满后转让的，受让方不得就该项目重复享受减免税优惠。为进一步通过税收政策促进企业的技术转让，推动高新技术的产业化，税法规定，居民企业一个纳税年度内转让技术所得不超过500万元的部分免征企业所得税，超过500万元的部分减半征收企业所得税。对于环境保护、节能节水项目，税法规定，符合条件的环境保护、节能节水项目，包括公共污水处理、公共垃圾处理、沼气综合开发利用、节能减排技术改造、海水淡化等。减免期限及转让项目的规定与公共基础设施项目减免规定一致。

可以减免优惠主要是对企业从事农、林、牧、渔项目所得免征、减征企业所得税。其范围具体界定请参照《中华人民共和国企业所得税法实施条例》第八十六条，操作规定按《国家税务总局关于贯彻落实从事农、林、牧、渔业项目企业所得税优惠政策有关事项的通知》执行。

(5) 降低税率优惠。对小型微利企业，减按20%的税率征收企业所得税；对高新技术企业，减按15%的税率征收企业所得税。为更好地发挥小企业在自主创新、吸纳就业等方面的优势，利用税收政策鼓励、支持和引导小企业的发展，税法规定对符合规定条件的小型微利企业实行20%的优惠税率，比一般法定税率低5个百分点。小型微利企业，是指从事国家非限制和禁止行业，并符合下列条件的企业：工业企业，年度应纳税所得额不超过30万元，从业人数不超过100人，资产总额不超过3 000万元。其他企业，年度应纳税所得额不超过30万元，从业人数不超过80人，资产总额不超过1 000万元。显然，企业所得税在临界点30万元上下税赋差异很大，有关各方在注意两个有数据条件的同时，还要注意所从事的行业是国家非限制和禁止的。

税法规定对国家需要重点扶持的高新技术企业实行15%的优惠税率。国家需要重点扶持的高新技术企业，是指拥有核心自主知识产权，并同时符合以下条件的企业：产品（服务）属于《国家重点支持的高新技术领域》规定的范围。研究开发费用占销售收入的比例不低于规定比例。高新技术产品（服务）收入占企业总收入的比例不低于规定比例。科技人员占企业职工总数的比例不低于规定比例。高新技术企业认定管理办法规定的其他条件。对高新技术企业资格的管理，有关方面应按《国家税务总局关于实施高新技术企业所得税优惠有关问题的通知》文件的规定落实。

(6) 加计扣除优惠。对企业为开发新技术、新产品、新工艺发生的研究开发费用和企业安置残疾人员及其他国家鼓励安置的就业人员所支付的工资，实行加计扣除的优惠政策。

税法规定对于企业为开发新技术、新产品、新工艺发生的研究开发费用，未形成无形资产计入当期损益的，在按照规定实行100%扣除的基础上，再按照研究开发费用的50%加计扣除；形成无形资产的，按照无形资产成本的150%摊销。因此，纳税人应注意分清研究开发费用的费用化和资本化的范围及条件，如果构成无形资产的，则不能在当期全额扣除，要按照无形资产摊销的有关规定处理。

税法将原来在财税主管部门通知中规定的加计扣除措施上升为法律的规定，并对该项政策做了适当调整：将优惠范围扩大到所有安置特殊就业人员的企业，鼓励社会各类企业吸纳特殊人员就业，为社会提供更多的就业机会，更好地保障弱势群体的利益。在按照支付给残疾职工工资据实扣除的基础上，按照支付给残疾职工工资的100%加计扣除，取消了安置人员的比例限制。安置残疾人员要按照《中华人民共和国残疾人保障法》的规定处理有关事务，否则不能享受加计扣除。

(7) 加速折旧优惠。允许实行加速折旧的固定资产一般有两种情况：一是由于资产使用强度大或更新快而导致其使用寿命的缩短，对此类固定资产实行加速折旧更符合其实际使用寿命；另一种情况是国家鼓励企业加大对固定资产的投入而允许其对某些资产实行加速折旧。加速折旧，对政府而言只是相当于放弃了部分利息收入，整体上不会对税收收入产生大的影响，而对企业来说则能起到很大的鼓励和支持作用。税法规定企业的固定资产由于技术进步等原因，确需加速折旧的，可以缩短折旧年限或者采取加速折旧的方法。主要包括：由于技术进步产品更新换代较快的固定资产和常年处于强震动、高腐蚀状态的固定资产。采取缩短折旧年限方法的，最低折旧年限不得于规定折旧年限的60%；采取加速折旧方法的，可以采取双倍余额递减法或者年数总和法。

(8) 减计收入优惠，主要是资源综合利用的税收优惠。税法规定，企业以《资源综合利用企业所得税优惠目录》内的资源作为主要原材料，生产国家非限制和禁止并符合国家和行业相关标准的产品取得的收入，减按90%计入收入总额。我国原外资企业所得税法对资源综合利用没有专门的税收优惠规定，而内资企业利用废水、废气、废渣等废弃物为主要原材料进行生产的，则有5年内减征或免征所得税的规定。新税法将定期直接减免的税收优惠方式转变为减计收入这种更为科学合理的税收优惠方式。

(9) 税额抵免优惠。税法规定，企业购置环境保护、节能节水、安全生产等专用设备的，该专用设备的投资额的10%可以从企业当年的应纳税额中抵免；当年不足抵免的，可以在以后5个纳税年度结转抵免。纳税人需要注意的是：专用设备应在《环境保护专用设备企业所得税优惠目录》、《节能节水专用设备企业所得税优惠目录》和《安全生产专用设备企业所得税优惠目录》规定范围内；享受企业所得税优惠的企业，应当实际购置并自身实际投入使用；企业购置的专用设备在5年内转让、出租的，应当停止享受企业所得税优惠，并补缴已经抵免的企业所得税税款。

(10) 抵扣应纳税所得额。税法规定，创业投资企业从事国家需要重点扶持和鼓励的创业投资，可以按投资额的一定比例抵扣应纳税所得额。创业投资企业是我国新兴产业，对其实行税收优惠，可以引导社会资金集中用于对中小高新技术企业的投资，解决中小科技企业投资不足的问题，有利于风险投资尽快回收，减少投资风险，促进高新技术企业的建立和成长发展。具体来讲，是指创业投资企业采取股权投资方式投资于未上市的中小高新技术企业2年以上的，可以按照其投资额的70%在股权持有满2年的当年抵扣该创业投资企业的应纳税所得额；当年不足抵扣的，可以在以后纳税年度结转抵扣。

(11) 民族自治地方的自治机关可以决定减征和免征企业应缴纳的企业所得税中属于地方分享的部分；在特殊情况下国务院可以制定企业所得税专项优惠政策。

(12) 鼓励证券投资基金发展的优惠政策。对证券投资基金从证券市场中取得的收入，包括买卖股票、债券的差价收入，股权的股息、红利收入，债券的利息收入及其他收入，暂不征收企业所得税。对投资者从证券投资基金分配中取得的收入，暂不征收企业所得税。对证券投资基金管理人运用基金买卖股票、债券的差价收入，暂不征收企业所得税。

（13）关于鼓励软件产业和集成电路产业发展的优惠政策。软件生产企业实行增值税即征即退政策所退还的税款，由企业用于研究开发软件产品和扩大再生产，不作为企业所得税应税收入，不予征收企业所得税。境内新办软件生产企业经认定后，自获利年度起，第一年和第二年免征企业所得税，第三年至第五年减半征收企业所得税。国家规划布局内的重点软件生产企业，如当年未享受免税优惠的，减按10%的税率征收企业所得税。软件生产企业的职工培训费用，可按实际发生额在计算应纳税所得额时扣除。企事业单位购进软件，凡符合固定资产或无形资产确认条件的，可以按照固定资产或无形资产进行核算，经主管税务机关核准，其折旧或摊销年限可以适当缩短，最短可为两年。集成电路设计企业视同软件企业享受上述有关企业所得税政策。集成电路生产企业的生产性设备，经主管税务机关核准，其折旧年限可以适当缩短，最短可为三年。投资额超过80亿元人民币或集成电路线宽小于0.25微米（含）的集成电路生产企业，可以减按15%的税率缴纳企业所得税，其中，经营期在十五年以上的，从开始获利的年度起，第一年至第五年免征企业所得税，第六年至第十年减半征收企业所得税。对生产线宽小于0.8微米（含）集成电路产品的生产企业，经认定后，自获利年度起，第一年和第二年免征企业所得税，第三年至第五年减半征收企业所得税。但是，已经享受自获利年度起企业所得税“两免三减半”政策的企业，不再重复执行本条规定。

（14）农产品种植免征企业所得税优惠。企业从事下列项目的所得，免征企业所得税：蔬菜、谷物、薯类、油料、豆类、棉花、麻类、糖料、水果、坚果的种植；农作物新品种的选育；中药材的种植；林木的培育和种植；牲畜、家禽的饲养；林产品的采集；灌溉、农产品初加工、兽医、农技推广、农机作业和维修等农、林、牧、渔服务业项目。企业从事下列项目的所得，减半征收企业所得税：花卉、茶以及其他饮料作物和香料作物的种植；海水养殖、内陆养殖。

（15）技术转让所得优惠。一个纳税年度内，居民企业技术转让所得不超过500万元的部分，可以免征、超过500万元的部分减半征收企业所得税。享受减免企业所得税优惠的技术转让应符合以下条件：享受优惠的技术转让主体是企业所得税法规定的居民企业；技术转让属于财政部、国家税务总局规定的范围；境内技术转让经省级以上科技部门认定；向境外转让技术经省级以上商务部门认定；国务院税务主管部门规定的其他条件。

（16）创业投资企业所得税优惠。创业投资企业采取股权投资方式投资于未上市的中小高新技术企业两年以上的，可以按照其投资额的70%在股权持有满两年的当年抵扣该创业投资企业的应纳税所得额。当年不足抵扣的，可以在以后纳税年度结转抵扣。条件如下：必须投资于未上市的中小高新技术企业两年以上的；必须在持股满两年的当年，才可按投资额的70%抵扣税额。中小高新技术企业认定标准是：按照《高新技术企业认定管理办法》和《高新技术企业认定管理工作指引》取得高新技术企业资格，且年销售额和资产总额均不超过2亿元、从业人数不超过500人的企业。（小型微利企业：工业企业，年度应纳税所得额不超过30万元，从业人数不超过100人，资产总额不超过3 000万元；其他企业，年度应纳税所得额不超过30万元，从业人数不超过80人，资产总额不超过1 000万元。）

7. 企业所得税应纳税额如何计算？税前扣除项目主要有哪些内容？准予扣除项目的金额如何确认？不得扣除项目有哪些内容？

企业所得税的计税依据为应纳税所得额。应纳税所得额是指按照税法规定确定纳税人在一定期间所获得的所有应税收入减除在该纳税期间依法允许减除的各种支出后的余额，是计算企业所得税税额的计税依据。税法规定的应纳税所得额，是指企业每一纳税年度的收入总额，减除不征税收入、免税收入、各项扣除以及允许弥补的以前年度亏损后的余额。

应纳税所得额计算公式为：应纳税所得额 = 每一纳税年度的收入总额 - 不征税收入 - 免税收入 - 各项扣除项目 - 允许弥补的以前

年度亏损

非居民企业在中国境内未设立机构、场所的，或者虽设立机构、场所但取得的所得与其所设机构、场所没有实际联系的，取得来源于中国境内的所得缴纳企业所得税时，按照下列方法计算其应纳税所得额：股息、红利等权益性投资收益和利息、租金、特许使用费所得，以收入全额为应纳税所得额度；转让财产所得，以收入全额减除财产净值后的余额为应纳税所得额；其他所得，参照前两项规定的方法计算应纳税所得额。

按照税法规定计算的应纳税所得额与依据企业财务会计制度、准则计算的会计利润往往不一致，企业财务、会计处理办法与国家有关税收规定不一致的，应当依照税收法律、行政法规的规定计算纳税。

（1）准予扣除项目。企业实际发生的与取得收入有关的、合理的支出，包括成本、费用、税金、损失和其他支出，准予在计算应纳税所得额时扣除。

成本：即生产、经营成本，是指纳税人为生产、经营商品和提供劳务等所发生的各项直接费用和各项间接费用。外购存货的实际成本包括购货价格、购货费用和税金。其中，计入存货成本的税金是指购买、自制或委托加工存货发生的消费税、关税、资源税和不能从销项税额中抵扣的增值税进项税额。纳税人自制存货和成本包括制造费用等间接费用。

费用：即指纳税人为生产、经营商品和提供劳务等所发生的销售（经营）费用、管理费用和财务费用。已计入成本的有关费用除外。

销售费用，是指应由纳税人负担的为销售商品而发生的费用，包括广告费、运输费、装御费、包装费、展览费、保险费、销售佣金（能直接认定的进口佣金调整商品进价成本）、代销手续费、经营性租赁费及销售部门发生的差旅费、工资、福利费等费用。从事商品流通业务的纳税人购入存货抵达仓库前发生的包装费、运杂费，运输存储过程中的保险费、装卸费，运输途径中的合理损耗和入库前的挑选调整费用等购货费用可直接计入销售费用。如果纳税人根据会计核算的要求已将上述购货费用计入存货成本的，不得再以销售费用的名义重复申报扣除。从事房地产开发业务的纳税人的销售费用还包括开发产品销售之前的改装修复费、看护费、采暖费等。

管理费用，是指纳税人的行政管理部门为管理组织经营活动提供各项支援性服务而发生的费用。包括总部（公司）经费、研究开发费（技术开发费）、社会保障性缴款、劳动保护费、业务招待费、工会经费、职工教育经费、股东大会或董事会费、开办费摊销（土地使用费、土地损失补偿费）、矿产资源补偿费、坏账损失、印花税等税金、消防费、排污费、绿化费、外事费和法律、财务、资料处理及会计事务方面的成本（咨询费、诉设费、聘请中介机构费、商标注册费等），以及向总机构（指同一法人的总公司性质的总机构）支付的与本身或营利性活动有关的合理的管理费等。除经国家税务总局或其授权的税务机关批准外，纳税人不得列支向其关联企业支付的管理费。

财务费用，是指纳税人为筹集经营性资金而发生的费用，包括利息净支出、汇兑净损失、金融机构手续费以及其他非资本化支出。

税金：即指纳税人按规定缴纳的消费税、营业税、资源税、土地增值税、关税、城市维护建设税、教育费附加等产品销售税金及附加，以及发生的房产税、车船税、土地使用税、印花税等。企业缴纳的房产税、车船税、土地使用税、印花税等，已经计入管理费用中扣除的，不再作为销售税金单独扣除。企业缴纳的增值税因其属于价外税，故不在扣除之列。

损失：即指纳税人生产、经营过程中的各项营业外支出、已发生的经营亏损和投资损失以及其他损失。

其他支出：即指税法规定可以在计算应纳税所得额时准予扣除的其他支出。

企业发生的公益性捐赠支出，在年度利润总额外负担12%以内的部分，准予在计算应纳税所得额时扣除。

在计算应纳税所得额时，企业按照规定计算的固定资产折旧，准予扣除。

在计算应纳税所得额时，企业按照规定计算的无形资产摊销费用，准予扣除。

在计算应纳税所得额时，企业发生的下列支出作为长期待摊费用，按照规定摊销的，准予扣除：已足额提到折旧的固定资产的改建支出；租入固定资产的改建支出；固定资产的大修理支出；其他应当作为长期待摊费用的支出。

企业使用或者销售存货，按照规定计算的存货成本，准予计算应纳税所得额时扣除。

企业转让资产，该项资产的净值，准予在计算应纳税所得额时扣除。

企业的下列支出，可以在计算应纳税所得额时加计扣除：开发新技术、新产品、新工艺发生的研究开发费用；安置残疾人员及国家鼓励安置的其他就业人员所支付的工资。

创业投资企业从事国家需要重点扶持和鼓励的创业投资，可以按投资额的一定比例抵扣应纳税所得额。

企业的固定资产由于技术进步等原因，确需加速折旧的，可以缩短折旧年限或者采用加速折旧的方法。

企业综合利用资源，生产符合国家产业政策的产品所得的收入，可以在计算应纳税所得额时减计收入。

企业购置用于环境保护、节能节水、安全生产等专用设备的投资额，可以按一定比例实行税额抵免。

（2）准予扣除项目的确认。工资、薪金支出。企业发生的合理的工资、薪金，准予扣除。工资、薪金是指企业每一纳税年度支付给在本企业任职或者受雇的员工的所有现金或者非现金形式的劳动报酬，包括基本工资、奖金、津贴、补贴、年终加薪、加班工资，以及与任职或者受雇有关的其他支出。本条的规定，可以从以下几方面来理解：作为企业税前扣除项目的工资薪金支出，应该是企业已经实际支付给其职工的那部分工资薪金支出，尚未支付的所谓应付工资薪金支出，不能在其未支付的这个纳税年度内扣除，只有等到实际发生后，才准予税前扣除。工资薪金的发放对象是在本企业任职或者受雇的员工。工资薪金的标准应该限于合理的范围和幅度。工资薪金的表现形式包括所有现金和非现金形式。对于工资薪金的种类问题，不管企业这类支出发放时的名目是什么、称呼是什么，凡是这类支出是因员工在企业任职或者受雇于企业，就属于工资薪金支出，不拘泥于形式上的名称。

税务机关在对工资薪金进行合理性确认时，会按以下原则掌握：企业制订了较为规范的员工工资薪金制度；企业所制订的工资薪金制度符合行业及地区水平；企业在一定时期所发放的工资薪金是相对固定的，工资薪金的调整是有序进行的；企业对实际发放的工资薪金，已依法履行了代扣代缴个人所得税义务。有关工资薪金的安排，不以减少或逃避税款为目的。

职工福利费、工会经费、职工教育经费。超过标准的按标准扣除，没超过扣除标准的据实扣除：企业发生的职工福利费支出，不超过工资薪金总额14%的部分准予扣除；企业拨缴的工会经费，不超过工资薪金总额2%的部分准予扣除；除国务院财政、税务主管部门或者省级人民政府规定外，企业发生的职工教育经费支出，不超过工资薪金总额2.5%的部分准予扣除，超过部分准予结转以后纳税年度扣除。

保险费。企业参加财产保险，按照规定缴纳的保险费，准予扣除。企业依照国务院有关主管部门或者省级人民政府规定的范围和标准为职工缴纳的“五险一金”，即基本养老保险费、基本医疗保险费、失业保险费、工伤保险费、生育保险费等基本社会保险费和住房公积金，准予扣除。企业为投资者或者职工支付的补充养老保险费、补充医疗保险费，在国务院财政、税务主管部门规定的范围和标准内，准予扣除。企业为投资者或者职工支付的商业保险费，不得扣除。企业依照国家有关规定为特殊工种职工支付的人身安全保险费和符合国务院财政、税务主管部门规定可以扣除的商业保险费准予扣除。

利息费用。企业在生产、经营活动中发生的利息费用，按下列规定扣除：非金融企业向金融企业借款的利息支出、金融企业的各项存款利息支出和同业拆借利息支出、企业经批准发行债券的利息支出可据实扣除。非金融企业向非金融企业借款的利息支出，不超过按照金融企业同期同类贷款利率计算的数额的部分可据实扣除，超过部分不许扣除。

汇兑损失。企业在货币交易中，以及纳税年度终了时将人民币以外的货币性资产、负债按照期末即期人民币汇率中间价折算为人民币时产生的汇兑损失，除已经计入有关资产成本以及与向所有者进行利润分配相关的部分外，准予扣除。

借款费用。企业在生产经营活动中发生的合理的不需要资本化的借款费用，准予扣除。企业为购置、建造固定资产、无形资产和经过 12 个月以上的建造才能达到预定可销售状态的存货发生借款的，在有关资产购置、建造期间发生的合理的借款费用，应予以资本化，作为资本性支出计入有关资产的成本；有关资产交付使用后发生的借款利息，可在发生当期扣除。

业务招待费。企业发生的与生产经营活动有关的业务招待费支出，按照发生额的 60% 扣除，但最高不得超过当年销售（营业）收入的 5‰。比较当期业务招待费的 60% 和当年销售收入的 5‰，取其小者。超标部分不得向以后年度结转。

折旧费。企业按照规定计算的固定资产折旧，准予扣除。企业应当根据固定资产（包括生产性生物资产）的性质和使用情况，合理确定固定资产的预计净残值。固定资产的预计净残值一经确定，不得变更（注：新购固定资产按此办法预计残值，原有固定资产仍按原办法预计残值）。

固定资产计算折旧的最低年限如下：房屋、建筑物，为 20 年；飞机、火车、轮船、机器、机械和其他生产设备，为 10 年；与生产经营活动有关的器具、工具、家具等，为 5 年；飞机、火车、轮船以外的运输工具，为 4 年；电子设备，为 3 年。生产性生物资产计算折旧的最低年限如下：林木类生产性生物资产，为10年；畜类生产性生物资产，为3年。集成电路生产企业的生产性设备，经主管税务机关核准，其折旧年限可以适当缩短，最短可为3年。企事业单位购进软件，凡符合固定资产或无形资产确认条件的，可以按照固定资产或无形资产进行核算，经主管税务机关核准，其折旧或摊销年限可以适当缩短，最短可为2年。

无形资产摊销。企业按照规定计算的无形资产摊销费用，准予扣除。无形资产按照直线法计算的摊销费用，准予扣除。无形资产的摊销年限不得低于10年。作为投资或者受让的无形资产，有关法律规定或者合同约定了使用年限的，可以按照规定或者约定的使用年限分期摊销。外购商誉的支出，在企业整体转让或者清算时，准予扣除。企事业单位购进软件，凡符合固定资产或无形资产确认条件的，可以按照固定资产或无形资产进行核算，经主管税务机关核准，其折旧或摊销年限可以适当缩短，最短可为2年。

固定资产改建、修理支出。企业发生的下列支出作为长期待摊费用，按照规定摊销的，准予扣除：已足额提取折旧的固定资产的改建支出，按照固定资产预计尚可使用年限分期摊销；租入固定资产的改建支出，按照合同约定的剩余租赁期限分期摊销；改建的固定资产延长使用年限的，除上述二点外，应当适当延长折旧年限。固定资产的大修理支出，按照固定资产尚可使用年限分期摊销。大修理支出是指同时符合下列条件的支出：一是修理支出达到取得固定资产时的计税基础50%以上；二是修理后固定资产的使用年限延长2年以上。其他应当作为长期待摊费用的支出，自支出发生月份的次月起，分期摊销，摊销年限不得低于3年。

研究开发费。未形成无形资产计入当期损益的，在按照规定据实扣除的基础上，按照研究开发费用的50%加计扣除；形成无形资产的，按照无形资产成本的150%摊销。由集团公司进行集中开发的研究开发项目，其实际发生的研究开发费，可以按照合理的分摊方法在受益集团成员公司间进行分摊。企业集团应提供集中研究开发项目的协议或合同，该协议或合同应明确规定参与各方在该研究开发项目中的权利和义务、费用分摊方法等内容。如不提供协议或合同，研究开发费不得加计扣除。

社会保险和住房公积金费用。企业依照规定的范围和标准为职工缴纳的基本养老保险费、基本医疗保险费、失业保险费、工伤保险费、生育保险费等基本社会保险费和住房公积金，准予扣除。企业为投资者或者职工支付的补充养老保险费、补充医疗保险费，不超过自愿参保职工工资总额5%以内的部分，准予扣除。除企业依照国家有关规定为特殊工种职工支付的人身安全保险费和国务院财政、税务主管部门规定可以扣除的其他商业保险费外，企业为投资者或者职工支付的商业保险费，不得扣除。

广告费和业务宣传费。广告费和业务宣传费除国务院财政、税务主管机关另有规定外，不超过当年销售（营业）收入15%的部分，准予扣除；超过部分，准予结转以后纳税年度扣除。企业申报扣除的广告费支出应与赞助支出严格区分。企业申报扣除的广告费支出，必须符合下列条件：广告是通过工商部门批准的专门机构制作的；已实际支付费用，并已取得相应发票；通过一定的媒体传播。

例如，某企业第一年收入100万元，实际广告费和业务宣传费25万元，则第一年可以扣除的标准为100万元×15% =15万元；纳税调整增加10万元，但该10万元可以向以后纳税年度结转。

假如第二年收入500万元，实际广告支出60万元，扣除标准为500万元×15% =75万元。60万元小于75万元，60万元可以全部扣除。同时上一年结转而来的10万元也可以扣除，实际扣除70万元。

环境保护专项资金、劳动保护费。企业依照法律、行政法规有关规定提取的用于环境保护、生态恢复等方面的专项资金，准予扣除。上述专项资金提取后改变用途的，不得扣除。企业发生的合理的劳动保护支出，准予扣除。

公益性捐赠支出。公益性捐赠，是指企业通过公益性社会团体或者县级以上人民政府及其部门，用于《中华人民共和国公益事业捐赠法》规定的公益事业的捐赠。企业发生的公益性捐赠支出，不超过年度利润总额12%的部分，准予扣除。年度利润总额，是指企业依照国家统一会计制度的规定计算的年度会计利润。公益性社会团体，是指同时符合下列条件的基金会、慈善组织等社会团体：依法登记，具有法人资格；以发展公益事业为宗旨，且不以营利为目的；全部资产及其增值为该法人所有；收益和营运结余主要用于符合该法人设立目的的事业；终止后的剩余财产不归属任何个人或者营利组织；不经营与其设立目的无关的业务；有健全的财务会计制度；捐赠者不以任何形式参与社会团体财产的分配；国务院财政、税务主管部门会同国务院民政部门等登记管理部门规定的其他条件。

租赁费。企业根据生产经营活动的需要租入固定资产支付的租赁费，按照下列方法扣除：以经营租赁方式租入固定资产发生的租赁费支出，按照租赁期限均匀扣除。以融资租赁方式租入固定资产发生的租赁费支出，按照规定构成融资租入固定资产价值的部分应当提取折旧费，分期扣除。

有关资产的费用。企业转让各类固定资产发生的费用，允许扣除。企业按规定计算的固定资产折旧费、无形资产和递延资产的摊销费，准予扣除。

资产损失。企业当期发生的固定资产和流动资产盘亏、毁损净损失，由其提供清查盘存资料经主管税务机关审核后，准予扣除；企业因存货盘亏、毁损、报废等原因不得从销项税金中抵扣的进项税金，应视同企业财产损失，准予与存货损失一起在所得税前按规定扣除。

（3）不得扣除项目。企业在计算应纳税所得额时，下列支出不得扣除：向投资者支付的股息、红利等权益性投资收益款项；企业所得税税款；税收滞纳金。纳税人因违反税法规定，被处以的滞纳金，不得扣除。罚金、罚款和被没收财物的损失。纳税人的生产、经营因违反国家法律、法规和规章，被有关部门处以的罚金、罚款以及被没收财物的损失，不得扣除；但纳税人逾期归还银行贷款，银行按规定加收的罚息，不属于行政性罚款，允许在税前扣除；企业发生的年度利润总额12%以内扣除的公益性捐赠支出以外的捐赠支出；赞助支出；未经核定的准备金支出；与取得收入无关的其他支出。

企业在计算应纳税所得额时，下列固定资产不得计算折旧扣除：房屋、建筑物以外未投入使用的固定资产；以经营租赁方式租入的固定资产；以融资租赁方式租出的固定资产；已足额提取折旧仍继续使用的固定资产；与经营活动无关的固定资产；单独估价作为固定资产入账的土地；其他不得计算折旧扣除的固定资产。

企业在计算应纳税所得额时，下列无形资产不得计算摊销费用扣除：自行开发的支出已在计算应纳税所得额时扣除的无形资产；自创商誉；与经营活动无关的无形资产；其他不得计算摊销费用扣除的无形资产。

企业对外投资期间，投资资产的成本在计算应纳税所得额时不得扣除。企业在汇总计算缴纳企业所得税时，其境外营业机构的亏损不得抵减境内营业机构的盈利。

（4）特别纳税调整。特别纳税调整是指税务机关出于实施反避税目的而对纳税人特定纳税事项所作的税务调整，包括针对纳税人转让定价、资本弱化、避税港避税及其他避税情况所进行的税务调整。《企业所得税法》规定了转让定价的核心原则，即“独立交易原则”；明确了企业及相关方提供资料的义务；增列了“成本分摊协议”条款。增加这些内容，进一步完善了转让定价和预约定价立法的内容，强化了纳税人及相关方在转让定价调查中的协助义务，对成本分摊协议的认可和规范有利于保护本国居民无形资产收益权，防止滥用成本分摊协议，乱摊成本费用，侵蚀税基。《企业所得税法》从实体法的角度对关联交易的税收处理以及其他反避税措施做出了规定，把因不合理安排而减少企业应纳税所得的行为都纳入了调整范围。具体规定如下：

企业与其关联方之间的业务往来，不符合独立交易原则而减少企业或者其关联方应纳税收入或者所得额的，税务机关有权按照合理方法调整。企业与其关联方共同开发、受让无形资产，或者共同提供、接受劳务发生的成本，在计算应纳税所得额时应当按照独立交易原则进行分摊。独立交易原则亦称“公平独立原则”、“公平交易原则”、“正常交易原则”等。是指完全独立的无关联关系的企业或个人，依据市场条件下所采用的计价标准或价格来处理其相互之间的收入和费用分配的原则。独立交易原则目前已被世界大多数国家接受和采纳，成为处理关联企业间收入和费用分配的指导原则。

企业可以向税务机关提出与其关联业务往来的定价原则和计算方法，税务机关与企业协商、确认后，达成预约定价安排。关联业务往来是指具有关联关系的企业或者个人之间发生的转移资源或义务的经济业务事项。其中，关联关系是指具有下列关系之一的企业或者个人：在资金、经营、购销等方面，存在直接或者间接的拥有或者控制关系；直接或者间接地同为第三者所拥有或者控制；在利益上具有相关联的其他关系。

预约定价亦称预约定价协议或预约定价安排，是纳税人与其关联方在关联交易发生之前，向税务机关提出申请，主管税务机关和纳税人之间通过事先制定一系列合理的标准（包括关联交易所适用的转让定价原则和计算方法等），来解决和确定未来一个固定时期内关联交易的定价及相应的税收问题，是国际通行的一种转让定价调整方法。

转让定价是指关联企业之间在销售货物、提供劳务、转让无形资产等时制定的价格。在跨国经济活动中，利用关联企业之间的转让定价进行避税已成为一种常见的税收逃避方法，其一般做法是：高税国企业向其低税国关联企业销售货物、提供劳务、转让无形资产时制定低价；低税国企业向其高税国关联企业销售货物、提供劳务、转让无形资产时制定高价。这样，利润就从高税国转移到低税国，从而达到最大限度减轻其税负的目的。

由居民企业，或者由居民企业和中国居民控制的设立在实际税负明显低于25%税率的国家（地区）的企业，并非由于合理的经营需要而对利润不作分配或者减少分配的，上述利润中应归属于该居民企业的部分，应当计入该居民企业的当期收入。

企业从其关联方接受的债权性投资与权益投资的比例超过规定标准而发生的利息支出属于资本弱化行为，不得在计算应纳税所得额时扣除。资本弱化是指企业通过加大借贷款（债权性筹资）而减少股份资本（权益性筹资）比例的方式增加税前扣除，以降低企业税负的一种行为。借贷款支付的利息，作为财务费用一般可以加大税前扣除而减少应纳税所得额，在筹资时多采用借贷款而不是募集股份的方式，以此来达到避税的目的。《企业所得税法》规定，企业从其关联方接受的债权性投资与权益性投资的比例超过标准而发生的利息支出，不得在税前扣除。

企业实施其他不具有合理商业目的的安排而减少其应纳税收入或者所得额的，税务机关有权按照合理方法调整。

企业的应纳税所得额乘以适用税率，减除税收优惠的规定减免和抵免的税额后的余额，为应纳税额。计算公式为：

应纳税额 = 应纳税所得额 × 适用税率 - 减免和抵免税额

企业取得的下列所得已在境外缴纳的所得税税额，可以从其当期应纳税额中抵免，抵免限额为该项所得依照规定计算的应纳税额；超过抵免限额的部分，可以在以后五个年度内，用每年抵免限额抵免当年应抵税额后的余额进行弥补：居民企业来源于中国境外的应税所得；非居民企业在中国境内设立机构、场所，取得发生在中国境外但与该机构、场所有实际联系的应税所得。

居民企业从其直接或者间接控制的外国企业分得的来源于中国境外的股息、红利等权益性投资收益，外国企业在境外实际缴纳的所得税税额中属于该项所得负担的部分，可以作为该居民企业的可抵免所得税税额，在上述规定的抵免限额内抵免。所称税收抵免是指居民企业居住国政府对其居民企业来自国内外的所得一律汇总征税，但允许抵扣该居民企业在国外已纳的税额，以避免国际重复征税。

抵免限额是指税收抵免的最高限额，即对跨国纳税人在外国已纳税款进行抵免的限度。

对地方政府、高校、科研机构和企事业单位引进国家级科研机构、国家重点高校、海外知名大学、世界500强企业，并与其共建的各类创新载体为引进具有高级技术职称或博士学位等高层次人才，而支付的一次性住房补贴、安家费、科研启动经费等费用，可据实在计算企业所得税前扣除。

例题5-1：某居民企业本年度取得产品销售收入4 000万元；发生产品销售成本2 600万元，发生销售费用770万元（其中广告费650万元），管理费用480万元（其中业务招待费2万元），财务费用60万元，销售税金40万元；营业外收入80万元，营业外支出50万元（其中通过公益性团体向灾区捐赠30万元，支付税收滞纳金6万元）；计入成本费用的实发工资额200万元，拨缴职工工会经费5万元，发生职工福利费31万元，发生职工教育经费7万元。计算纳税调整增减数额及其应纳税额如下：

利润总额＝4 000＋80－2 600－770－480－60－40－50＝80（万元）

广告费和业务宣传费调增应税所得额＝650－4 000×15%＝50（万元）

业务招待费调增应税所得额＝25－25×60%＝10（万元）

捐赠支出调增应税所得额＝30－80×12%＝20.4（万元）

税收滞纳金调增应税所得额＝6（万元）

职工福利费、工会经费、职工教育经费调增应税所得额＝31＋5＋7－200×(14%＋2%＋2.5%)＝6（万元）

年度应纳税所得额＝80＋50＋10＋20.4＋6＋6＝172.4（万元）

应缴所得税额＝172.4×25%＝43.1（万元）

例题5-2：某居民企业本年度取得产品销售收入5 600万元，发生产品销售成本4 000万元；其他业务收入800万元，其他业务成本694万元；投资国债利息收入40万元；发生营业税金及附加300万元；发生的管理费用760万元（其中新技术的研究开发费用60万元，业务招待费用70万元），发生财务费用200万元；取得直接投资其他居民企业的权益性收益34万元并已在投资方所在地按

15%的税率缴纳了企业所得税；取得营业外收入100万元，发生营业外支出250万元（其中公益性捐赠38万元）。计算纳税调整增减数额及其应纳税额如下：

利润总额=5 600+800+40+34+100-4 000-694-300-760-200-250=370（万元）

取得直接投资其他居民企业的权益性投资收益调减应税所得额=34（万元）

国债利息收入调减应税所得额=40（万元）

技术开发费调减应税所得额=60×50%=30（万元）

业务招待费调增应税所得额=70-（5 600+800）×5‰=38（万元）（按业务招待费实际发生额70×60%计算可抵扣应纳税所得额42万元>按营业收入5‰计算的最高可抵扣应纳税所得额32万元）

捐赠支出调增应税所得额=38（万元）（实际捐赠额<按照年度利润总额扣除标准12%计算的最高可抵扣应纳税所得额370×12%=44.4万元）

年度应纳税所得额=370-40-30+38-34=304（万元）

应缴所得税额=304×25%=76（万元）

8. 企业经营性亏损如何确认？如何正确理解经营性亏损的弥补期限规定？虚报亏损将得到哪些方面的处理？

企业的经营性亏损是指企业每一纳税年度的收入总额减除不征税收入、免税收入和各项扣除后小于零的数额。纳税人在纳税申报时（包括预缴申报和年度申报）可自行计算并弥补以前年度符合条件的亏损。企业在自行计算亏损时，相关收入额与支出均须按税法规定确定。税务机关取消审核后，着重加强检查和监督管理工作。税务机关查补的所得额不能用于弥补以前年度亏损，但查补的所得额可以弥补查补的亏损。

纳税人发生年度亏损的，可以用下一纳税年度的所得弥补；下一纳税年度的所得不足弥补的，可以逐年延续弥补，但是延续弥补期最长不得超过五年。五年内不论是盈利或亏损，都作为实际弥补期计算。这里所指的亏损不是企业财务报表中反映的亏损额，而是企业财务报表中的亏损额经主管税务机关按税法规定核实调整后的金额。

亏损弥补是自亏损年度报告的下一个年度起连续五年不间断地计算。如连续发生年度亏损，也必须从第一个亏损年度算起，先亏先补，按顺序连续计算亏损弥补期，不得将每个亏损年度的连续弥补期相加，更不得断开计算。

联营企业的亏损，由联营企业就地依法进行弥补。投资方企业从联营企业分回的税后利润按规定应补缴所得税的，如果投资方企业发生亏损，其他回的利润可先用于弥补亏损，弥补亏损后仍有余额的，再按规定补缴企业所得税。

企业境外业务之间（企业境外业务在同一国家）的盈亏可以互相弥补，但企业境内外之间的盈亏不得相互弥补。

为鼓励一些企业改制重组，对一些符合规定条件的企业原来的亏损，可以由改制后的企业弥补。被合并企业合并以前的全部企业所得税纳税事项由合并企业承担，以前年度的亏损，如果未超过法定弥补期限，可由合并企业继续按规定用以后年度实现的与被合并企业资产相关的所得弥补。但必须有前提条件，只有在非股权支付额不超过股权支付额20%的情况下，被合并企业的亏损才可以按比例弥补。分立企业支付给被分立企业或其股东的交换价款中，除分立企业的股权以外的非股权支付额，不高于支付的股权票面价值（或支付的股本的账面价值）20%的，企业分立中，被分立企业已分离资产相对应的纳税事项由接受资产的分立企业承继。被分立企业的未超过法定弥补期限的亏损额可按分离资产占全部资产的比例进行分配，由接受分离资产的分立企业继续弥补。

纳税人可在税前弥补的亏损数额，是指经主管税务机关按照税收法规规定核实、调整后的数额。纳税人发生年度亏损，必须在年度终了后45天之内，将本年度纳税申报表和财务决算报表，报送当地主管税务机关。主管税务机关要依据税收法规及有关规定，认真审核纳税人年度纳税申报表及有关资料，以确保税前弥补数额的准确。

例题 5-3：某企业 2007-2013 年度的盈亏情况如表 5-1 所示。请分析该企业亏损弥补的正确方法。

表 5-1 单位：万元

年度	2007	2008	2009	2010	2011	2012	2013
盈亏	-120	-50	10	30	30	40	70

解析：该企业 2007 年度亏损 120 万元，按照税法规定可以申请用 2008—2012 年 5 年的盈利弥补。虽然该企业在 2008 年度也发生了亏损，但仍应作为计算 2007 年度亏损弥补的第一年。因此，2007 年度的亏损实际上是用 2009—2012 年度的盈利 110 万元来弥补。当 2012 年度终了后，2007 年度的亏损弥补期限已经结束，剩余的 10 万元亏损不能再用以后年度的盈利弥补。2008 年度的亏损额 50 万元，按照税法规定可以申请用 2009—2013 年 5 年的盈利弥补。由于 2009—2012 年度的盈利已经弥补 2007 年度的亏损，因此，2008 年度的亏损只能用 2013 年度的盈利弥补。2013 年度该企业盈利 70 万元，其中可用 50 万元来弥补 2008 年度发生的亏损，剩余 20 万元应按税法规定缴纳企业所得税。

企业虚报亏损是指企业年度申报表中所报亏损数额多于主管税务机关在纳税检查中按税法规定计算出的亏损数额。企业多报亏损会造成以后年度不缴或少缴所得税款。企业多报亏损会造成以后年度少缴所得税，与企业少申报应纳税所得额性质相同。税务机关在对申报亏损的企业进行纳税检查时，如发现企业多列扣除项目或少计应纳税所得，从而多申报亏损，可视同查出同等金额的应纳税所得。对此，除调减其亏损额外，税务机关可根据法定税率计算出相应的应纳所得税额，并视其情节，根据《税收征收管理法》的有关规定进行处理。《税收征收管理法》规定：纳税人伪造、编造、隐匿、擅自销毁账簿、记账凭证，或者在账簿上多列支出或者不列、少列收入，或者经税务机关通知申报而拒不申报或者进行虚假的纳税申报，不缴或者少缴应纳税款的，即被视为偷税。对纳税人偷税的，由税务机关追缴其不缴或者少缴的税款、滞纳金，并处不缴或者少缴税款的50%以上5倍以下的罚款，构成犯罪的，依法追究刑事责任。

企业依法享受免征企业所得税优惠年度或处于亏损年度发生虚报亏损行为，在行为当年或相关年度未造成不缴或少缴应纳税款的，纳税人、扣缴义务人编造虚假计税依据的，由税务机关责令限期改正，并处5万元以下的罚款。主管税务机关依据《税收征收管理法》的规定认定纳税人为偷税而应处以罚款的，可将查出企业多报的亏损额视为查出相同数额的应税所得，再按法定税率计算出相应的应纳所得税额，以此作为罚款的依据。企业多报亏损，经主管税务机关检查调整后如果仍然亏损的，可按上述原则予以罚款，不存在补税问题；如果企业多报亏损，经主管税务机关检查调整后有盈余，还应就调整后的应纳税所得按适用税率补缴企业所得税；如果企业多报的亏损已用以后年度的应纳税所得进行了弥补，还应对多报亏损已弥补部分按适用税率计算补缴企业所得税。

9. 如何填制企业所得税申报表?

企业所得税分月或者分季预缴。企业应当自月份或者季度终了之日起15日内，向税务机关报送预缴企业所得税纳税申报表，预缴税款。企业应当自年度终了之日起5个月内，向税务机关报送年度企业所得税纳税申报表，并汇算清缴，结清应缴应退税款。

企业在报送企业所得税纳税申报表时，应当按照规定附送财务会计报告和其他有关资料。

企业在年度中间终止经营活动的，应当自实际经营终止之日起60日内，向税务机关办理当期企业所得税汇算清缴。企业应当在办理注销登记前，就其清算所得向税务机关申报并依法缴纳企业所得税。

缴纳的企业所得税以人民币计算。所得以人民币以外的货币计算的，应当折合成人民币计算并缴纳税款。

表 5-2 企业所得税年度纳税申报表（A 类）

税款所属期间： 年 月 日至 年 月 日

纳税人名称：

纳税人识别号：□□□□□□□□□□□□□□□□□□□□ 金额单位：元（列至角分）

类别	行次	项目	金额
利润总额计算	1	一、营业收入（填附表一）	
	2	减：营业成本（填附表二）	
	3	营业税金及附加	
	4	销售费用（填附表二）	
	5	管理费用（填附表二）	
	6	财务费用（填附表二）	
	7	资产减值损失	
	8	加：公允价值变动收益	
	9	投资收益	
	10	二、营业利润	
	11	加：营业外收入（填附表一）	
	12	减：营业外支出（填附表二）	
	13	三、利润总额（10+11-12）	
应纳税所得额计算	14	加：纳税调整增加额（填附表三）	
	15	减：纳税调整减少额（填附表三）	
	16	其中：不征税收入	
	17	免税收入	
	18	减计收入	
	19	减、免税项目所得	
	20	加计扣除	
	21	抵扣应纳税所得额	
	22	加：境外应税所得弥补境内亏损	
	23	纳税调整后所得（13+14-15+22）	
	24	减：弥补以前年度亏损（填附表四）	
	25	应纳税所得额（23-24）	

续表

类别	行次	项　　目	金　　额
应纳税额计算	26	税率（25%）	
	27	应纳所得税额（25×26）	
	28	减：减免所得税额（填附表五）	
	29	减：抵免所得税额（填附表五）	
	30	应纳税额（27－28－29）	
	31	加：境外所得应纳所得税额（填附表六）	
	32	减：境外所得抵免所得税额（填附表六）	
	33	实际应纳所得税额（30＋31－32）	
	34	减：本年累计实际已预缴的所得税额	
	35	其中：汇总纳税的总机构分摊预缴的税额	
	36	汇总纳税的总机构财政调库预缴的税额	
	37	汇总纳税的总机构所属分支机构分摊的预缴税额	
	38	合并纳税（母子体制）成员企业就地预缴比例	
	39	合并纳税企业就地预缴的所得税额	
	40	本年应补（退）的所得税额（33－34）	
附列资料	41	以前年度多缴的所得税额在本年抵减额	
	42	以前年度应缴未缴在本年入库所得税额	

纳税人公章： 经办人： 申报日期：　年　月　日	代理申报中介机构公章： 经办人及执业证件号码： 代理申报日期：　年　月　日	主管税务机关受理专用章： 受理人： 受理日期：　年　月　日

填报说明如下：

（1）本表适用于实行查账征收企业所得税的居民纳税人填报。其中，“税款所属期间”：正常经营的纳税人，填报公历当年1月1日至12月31日；纳税人年度中间开业的，填报实际生产经营之日的当月1日至同年12月31日；纳税人年度中间发生合并、分立、破产、停业等情况的，填报公历当年1月1日至实际停业或法院裁定并宣告破产之日的当月月末；纳税人年度中间开业且年度中间又发生合并、分立、破产、停业等情况的，填报实际生产经营之日的当月1日至实际停业或法院裁定并宣告破产之日的当月月末。“纳税人识别号”：填报税务机关统一核发的税务登记证号码。“纳税人名称”：填报税务登记证所载纳税人的全称。

（2）“利润总额计算”中的项目，按照国家统一会计制度口径计算填报。实行企业会计准则的纳税人，其数据直接取自损益表；实行其他国家统一会计制度的纳税人，与本表不一致的项目，按照其利润表项目进行分析填报。

利润总额部分的收入、成本、费用明细项目，一般工商企业纳税人，通过附表一《收入明细表》和附表二《成本费用明细表》相应栏次填报；事业单位、社会团体、民办非企业单位、非营利组织等纳税人，通过附表一《事业单位、社会团体、民办非企业单位收入项目明细表》和附表二《事业单位、社会团体、民办非企业单位支出项目明细表》相应栏次填报。“应纳税所得额计算”和“应纳税额计算”中的项目，除根据主表逻辑关系计算的外，通过附表相应栏次填报。“附列资料”填报用于税源统计分析的上一纳税年度税款在本纳税年度抵减或入库金额。

（3）第1行“营业收入”：填报纳税人主要经营业务和其他经营业务取得的收入总额。本行根据“主营业务收入”和“其他业务收入”科目的数额计算填报。一般工商企业纳税人，通过附表一《收入明细表》计算填报；事业单位、社会团体、民办非企业单位、非营利组织等纳税人，通过附表一《事业单位、社会团体、民办非企业单位收入明细表》计算填报。

（4）第2行“营业成本”项目：填报纳税人主要经营业务和其他经营业务发生的成本总额。本行根据“主营业务成本”和“其他业务成本”科目的数额计算填报。工商企业纳税人，通过附表二《成本费用明细表》计算填报；事业单位、社会团体、民办非企业单位、非营利组织等纳税人，通过附表二《事业单位、社会团体、民办非企业单位支出明细表》计算填报。

（5）第3行“营业税金及附加”：填报纳税人经营活动发生的营业税、消费税、城市维护建设税、资源税、土地增值税和教育费附加等相关税费。本行根据“营业税金及附加”科目的数额计算填报。

（6）第4行“销售费用”：填报纳税人在销售商品和材料、提供劳务的过程中发生的各种费用。本行根据“销售费用”科目的数额计算填报。第5行“管理费用”：填报纳税人为组织和管理企业生产经营发生的管理费用。本行根据“管理费用”科目的数额计算填报。第6行“财务费用”：填报纳税人为筹集生产经营所需资金等发生的筹资费用。本行根据“财务费用”科目的数额计算填报。

（7）第7行“资产减值损失”：填报纳税人计提各项资产准备发生的减值损失。本行根据“资产减值损失”科目的数额计算填报。

（8）第8行“公允价值变动收益”：填报纳税人交易性金融资产、交易性金融负债，以及采用公允价值模式计量的投资性房地产、衍生工具、套期保值业务等公允价值变动形成的应计入当期损益的利得或损失。本行根据“公允价值变动损益”科目的数额计算填报。

(9) 第9行“投资收益”：填报纳税人以各种方式对外投资确认所取得的收益或发生的损失。本行根据“投资收益”科目的数额计算填报。

(10) 第10行“营业利润”：填报纳税人当期的营业利润。根据上述项目计算填列。

(11) 第11行“营业外收入”：填报纳税人发生的与其经营活动无直接关系的各项收入。本行根据“营业外收入”科目的数额计算填报。一般工商企业纳税人，通过附表一《收入明细表》相关项目计算填报；事业单位、社会团体、民办非企业单位、非营利组织等纳税人，通过附表一《事业单位、社会团体、民办非企业单位收入明细表》计算填报。第12行“营业外支出”：填报纳税人发生的与其经营活动无直接关系的各项支出。本行根据“营业外支出”科目的数额计算填报。一般工商企业纳税人，通过附表二《成本费用明细表》相关项目计算填报；事业单位、社会团体、民办非企业单位、非营利组织等纳税人，通过附表一《事业单位、社会团体、民办非企业单位支出明细表》计算填报。

(12) 第13行“利润总额”：填报纳税人当期的利润总额。

(13) 第14行“纳税调整增加额”：填报纳税人会计处理与税收规定不一致，进行纳税调整增加的金额。本行通过附表三《纳税调整项目明细表》“调增金额”列计算填报。

(14) 第15行“纳税调整减少额”：填报纳税人会计处理与税收规定不一致，进行纳税调整减少的金额。本行通过附表三《纳税调整项目明细表》“调减金额”列计算填报。

(15) 第16行“不征税收入”：填报纳税人计入利润总额但属于税收规定不征税的财政拨款、依法收取并纳入财政管理的行政事业性收费、政府性基金、以及国务院规定的其他不征税收入。本行通过附表一《事业单位、社会团体、民办非企业单位收入明细表》计算填报。

(16) 第17行“免税收入”：填报纳税人计入利润总额但属于税收规定免税的收入或收益，包括国债利息收入；符合条件的居民企业之间的股息、红利等权益性投资收益；从居民企业取得与该机构、场所有实际联系的股息、红利等权益性投资收益；符合条件的非营利组织的收入。本行通过附表五《税收优惠明细表》第1行计算填报。

(17) 第18行“减计收入”：填报纳税人以《资源综合利用企业所得税优惠目录》规定的资源作为主要原材料，生产国家非限制和禁止并符合国家和行业相关标准的产品取得收入10%的数额。本行通过附表五《税收优惠明细表》第6行计算填报。

(18) 第19行“减、免税项目所得”：填报纳税人按照税收规定减征、免征企业所得税的所得额。本行通过附表五《税收优惠明细表》第14行计算填报。

(19) 第20行“加计扣除”：填报纳税人开发新技术、新产品、新工艺发生的研究开发费用，以及安置残疾人员及国家鼓励安置的其他就业人员所支付的工资，符合税收规定条件的准予按照支出额一定比例，在计算应纳税所得额时加计扣除的金额。本行通过附表五《税收优惠明细表》第9行计算填报。

（20）第21行“抵扣应纳税所得额”：填报创业投资企业采取股权投资方式投资于未上市的中小高新技术企业2年以上的，可以按照其投资额的70%在股权持有满2年的当年抵扣该创业投资企业的应纳税所得额。当年不足抵扣的，可以在以后纳税年度结转抵扣。本行通过附表五《税收优惠明细表》第39行计算填报。

（21）第22行“境外应税所得弥补境内亏损”：填报纳税人根据税收规定，境外所得可以弥补境内亏损的数额。

（22）第23行“纳税调整后所得”：填报纳税人经过纳税调整计算后的所得额。当本表第23行<0时，即为可结转以后年度弥补的亏损额；如本表第23行>0时，继续计算应纳税所得额。

（23）第24行“弥补以前年度亏损”：填报纳税人按照税收规定可在税前弥补的以前年度亏损的数额。本行通过附表四《企业所得税弥补亏损明细表》第6行第10列填报。但不得超过本表第23行“纳税调整后所得”。

（24）第25行“应纳税所得额”：金额等于本表第23－24行。本行不得为负数。本表第23行或者按照上述行次顺序计算结果本行为负数，本行金额填零。

（25）第27行“应纳所得税额”：金额等于本表第25×26行。

（26）第28行“减免所得税额”：填报纳税人按税收规定实际减免的企业所得税额，包括小型微利企业、国家需要重点扶持的高新技术企业、享受减免税优惠过渡政策的企业，其法定税率与实际执行税率的差额，以及其他享受企业所得税减免税的数额。本行通过附表五《税收优惠明细表》第33行计算填报。

（27）第29行“抵免所得税额”：填报纳税人购置用于环境保护、节能节水、安全生产等专用设备的投资额，其设备投资额的10%可以从企业当年的应纳所得税额中抵免的金额；当年不足抵免的，可以在以后5个纳税年度结转抵免。本行通过附表五《税收优惠明细表》第40行计算填报。

（28）第30行“应纳税额”：金额等于本表第27－28－29行。

（29）第31行“境外所得应纳所得税额”：填报纳税人来源于中国境外的所得，按照企业所得税法及其实施条例、以及相关税收规定计算的应纳所得税额。

（30）第32行“境外所得抵免所得税额”：填报纳税人来源于中国境外所得依照中国境外税收法律以及相关规定应缴纳并实际缴纳的企业所得税性质的税款，准予抵免的数额。企业已在境外缴纳的所得税额，小于抵免限额的，“境外所得抵免所得税额”按其在境外实际缴纳的所得税额填报；大于抵免限额的，按抵免限额填报，超过抵免限额的部分，可以在以后五个年度内，用每年度抵免限额抵免当年应抵税额后的余额进行抵补。

（31）第33行“实际应纳所得税额”：填报纳税人当期的实际应纳所得税额。

（32）第34行“本年累计实际已预缴的所得税额”：填报纳税人按照税收规定本纳

税年度已在月（季）度累计预缴的所得税款。

（33）第35行“汇总纳税的总机构分摊预缴的税额”：填报汇总纳税的总机构按照税收规定已在月（季）度在总机构所在地累计预缴的所得税款。

（34）第36行“汇总纳税的总机构财政调库预缴的税额”：填报汇总纳税的总机构按照税收规定已在月（季）度在总机构所在地累计预缴在财政调节专户的所得税款。

（35）第37行“汇总纳税的总机构所属分支机构分摊的预缴税额”：填报汇总纳税的分支机构已在月（季）度在分支机构所在地累计分摊预缴的所得税款。

（36）第38行“合并纳税（母子体制）成员企业就地预缴比例”：填报经国务院批准的实行合并纳税（母子体制）的成员企业按照税收规定就地预缴税款的比例。

（37）第39行“合并纳税企业就地预缴的所得税额”：填报合并纳税的成员企业已在月（季）度累计预缴的所得税款。

（38）第40行“本年应补（退）的所得税额”：填报纳税人当期应补（退）的所得税额。

（39）第41行“以前年度多缴的所得税在本年抵减额”：填报纳税人以前纳税年度汇算清缴多缴的税款尚未办理退税、并在本纳税年度抵缴的所得税额。

（40）第42行“以前年度应缴未缴在本年入库所得额”：填报纳税人以前纳税年度损益调整税款、上一纳税年度第四季度预缴税款和汇算清缴的税款，在本纳税年度入库所得税额。

表5-3　　企业所得税年度纳税申报表（B类）

税款所属期间：　年　月　日至　年　月　日

纳税人识别号：□□□□□□□□□□□□□□□□□□□□

纳税人名称（盖章）：　　金额单位：元（列至角分）

项目			行次	金额
应纳税所得额的计算	按收入总额核定应纳税所得额	收入总额	1	
		税务机关核定的应税所得率（%）	2	
		应纳税所得额（1行×2行）	3	
	按成本费用核定应纳税所得额	成本费用总额	4	
		税务机关核定的应税所得率（%）	5	
		应纳税所得额[4行÷(1-5行)×5行]	6	
应纳所得税额的计算		税率（%）	7	
		应纳所得税额(3行×7行或6行×7行)	8	
		减免所得税额	9	
应补（退）所得税额的计算		已预缴所得税额	10	
		应补(退)所得税额(8行-9行-10行)	11	

续表

<table>
<tr><td colspan="3">谨声明：此纳税申报表是根据《中华人民共和国企业所得税法》、《中华人民共和国企业所得税法实施条例》和国家有关税收规定填报的，是真实的、可靠的、完整的。
法定代表人（签字）：　　　　　　　　年　月　日</td></tr>
<tr><td>纳税人公章：
会计主管：

填表日期：　　年　月　日</td><td>代理申报中介机构公章：
经办人：
经办人执业证件号码：
代理申报日期：　　年　月　日</td><td>主管税务机关受理专用章：
受理人：

受理日期：　　年　月　日</td></tr>
</table>

填报说明如下：

（1）本表为按照核定征收管理办法中的核定应税所得率计算缴纳企业所得税的居民纳税人在年度申报缴纳企业所得税时使用，其中：应纳税所得额的计算按收入总额核定方法或按成本费用核定方法选择填写。

（2）“税款所属期间”：正常经营的纳税人，填报公历当年1月1日至12月31日；纳税人年度中间开业的，填报实际生产经营之日的当月1日至同年12月31日；纳税人年度中间发生合并、分立、破产、停业等情况的，填报公历当年1月1日至实际停业或法院裁定并宣告破产之日的当月月末；纳税人年度中间开业且年度中间又发生合并、分立、破产、停业等情况的，填报实际生产经营之日的当月1日至实际停业或法院裁定并宣告破产之日的当月月末。“纳税人识别号”：填报税务机关统一核发的税务登记证号码。“纳税人名称”：填报税务登记证所载纳税人的全称。

（3）第1行“收入总额”：按照收入总额核定应税所得率的纳税人填报此行，填写本年度累计取得的各项收入金额，并填报《核定征收企业收入总额明细表》，金额等于《核定征收企业收入总额明细表》第25行的金额。

（4）第2行“税务机关核定的应税所得率”：填报主管税务机关核定的应税所得率。

（5）第3行“应纳税所得额”：金额等于本表第1行“收入总额”×第2行“税务机关核定的应税所得率”。

（6）第4行“成本费用总额”：按照成本费用核定应税所得率的纳税人填报此行，填写本年度累计发生的各项成本费用金额。

（7）第5行“税务机关核定的应税所得率”：填报主管税务机关核定的应税所得率。

（8）第6行“应纳税所得额”：金额等于本表第4行“成本费用总额”÷（1－第5行“税务机关核定的应税所得率”）×第5行“税务机关核定的应税所得率”。

（9）第8行“应纳所得税额”：按照收入总额核定应税所得率的纳税人，本行＝第3行“应纳税所得额”×第7行“税率”；按照成本费用核定应税所得率的纳税人，本行＝第6行“应纳税所得额”×第7行“税率”。

（10）第10行“已预缴的所得税额”：填报当年累计已预缴的企业所得税额。

（11）第11行“应补（退）所得税额”：金额等于本表第8行“应纳所得税额”－

第 10 行“已预缴的所得税额”。

表 5－4　　企业所得税年度纳税申报表附表一（1）收入明细表

填报时间：　　年　月　日　　　　　　　　　　金额单位：元（列至角分）

行次	项　　目	金　额
1	一、销售（营业）收入合计（2＋13）	
2	（一）营业收入合计（3＋8）	
3	1. 主营业务收入（4＋5＋6＋7）	
4	（1）销售货物	
5	（2）提供劳务	
6	（3）让渡资产使用权	
7	（4）建造合同	
8	2. 其他业务收入（9＋10＋11＋12）	
9	（1）材料销售收入	
10	（2）代购代销手续费收入	
11	（3）包装物出租收入	
12	（4）其他	
13	（二）视同销售收入（14＋15＋16）	
14	（1）非货币性交易视同销售收入	
15	（2）货物、财产、劳务视同销售收入	
16	（3）其他视同销售收入	
17	二、营业外收入（18＋19＋20＋21＋22＋23＋24＋25＋26）	
18	1. 固定资产盘盈	
19	2. 处置固定资产净收益	
20	3. 非货币性资产交易收益	
21	4. 出售无形资产收益	
22	5. 罚款净收入	
23	6. 债务重组收益	
24	7. 政府补助收入	
25	8. 捐赠收入	
26	9. 其他	

经办人（签章）：　　　　　法定代表人（签章）：

表5－5　企业所得税年度纳税申报表附表二（1）成本费用明细表

填报时间：　　年　月　日　　　　　　　　　　金额单位：元（列至角分）

行次	项　　　　　目	金　额
1	一、销售（营业）成本合计（2+7+12）	
2	（一）主营业务成本（3+4+5+6）	
3	（1）销售货物成本	
4	（2）提供劳务成本	
5	（3）让渡资产使用权成本	
6	（4）建造合同成本	
7	（二）其他业务成本（8+9+10+11）	
8	（1）材料销售成本	
9	（2）代购代销费用	
10	（3）包装物出租成本	
11	（4）其他	
12	（三）视同销售成本（13+14+15）	
13	（1）非货币性交易视同销售成本	
14	（2）货物、财产、劳务视同销售成本	
15	（3）其他视同销售成本	
16	二、营业外支出（17+18+……+24）	
17	1. 固定资产盘亏	
18	2. 处置固定资产净损失	
19	3. 出售无形资产损失	
20	4. 债务重组损失	
21	5. 罚款支出	
22	6. 非常损失	
23	7. 捐赠支出	
24	8. 其他	
25	三、期间费用（26+27+28）	
26	1. 销售（营业）费用	
27	2. 管理费用	
28	3. 财务费用	

经办人（签章）：　　　　　　法定代表人（签章）：

表 5－6　　企业所得税年度纳税申报表附表一

（3）事业单位、社会团体、民办非企业单位收入明细表

填报时间：　　年　月　日　　　　　　金额单位：元（列至角分）

行次	项　　目	金　额
1	一、收入总额（2＋3＋……＋9）	
2	财政补助收入	
3	上级补助收入	
4	拨入专款	
5	事业收入	
6	经营收入	
7	附属单位缴款	
8	投资收益	
9	其他收入	
10	二、不征税收入总额（11＋12＋13＋14）	
11	财政拨款	
12	行政事业性收费	
13	政府性基金	
14	其他	
15	三、应纳税收入总额（1－10）	
16	四、应纳税收入总额占全部收入总额比重（15÷1）	

经办人（签章）：　　　　　法定代表人（签章）：

六、个人所得税

1. 个人所得税的居民纳税人与非居民纳税人如何进行区分？其纳税范围主要有哪些应税所得？扣缴义务人和代扣代缴范围是如何规定的？

个人所得税是对个人（自然人）取得应纳税所得征收的一种税。根据个人所得税法规定，在中国境内有住所，或者无住所而在境内居住满一年的个人，为居民纳税人。其从中国境内和境外取得的所得，应依照税法规定在中国境内缴纳个人所得税；在中国境内无住所又不居住，或者无住所而在境内居住不满一年的个人，为非居民纳税人。其从中国境内取得的所得，应依法在中国境内缴纳个人所得税。

个人所得税的纳税义务人，国际上有两种管辖权，即来源地税收管辖权和居民管辖权。我国的个人所得税制在纳税义务人的界定上既行使来源地税收管辖权，又行使居民管辖权，即把个人所得税的纳税义务人划分居民和非居民两个部分，并以此来区分纳税的无限责任（即来源于境内外的全部所得都应纳税）和有限责任（即只限来源于境内的所得征税）。居民纳税义务人承担无限纳税义务，非居民纳税义务人承担有限纳税义务。

对纳税义务人居民和非居民身份的确定，税法采用的是住所和居住时间两个标准。即凡在中国境内有住所或者无住所而在境内居住满 1 年的个人，就是居民纳税义务人；凡在中国境内无住所又不居住，或者无住所而在中国境内居住不满 1 年的个人，就是非居民纳税义务。另外，在中国境内无住所，但居住满 1 年，而未超过 5 年的个人，其来源于中国境外的所得，经主管税务机关批准，可以只就由中国境内公司、企业以及其他经济组织或个人支付的部分缴纳个人所得税；居住超过 5 年的个人，从第 6 年起，应当就其来源于中国境外的全部所得纳税。

按应纳税所得的类别划分，现行个人所得税的应税项目，大致可以分为 3 类，共 11 个应税项目。

(1) 工资、薪金所得。工资、薪金所得，是指个人因任职或者受雇而取得的工资、薪金、奖金、年终加薪、劳动分红、津贴、补贴以及与任职或者受雇有关的其他所得。下列项目不属于工资、薪金性的补贴、津贴，不予征收个人所得税：独生子女补贴；执行公务员工资制度未纳入基本工资总额的补贴、津贴差额和家属成员的副食补贴；托儿补助费；差旅费津贴、误餐补助。

(2) 个体工商户的生产、经营所得包括：个体工商户从事工业、手工业、建筑业、交通运输业、商业、饮食业、服务业、修理业和其他行业取得的所得。个人经政府有关部门批准，取得执照，从事办学、医疗、咨询以及其他有偿服务活动取得的所得。个体工商户和个人取得的与生产、经营有关的各项应税所得。其他个人从事个体工商业生产、经营取得的所得。

(3) 企业、事业单位的承包经营、承租经营所得。企业、事业单位的承包经营、承租经营所得，是指个人承包经营或承租经营以及转包、转租取得的所得。

(4) 劳务报酬所得。劳务报酬所得，是指个人独立从事非雇佣的各种劳务所取得的所得。包括：设计、装潢、安装、制图、化验、测试、医疗、法律、会计、咨询、讲学、新闻、广播、翻译、审稿、书画、雕刻、影视、录音、录像、演出、表演、广告、展览、技术服务、介绍服务、经纪服务、代办服务及其他劳务。

(5) 稿酬所得，是指个人因其作品以图书、报刊形式出版、发表而取得的所得。

（6）特许权使用费所得。特许权使用费所得，是指个人提供专利权、商标权、著作权、非专利技术以及其他特许权的使用权取得的所得。提供著作权的使用权取得的所得，不包括稿酬所得。

（7）利息、股息、红利所得。利息、股息、红利所得，是指个人拥有债权、股权而取得的利息、股息、红利所得。

在实际工作中，下列情况视同股利分配处理：投资者向企业借款可视同企业对个人投资者的股利分配。个人投资者向企业借款，在该纳税年度终了后既不归还，又未用于企业生产经营的，对其所借非生产经营款项，应比照投资者的取得股息、红利所得征收个人所得税。

投资者家庭成员向企业借款用于购买房屋及其他财产，将所有权登记为投资者家庭成员，且借款年度终了后未归还借款的视同投资者取得股息、红利所得征收个人所得税。

投资者将企业资金用于消费性支出或财产性支出，视为企业对个人投资者的股利分配，个人投资者以企业资金为本人、家庭成员支付与企业营业无关的消费性支出及购买汽车、住房等财产性支出，按照实质重于形式的原则，应认定实际是个人投资者获得了股息、红利。若企业的资产计入个人名下，即使为企业使用，同样要征收个人所得税。企业出资购买房屋及其他财产，将所有权登记为投资者个人或其家庭成员的，不论所有权人是否将财产无偿或有偿交付企业使用，其实质均为企业对个人进行了实物性质的分配，应视同投资者取得股息、红利所得。为企业所用的个人资产提取的折旧不得在企业所得税税前扣除。

盈余公积未分配利润转增实收资本，视为企业对个人投资者的股利分配。盈余公积和未分配利润转增个人资本，实质上是将净利润分配给股东，是对股东股份的重新量化，个人应当缴纳个人所得税。

资本公积金转增实收资本，视为企业对个人投资者的股利分配。但是，股票发行溢价收入形成的资本公积转增实收资本中的个人股本不得作为应税所得，不征收个人所得税。其他资本公积转增实收资本中的个人股则需要征收个所得税。

已经挂账但未支付的股利，视为企业对个人投资者的股利分配。扣缴义务人应将属于纳税人的股息、红利收入，通过扣缴义务人的往来会计科目已经分配到个人名下，收入所有人可以随时提取，即应认为所得支付，应及时代扣代缴个人所得税。

（8）财产租赁所得。财产租赁所得，是指个人出租建筑物、土地使用权、机器设备、车船以及其他财产取得的所得。

（9）财产转让所得。财产转让所得，是指个人转让有价证券、股票、建筑物、土地使用权、机器设备、车船以及其他财产取得的所得。目前，国家对股票转让所得暂不征收个人所得税。对个人出售自有住房取得的所得按照“财产转让所得”征收个人所得税，但对个人转让自用 5 年以上并且是家庭惟一生活用房取得的所得，继续免征个人所得税。

（10）偶然所得。偶然所得，是指个人得奖、中奖、中彩以及其他偶然性质的所得。得奖是指参加各种有奖竞赛活动，取得名次得到的奖金；中奖、中彩是指参加各种有奖活动，如有奖销售、有奖储蓄，或者购买彩票，经过规定程序，抽中、摇中号码而取得的奖金。偶然所得应缴纳个人所得税税款，一律由发奖单位或机构代扣代缴。

（11）经国务院财政部门确定征收的其他所得。除上述列举的各项个人应税所得外，其他确有必要征税的个人所得，由国务院财政部门确定。个人取得的所得，难以界定应纳税所得项目的，由主管税务机关确定。

代扣代缴是指按照税法规定负有扣缴税款义务的单位或者个人，在向个人支付应纳税所得时，应计算缴纳税额，从其所得中扣除并缴入国库，同时向税务机关报送扣缴个人所得税报告表。凡是支付个人应纳税所得的企业事业单位、机关、社团组织、军队、驻华机构、个体工商户等单位或者个人，为个人所得税的扣缴义务人。驻华机构不包括外国驻华使馆和联合国及其他依法享有外交特权和豁免权的国际组织驻华机构。

代扣代缴范围与个人所得税的纳税范围相同。扣缴义务人向个人支付应纳税所得时，不论纳税人是否属于本单位人员，均应代扣代缴其应纳的个人所得税税款。

个人所得超过国家规定数额的，在两处以上取得工资、薪金所得或者没有扣缴义务人的，以及具有国务院规定的其他情形的，纳税义务人应当按照国家规定办理纳税申报。扣缴义务人应当按照国家规定办理纳税申报。扣缴义务人应当按照国家规定办理全员全额扣缴申报。

2. 个人所得税的税率是如何规定的？

（1）工资、薪金所得（含公务用车补贴收入），适用3%～45%的超额累进税率，具体税率如表6－1所示。

表6－1　　工资、薪金所得税税率表

级数	全月应纳税所得额		税率（%）	速算扣除数
	含税级距	不含税级距		
1	不超过1 500元的部分	不超过1 455元的部分	3	0
2	超过1 500元至4 500元的部分	超过1 455元至4 155元的部分	10	105
3	超过4 500元至9 000元的部分	超过4 155元至7 755元的部分	20	555
4	超过9 000元至35 000元的部分	超过7 755元至27 255元的部分	25	1 005
5	超过35 000元至55 000元的部分	超过27 255元至41 255元的部分	30	2 755
6	超过55 000元至80 000元的部分	超过41 255元至57 505元的部分	35	5 505
7	超过80 000元的部分	超过57 505元的部分	45	13 505

注：本表所列含税级距与不含税级距，均为按照税法规定减去有关费用后的所得额；含税级距适用于由纳税人负担税款的工资、薪金所得；不含税级距适用于由他人（单位）代付税款的工资、薪金所得。

（2）个体工商户、个人独资企业、合伙企业的生产经营所得和对企事业单位的承包、承租经营所得，适用5%～35%的超额累进税率，具体税率如表6－2所示。

表 6-2 个体工商户生产、经营所得和对企事业单位的承包、经营所得适用税率表

级数	全月应纳税所得额		税率（%）	速算扣除数
	含税级距	不含税级距		
1	不超过 15 000 元的部分	不超过 14 250 元的部分	5	0
2	超过 15 000 元至 30 000 元的部分	超过 14 250 元至 27 750 元的部分	10	750
3	超过 30 000 元至 60 000 元的部分	超过 27 750 元至 51 750 元的部分	20	3 750
4	超过 60 000 元至 100 000 元的部分	超过 51 750 元至 79 750 元的部分	30	9 750
5	超过 100 000 元的部分	超过 79 750 元的部分	35	14 750

注：本表所列含税级距与不含税级距，均为按照税法规定以每一纳税年度的收入总额减去成本、费用以及损失后的所得额；含税级距适用于个体工商户的生产、经营所得和由纳税人负担税款的对企业事业单位的承包经营、承租经营所得；不含税级距适用于由他人（单位）代付税款的对企事业单位的承包经营、承租经营所得。

（3）稿酬所得，适用比例税率，税率为 20%，并按应纳税额减征 30%。

（4）劳务报酬所得，适用比例税率，税率为 20%，对劳务报酬所得一次收入畸高的，可以实行加成征收，具体税率如表 6-3 所示。

表 6-3 劳务报酬所得适用税率表

级数	含税级距（次）	不含税级距（次）	税率（%）	速算扣除数
1	不超过 20 000 元的部分	不超过 21 000 元的部分	20	0
2	超过 20 000 元至 50 000 元的部分	超过 21 000 元至 49 500 元的部分	30	2 000
3	超过 50 000 的部分	超过 49 500 元的部分	40	7 000

注：本表所列含税级距与不含税级距，均为按照税法规定减去有关费用后的所得额；含税级距适用于由纳税人负担税款的劳务报酬所得；不含税级距适用于由他人（单位）代付税款的劳务报酬所得。级距金额为每次应税所得。

（5）特许权使用费所得，储蓄存款利息、股息、红利所得，财产租赁所得，财产转让所得，偶然所得和其他所得，适用比例税

率，税率为20%。凡扣缴人已将纳税人应得的收入通过“利润分配”账户明细到个人名下，即属于已经挂账但未分配的股息、红利等，也应认定是所得的支付，应进行个人所得税的代扣代缴。个人通过网络收购玩家的虚拟货币，加价后向他人出售取得的收入，属于个人所得税应税所得，应按照“财产转让所得”项目计算缴纳个人所得税。

3. 个人所得税的减免项目主要有哪些内容？

（1）根据《个人所得税法》规定，下列各项所得，免纳个人所得税：省级人民政府、国务院部委和中国人民解放军军以上单位以及外国组织、国际组织颁发的科学、教育、技术、文化、卫生、体育、环境保护等方面的奖金。国债和国家发行的金融债券利息。按照国家统一规定发给的补贴、津贴。福利费、抚恤金、救济金。保险赔款。军人的转业费、复员费。按照国家统一规定发给干部、职工的安家费、退职费（符合退职条件的）、退休工资、离休工资、离休生活补助费、院士的津贴。依照我国有关税法规定应予免税的各国驻华使馆、领事馆的外交代表、领事官员和其他人员的所得。中国政府参加的国际公约、签订的协议中规定免税的所得。

（2）股份制企业用资本公积金转增股本不属于股息、红利性质的分配，对个人取得的转增股本数额，不作为个人所得不征收个人所得税。股份制企业用盈余公积金派发红股属于股息、红利性质的分配，对个人取得的红股数额，应作为个人所得征税。

（3）下岗职工从事社区服务、从事个体经营的，自领取税务登记证之日起；从事独立劳动服务的，自其持下岗证明在当地税务机关备案之日起，免缴个人所得税3年；在第一年免税期满后，由县级以上主管税务机关就免税主体及范围按规定逐年审核，符合条件的可继续免缴1~2年。

（4）个人与用人单位解除劳动关系而取得的一次性补偿收入，其收入在当地年职工平均工资三倍数额内的部分，免税；超过部分，按“工资、薪金”项目计税。计税时，可视为一次取得数月工薪收入，允许在一定期限内平均计算，即以个人取得的一次性经济补偿收入，除以个人在本企业的工作年限数，以其商数作为个人的月工薪收入，按税法规定计算缴纳个人所得税。个人在本企业的工作期限数按实际工作年限数计算，超过 12 年的按 12 年计算。企业依法宣告破产，职工从该企业取得的一次性安置费，免税。

（5）个人领取一次性补偿收入时，按国家和地方政府规定比例实际缴纳的住房公积金、医疗保险费、基本养老保险费、失业保险费，在计征其一次性补偿收入的个人所得税时，可予以扣除。

（6）企事业单位按照国家或省（自治区、直辖市）人民政府规定的缴费比例或办法实际缴付的基本养老保险费、基本医疗保险费和失业保险费等基本社会保险费，免缴个人所得税；个人按照国家或省（自治区、直辖市）人民政府规定的缴费比例或办法实际缴付的基本养老保险费、基本医疗保险费和失业保险费，允许在个人应纳税所得额中扣除。但是，企事业单位和个人超过规定的比例和标准缴付的基本养老保险费、基本医疗保险费和失业保险费，应将超过部分并入个人当期的工资、薪金收入、计缴个人所得税。

单位和个人分别在不超过职工本人上一年度月平均工资12%的幅度内，其实际缴存的住房公积金，允许在个人应纳税所得额中扣除。单位和职工个人缴存住房公积金的月平均工资不得超过职工工作地所在城市上一年度职工月平均工资的 3 倍，具体标准按照各地有关规定执行。单位和个人超过上述规定比例和标准缴付的住房公积金，应将超过部分并入个人当期的工资、薪金收入，计缴个人所得税。假定李某上年度的月平均工资为 6 000 元，在单位和个人缴纳的公积金比例分别为 5%，12% 和 20% 的情况下，且单位的年应纳税所得额在 10 万元以上，计算应交个人所得税及其税后所得如下：

假定李某所在企业给其缴纳的公积金为李某上年月平均工资 5%，即 300 元，而李某本人缴纳的比例也为 5%，同样也是 300 元。如果李某今年每月的工资还是 6 000 元且没有其他所得，则其应税所得额为 2 200 元（6 000 - 300 - 3 500），应缴纳个人所得税

115，个人实际可得到6 185元（6000+300－115）。

假定李某所在企业给其缴纳的公积金为李某上年月平均工资的12%，即720元，而李某本人缴纳的比例也为12%，同样是720元。如果李某今年每月的工资还是6 000元，且没有其他所得，其应税所得额为1 780元（6 000－720－3 500），应缴纳个人所得税73元，个人实际可得到6 647元（6 000+720－73）比缴纳比例为5%时多得462元。

假定李某所在企业给其缴纳的公积金为李某上年月平均工资的20%，即1 200元，而李某本人缴纳的比例也为20%，同样是1 200元。如果李某今年每月的工资还是6 000元，且没有其他所得，其应税所得额为1 300（6 00 0－1 200－3 500），应缴纳个人所得税25元，个人实际可得到7 175元（6 000+1 200－25），比缴纳比例为12%时多528元，同时单位须为李某负担企业所得税132元（528×25%）。

个人实际领（支）取原提存的基本养老保险金、基本医疗保险金、失业保险金和住房公积金时，免交个人所得税。

（7）以个人所得（不含偶然所得）通过国家机关、非营利社会团体资助科研机构、高等院校研发的，可在下月或下次或当年计征个人所得税时全额从应税所得额中扣除，不足抵扣的不得结转抵扣。

（8）个人投资者从上市公司取得的股息、红利所得，减半缴纳个人所得税；在股权分置改革中，非流通股股东支付对价所涉及的印花税、企业所得税、个人所得税，暂免纳税。扣缴义务人按公司分配取得的股息、红利，减按50%计算应税所得额。对证券市场个人投资者取得的证券交易结算资金利息所得，暂免缴纳个人所得税。个人投资者将所持境内股票转让所得，暂不缴纳个人所得税，但转让境外股票所得，应缴纳个人所得税；投资者（含个人）从基金分配中取得的收入，买卖基金获得的差价收入，在对买卖股票的差价收入未恢复征收个人所得税前，暂不缴纳个人所得税。

（9）储蓄存款孳生的利息，暂免缴纳个人所得税。

(10) 个人独资企业、合伙企业投资者取得种植业、养殖业、饲养业、捕捞业的所得，暂不缴纳个人所得税。

(11) 经国务院财政部门批准免税的所得，有下列情况之一的，经批准可以减征个人所得税：残疾、孤老人员和烈属所得；因严重自然灾害造成重大损失的；其他经国务院财政部门批准减税的。

4. 个人所得税的计算税款的依据是如何规定的？

个人所得税的计税依据为个人取得的各项应纳税所得减去按规定标准扣除费用后的余额。个人取得的应纳税所得，包括现金、实物和有价证券。所得为实物，应按照取得的凭证上的价格计算应纳税所得额；无凭证的实物或者凭证上所注明的价格明显偏低，由主管税务机关参照当地的市场价格核定应纳税所得额。所得为有价证券的，由主管税务机关根据票面价格和市场价格核定应纳税所得额。个人所得的项目不同，其扣除标准也不同。

(1) 工资、薪金所得。以职工每月工资薪金收入总额（含公务车补贴收入、提前退休获得的一次性补贴）扣除其每月计提的基本养老保险费、基本医疗保险费、失业保险费和住房公积金后，再减去免征额3 500元后的余额，为每月应纳税所得额。

对在中国境内无住所而在中国境内取得工资、薪金所得的纳税人和在中国境内有住所在中国境外取得工资、薪金所得的纳税人每月3 500元免征额的基础上，再附加1 300元的费用扣除额后，为每月应纳税所得额。

非法人企业的生产经营所得和投资者的费用扣除：企业每一纳税年度的收入总额减去成本、费用、税金、损失后的余额，为其生产经营所得。个人独资企业的投资者以其全部生产经营所得为应税所得额，合伙企业的投资者按照合伙企业的全部生产经营所得和合伙协议约定的分配比例确定应税所得额；没有约定比例的，以全部生产经营所得和合伙企业人数量平均计算每个投资者的应税所得额。企业向其从业人员实际支付的合理的工资、薪金支出，允许在税前据实扣除。个体工商户业主、个人独资企业及合伙企业自然人投资者本人的费用扣除标准为42 000元/年（3 500元/月），投资者的工资不得在税前扣除。

（2）对企事业单位的承包经营、承租经营所得。以纳税人每一纳税年度的收入总额（按照承包经营、承租经营合同规定分得的经营利润和工资、薪金性质的所得），减去必要费用（按月扣除2 000元）后的余额，为应税所得。

（3）劳务报酬所得、稿酬所得、特许权使用费所得、财产租赁所得。每次收入不超过4 000元的，扣除费用800元；4 000元以上的，扣除20%的费用，其余额为应纳税所得额。

（4）财产转让所得。以转让财产的收入额减去财产原值和合理费用后的余额，为应纳税所得额。对于员工接受雇主（含上市公司和非上市公司）授予的股票期权，凡该股票期权指定的股票为上市公司（含境内外上市公司）股票的，均应按照股票期权的转让净收入计税。员工行权时，其从企业取得股票的实际购买价（施权价）低于购买日公平市场价（指该股票当日收盘价，下同）的差额，是因员工在企业的表现和业绩情况而取得的与任职受雇有关的所得，应按工资、薪金所得适用的规定计算缴纳个人所得税。对因特殊情况，员工在行权日之前将股票期权转让的，以股票期权的转让净收入作为工资、薪金所得征收个人所得税。员工行权日所在期间的工资、薪金所得，应按下列公式计算工资、薪金应纳税所得额：股票期权形式的工资、薪金应纳税所得额 =（行权股票的每股市场价 - 员工取得该股票期权支付的每股施权价）× 股票数量

股票期权的转让净收入一般是指股票期权转让收入。如果员工以折价购入方式取得股票期权，可以股票期权转让收入扣除折价购入股票期权时实际支付的价款后的余额，作为股票期权的转让净收入。

员工取得该股票期权支付的每股施权价一般是指员工行使股票期权购买股票实际支付的每股价格。如果员工以折价购入方式取得股票期权的，施权价可包括员工折价购入股票期权时实际支付的价格。

凡取得股票期权的员工在行权日不实际买卖股票，而按行权日股票期权所指定股票的市场价与施权价之间的差异，直接从授权企业取得价差收益的，该项目价差收益应作为员工取得的股票期权形式的工资薪金所得，按规定计算缴纳个人所得税。

需对员工因参加企业股票期权计划而取得的工资、薪金所得确定境内或境外来源的，应按照该员工据以取得上述工资、薪金所得的境内外工作期间月份数比例计算划分。该境内外工作期间月份总数是指员工按企业股票期权计划规定，在可行权以前须履行工作义务的月份总数。

部分股票期权在授权时间即约定可以转让，且在境内或境外存在公开市场及挂牌价格（以下称可公开交易的股票期权）。员工接受该可公开交易的股票期权时，除另有规定外，一般不作为应税所得征税。另有规定情形的，按以下规定进行税务处理。

员工取得可公开交易的股票期权，属于员工已实际取得有确定价值的财产，应按授权日股票期权的市场价格，作为员工授权日所在月份的工资、薪金所得。对该股票期权形式的工资、薪金所得可区别于所在月份的其他工资、薪金所得，单独按下列公式计算当月应纳税款：

$$应纳税额=(\frac{股票期权形式的工资、薪金应纳税所得额}{规定月份数}\times 适用税率-速算扣除数)\times 规定月份数$$

式中，规定月份数是指员工取得来源于中国境内的股票期权形式工资、薪金所得的境内工作期间月份数，长于12个月的，按12个月计算；适用税率和速算扣除数，以股票期权形式的工资、薪金应纳税所得额除以规定月份数后的商数对照税率表确定。

如果员工以折价购入方式取得股票期权的，可以授权日股票期权的市场价格扣除折价购入股票期权时实际支付的价款后的余额，作为授权日所在月份的工资薪金所得。

员工取得可公开交易的股票期权后，转让该股票期权而取得的所得，属于财产转让所得，按现行税法和政策规定免征个人所得税，即个人将行权后的境内上市公司股票再行转让而取得的所得，暂不缴纳个人所得税；个人转让境外上市公司的股票而取得的所得，应按税法的规定计算应纳税所得额，依法缴纳税款。

员工以在一个公历月份中取得的股票期权形式工资、薪金所得为一次。员工在一个纳税年度中多次取得股票期权形式的工资、薪金所得的，其在该纳税年度内首次取得股票期权形式的工资、薪金所得，按前述股票期权形式的薪金所得的应纳税款计算公式计算应纳税款；本年度内以后每次取得股票期权形式的工资、薪金所得，应按以下公式计算应纳税款：

应纳税款 =（本纳税年度内取得的股票期权形式工资、薪金所得累计应纳税所得额 ÷ 规定月份数 × 适用税率 − 速算扣除数）× 规定月份数 − 本纳税年度内股票期权形式工资、薪金所得累计已纳税款

式中，本纳税年度内取得的股票期权形式工资、薪金所得累计应纳税所得额，包括本次以前各次取得的股票期权形式工资、薪金所得应纳税所得额；规定月份数是指员工取得来源于中国境内的股票期权形式工资、薪金所得的境内工作期间月份数，长于12个月的，按12个月算；适用税率和速算扣除数，以本纳税年度内取得的股票期权形式工资、薪金所得累计应纳税所得额除以规定月份数后的商（按税率表）确定；本纳税年度内股票期权形式的工资、薪金所得累计已纳税款，不含本次股票期权形式的工资、薪金所得应纳税款。

员工多次取得或者一次取得多项来源于中国境内的股票期权形式工资、薪金所得，而且各次或各项股票期权形式的工资、薪金所得的境内工作期间月份数不相同的，以境内工作期间月份数的加权平均数或规定月份数，但最长不超过12个月，其计算公式表示如下：

规定月份 = 各次或者各项股票期权形式工资薪金应纳税所得额与该次或者该项所得境内工作期间月份数的乘积/各次或者各项股票期权形式工资薪金应纳税所得额

（5）储蓄存款利息、股息、红利所得，偶然所得和其他所得。

以每次收入额为应纳税所得额（有约定收款日的，在约定收款日确认）。

除上述规定外，对个人将其所得通过中国境内非营利的社会团体、国家机关向教育公益事业和遭受严重自然灾害地区、贫困地区的捐款，捐赠额不超过应纳税所得额30%的部分，可以从其应纳税所得额中扣除。

（6）每次收入的确定原则如下：劳务报酬所得，属于一次性收入的，以取得该项收入为一次。属于同一项目连续性收入的，以一个月内取得的收入为一次。稿酬所得，以每次出版、发表取得的收入为一次。同一作品再版取得的所得，应视作另一次稿酬所得计征个人所得税。同一作品在报刊上连载取得收入，以连载完成后取得的所有收入合并为一次，计征个人所得税。特许权使用费所得，以一项特许权的一次许可使用所取得的收入为一次。财产租赁所得，以一个月内取得的收入为一次。利息、股息、红利所得，以支付利息、股息、红利时取得的收入为一次。偶然所得，以每次收入为一次。其他所得，以每次收入为一次。

5. 个人所得税应纳税额如何进行计算？

工资、薪金所得应纳税额的基本计算公式是：应纳税所得额 = 应税工薪额 - 扣除费用额。但在具体计算时有社会保险费用缴纳的问题，其计算公式调整如下：应纳税所得额 = 月工资薪金收入额 - (养老保险费 + 医疗保险费 + 失业保险费 + 工伤保险费 + 生育保险费 + 住房公积金) - 免征额(扣除费用额)。

例题 6-1：某纳税人某月扣除"五险一金"后的月薪收入是4 700元，计算其应纳个人所得税税额如下：

应缴个人所得税税额 = (4 700 - 3 500) × 3% = 36(元)

例题 6-2：在某乡镇企业任职工作的某美国专家（假设为非居民纳税人），某月份取得应税工资收入 10 800 元人民币，计算其应纳个人所得税税额如下：

应纳税所得额 = 10 800 - (3 500 + 1 300) = 6 000(元)

应缴个人所得税税额 =6 000 ×20% －555 =645(元)

例题 6 -3：某个体工商户 3 月产品销量收入 10 万元，为生产应税产品耗用原材料、物料、电力等共计 3.5 万元，支付工人工资 1.8 万元，销售费用 0.6 万元，销售税金 0.5 万元，办公费用 0.2 万元。计算该月应纳税所得税如下：

应纳税所得额 = 100 000 －（35 000 + 18 000 + 6 000 + 5 000 + 2 000) =34 000(元)

应缴个人所得税税额 =34 000 ×20% －3 750 =3 050(元)

劳务报酬应纳税额的计算公式是：应纳税额 = 应纳税所得额 × 适用税率。对于劳务报酬每次所得超过 20 000 元时，实行加成征收，按每次所得计税。

例题 6 -4：某农民个体演员八月份获得演出收入 30 000 元；当月为某乡镇企业拍产品平面广告，取得收入 15 000 元。计算其应缴个人所得税如下：

演出收入应纳税所得额 =30 000 ×(1 －20%) =24 000(元)

应缴个人所得税税额 =24 000 ×30% －2 000 =5 200(元)

广告收入应纳税所得额 =15 000 ×(1 －20%) =12 000(元)

应缴个人所得税税额 =12 000 ×20% =2 400(元)

例题 6 -5：某农民朋友将其劳务报酬所得 5 000 元，通过民政部门全部捐献给受到水灾的灾区，计算应缴纳的个人所得税如下：

应纳税所得额 =5 000 －5 000 ×20% －4 000 ×30% =2 800(元)

应缴个人所得税税额 =2 800 ×20% =560(元)

稿酬所得应纳税额的计算公式是：应纳税额 = 应纳税所得额 × 适用税率 ×(1－ 30%)。其中，每次收入不足 4 000 元的，其计算公式是：应纳税额 =(每次收入额 －800) ×20% ×(1 －30%)；每次收入在 4 000 元以上的，其计算公式是：应纳税额 = 每次收入额 ×(1 －20%) ×20% ×(1 －30%)。

例题 6 -6：某农业技术推广站的一名技术员取得一本经济作物栽培方面的书稿收入 20 000 元，计算其应纳个人所得税税额如下：

应缴个人所得税税额 =20 000 ×(1 －20%) ×(1 －30%) =2 240(元)

对于纳税人所获得的股息、红利所得，特许经营权使用费，财产租赁所得，财产转让所得，偶然所得和其他所得应纳税额的计算，其计算公式应该是：应纳税额 = 每次收入额 ×20%。其中，财产转让所得的应纳税额的计算公式如下：应纳税额 =（每次收入额 - 财产原值 - 合理费用）×20%

例题 6 - 7：农民李某出售一城区商品房获得房款收入 100 万元，原值为 50 万元，有关交易费用和税金 5 万元，计算其应纳税额如下：

应缴个人所得税税额 =（100 - 50 - 5）×20% = 9（万元）

至于有限合伙企业出资人应纳税额的计算，凡实行查账征收办法的，根据有关规定，其下列项目的扣除是：对合伙企业的自然人业主费用扣除标准统一规定为 42 000 元/年（3 500 元/月）。合伙企业向其从业人员实际支付的合理的工资、薪金支出、允许在税前据实扣除。合伙企业拨缴的工会经费、发生的职工福利费、职工教育经费支出分别在工资、薪金总额 2%，14%，2.5% 的标准内据实扣除。合伙企业每一纳税年度发生的广告费用和业务宣传费用不超过当年销售（营业）收入的 15% 的部分，可据实扣除；超过部分，准予在以后纳税年度结转扣除。合伙企业每一纳税年度发生的与其生产经营业务直接相关的业务招待费支出按照发生额的 60% 扣除，但最高不得超过当年销售（营业）收入 5‰。投资者及其家庭发生的生活费用不允许在税前扣除。投资者及其家庭发生的生活费用与企业生产经营费用混合在一起，并难以划分的，全部视为投资者个人及其家庭发生的生活费用，不允许在税前扣除。企业生产经营和投资者及其家庭生活共用的固定资产难以划分的，由主管税务机关根据企业生产经营类型、规模等具体情况，核定准予在税前扣除的折旧费用的数额或比例。但是，企业计提的各种准备金不得扣除。

对合伙企业实行核定征收的方式的，其中实行核定应税所得率征收方式的，应纳所得税额的计算公式如下：

应纳所得税额 = 应纳税所得额 × 适用税率

应纳税所得额 = 收入总额 × 应税所得率

或：应纳税所得额 = 成本费用支出额 ÷（1 - 应税所得率）× 应税所得率

需要强调的是，在实际工作中，个体工商户的生产、经营所得，企事业单位的承包经营、承租经营所得、以及适用加成征收税率的劳务报酬所得，可以运用速算扣除法计算其应纳税额。

6. 个人所得税的纳税期限是如何规定的?

工资、薪金所得应纳的税款，按月计征，由扣缴义务人或者纳税人在次月 15 日内缴入国库，并向税务机关报送纳税申报表。特定行业（采掘业、远洋运输业、远洋捕捞业以及国务院财政、税务主管部门确定的其他行业）的工资、薪金所得，可以实行按年计划，分月预缴的方式计征，即工资、薪金所得应纳的税款，按月预缴，年度终了后 30 日内，合计其全年工资、薪金所得，然后按 12 个月平均计算实际缴纳税款，多退少补。

个人独资企业、合伙企业的生产年经营所得应纳的税款，按年计算，分月预缴，由纳税人在次月 15 日内预缴，年度终了后 3 个月内汇算清缴，多退少补。

企事业单位的承包经营、承租经营所得应纳的税款，按年计算，由纳税义务人在年度终了后 30 日内缴入国库。纳税人在一年内分次取得承包经营、承租经营所得的，应当在每次取得所得后 15 日内预缴，年度终了后 3 个月内汇算清缴，多退少补。

从中国境外取得所得的纳税人应当在当年度终了后 30 日内，将应纳税款缴入国库，并向税务机关报送纳税申报表。扣缴义务人和自行申报纳税人，应当按照税法规定期限报送个人所得税报告表或纳税申报表。如遇特殊原因，不能按照规定期限报送时，应当在报送期限内提出申报，经主管税务机关批准，可以适当延期。

7. 税法是如何规定扣缴义务人的义务及其应承担的责任?

（1）扣缴义务人应指定支付所得的财务会计部门或其他有关部门的人员为办税人员，由办税人员具体办理个人所得税的代扣代缴工作。扣缴义务人的领导要对代扣代缴工作提供便利，支持办税人员履行义务；确定办税人员或办税人员发生变动时，应将名单及时报告主管税务机关。

(2) 扣缴义务人的法定代表人（或单位主要负责人）、财会部门的负责人及具体办理代扣代缴税款的有关人员，共同对依法履行代扣代缴义务负有法律责任。

(3) 同一扣缴义务人的不同部门支付应纳税所得时，应报办税人员汇总。

(4) 扣缴义务人在代扣税款时，必须向纳税人开具税务机关统一印制的代扣代收税款凭证，并详细注明纳税人姓名、工作单位、家庭住址和居民身份证或护照号码等个人情况。对工资、奖金所得和利息、股息、红利所得等，因纳税人人数众多、不便一一开具代扣代收税款凭证的，经主管税务机关同意，可不开具代扣代收税款凭证，但应通过一定形式告知纳税人已扣缴税款。扣缴义务人应主动向税务机关申领代扣代收税款凭证，据以向纳税人扣税。

(5) 扣缴义务人依法履行代扣代缴税款义务时，纳税人不得拒绝。纳税人拒绝的，扣缴义务人应及时报告税务机关处理，并暂时停止支付其应纳税所得。否则，纳税人应缴纳的税款由扣缴义务人负担。扣缴义务人应扣未扣、应收未收税款的，由扣缴义务人缴纳应扣未扣、应收本收税款以及相应的滞纳金或罚款。其应纳税款按下列公式计算：

应纳税所得额 =（支付的收入额 - 费用扣除标准 - 速算扣除数）/（1 - 税率）

应纳税额 = 应纳税所得额 × 适用税率 - 速算扣除数

扣缴义务人已将纳税人拒绝代扣代缴的情况及时报告税务机关的除外。

(6) 扣缴义务人应设立代扣代缴税款账簿，正确反映个人所得税的扣缴情况，并如实填写扣缴个人所得税报告表及其他有关资料。

8. 年终奖金、年薪和绩效工资个人所得税的代扣代缴是如何规定的?

个人取得的全年一次性奖金是指行政机关、企事业单位等扣缴义务人根据其全年经济效益和对雇员全年工作业绩的综合考核情况，向雇员发放的一次性奖金。一次性奖金也包括年终加薪、实行年薪制和绩效工资办法的单位根据考核情况兑现的年薪和绩效工资。纳税人取得全年一次性奖金，单独作为一个月工资、薪金所得计算纳税，并按以下计税办法，由扣缴义务人发放时代扣代缴：

（1）将雇员当月内取得的全年一次性奖金，除以12个月，按其商数确定适用税率和速算扣除数。如果在发放年终一次性奖金的当月，雇员当月工资薪金所得低于税法规定的费用扣除额，应将全年一次性奖金减除“雇员当月工资薪金所得与费用扣除额的差额”后的余额，按上述办法确定全年一次性奖金的适用税率和速算扣除数。

（2）将雇员个人当月内取得的全年一次性奖金，按照上述确定的适用税率和速算扣除数计算征税，计算公式如下：

如果雇员当月工资薪金所得高于（或等于）税法规定的费用扣除额的，适用公式为：应纳税额 = 雇员当月取得全年一次性奖金 × 适用税率 - 速算扣除数

如果雇员当月工资薪金所得低于税法规定的费用扣除额的，适用公式为：应纳税额 =（雇员当月取得全年一次性奖金 - 雇员当月工资薪金所得与费用扣除额的差额）× 适用税率 - 速算扣除数

在一个纳税年度内，对每一个纳税人，该计税办法只允许采用一次。雇员取得除全年一次性奖金以外的其他各种名目奖金，如半年奖、季度奖、加班奖、先进奖、考勤奖等，一律与当月工资、薪金收入合并，按税法规定缴纳个人所得税。对无住所个人取得的各种名目奖金，如果该个人当月在我国境内没有纳税义务，或者该个人由于出入境原因导致当月在我国工作时间不满一个月的，仍按照《国家税务总局关于在我国境内无住所的个人取得奖金征税问题的通知》计算纳税。

雇主为雇员负担全年一次性奖金部分个人所得税款，属于雇员又额外增加了收入，应将雇主负担的这部分税款并入雇员的全年一次性奖金，换算为应纳税所得额后，按照规定方法计征个人所得税。

(1) 将不含税全年一次性奖金换算为应纳税所得额的计算方法如下：

雇主为雇员定额负担税款的计算公式：应纳税所得额 = 雇员取得的全年一次性奖金 + 雇主替雇员定额负担的税款 - 当月工资薪金低于费用扣除标准的差额

雇主为雇员按一定比例负担税款的计算公式：第一，查找不含税全年一次性奖金的适用税率和速算扣除数。即：未含雇主负担税款的全年一次性奖金收入 ÷ 12，根据其商数找出不含税级距对应的适用税率 A 和速算扣除数 A。第二，计算含税全年一次性奖金。即：应纳税所得额 =（未含雇主负担税款的全年一次性奖金收入 - 当月工资薪金低于费用扣除标准的差额 - 不含税级距的速算扣除数 A × 雇主负担比例）÷（1 - 不含税级距的适用税率 A × 雇主负担比例）。

(2) 对上述应纳税所得额，扣缴义务人应按照规定的方法计算应扣缴税款。即：将应纳税所得额 ÷ 12，根据其商数找出对应的适用税率 B 和速算扣除数 B，并据以计算税款。计算公式如下：

应纳税额 = 应纳税所得额 × 适用税率 B - 速算扣除数 B

实际缴纳税额 = 应纳税额 - 雇主为雇员负担的税额

需要注意的是，雇主为雇员负担的个人所得税款，属于个人工资薪金的一部分。凡单独作为企业管理费列支的，在计算企业所得税时不得税前扣除。

国家机关、事业单位、企业和其他单位在实行“双薪制”（按照国家有关规定，单位为其雇员多发放一个月的工资）后，个人因此而取得的“双薪”，应单独作为一个月的工资、薪金所得计征个人所得税。对上述“双薪”原则上不再扣除费用，应全额作为应纳税所得额按适用税率计算纳税，但如果纳税义务人取得“双薪”当月的工资、薪金所得不足当地税务机关规定的，应以“双薪”所得与当月工资、薪金所得合并减除规定费用扣除额后余额作为应纳税所得额，计算缴纳个人所得税。

9. 企业年金的代扣代缴是如何规定的?

企业年金是指企业及其职工按照相关规定，在依法参加基本养老保险的基础上，自愿建立的补充养老保险，主要由个人缴费、企业缴费和年金投资收益三个部分组成。因此，企业年金在计算缴纳个人所得税时，应注意以下几个问题：

（1）企业年金无个人所得税税收优惠待遇。企业年金的个人缴费部分，不得在个人当月工资、薪金计算个人所得税时扣除。这就是说企业年金个人缴费部分也要计算缴纳个人所得税。假如甲公司实行年金计划，公司总经理李某月工资 10 000 元，2011 年 12 月，公司已向其年金账户缴存当月应缴金额 3 000 元，其中企业缴费 2 000元；个人缴费 1 000 元。该月李某应缴个人所得税税额计算如下：由于年金中个人缴费不得在其当月工资、薪金中扣除，因此，李某应缴工资、薪金个人所得税款(10 000 - 3 500) ×20% -555 = 745 元。

对于企业年金的企业缴费计入个人账户的部分（以下简称企业缴费）是个人因任职或受雇而取得的所得，属于个人所得税应税收入，在计入个人账户时，应视为个人一个月的工资、薪金（不与正常工资、薪金合并），不扣除任何费用，按照“工资、薪金所得”项目计算当期应纳个人所得税款，并由企业在缴费时代扣代缴。假如李某年金企业缴费部分应缴个人所得税(2 000 ×10% -105) =95 元。两项合计应缴 840 元(745 +95)，李某实际到手的工资为 8 160 元(10 000 -1 000 -840)。

（2）月工资收入低于费用扣除标准的年金不征税。企业年金的企业缴费部分计入职工个人账户时，当月个人工资薪金所得与计入个人年金账户的企业缴费之和未超过个人所得税费用扣除标准的，不征收个人所得税；个人当月工资薪金所得低于个人所得税费用扣除标准，但加上计入个人年金账户的企业缴费后超过个人所得税费用扣除标准的，其超过部分按照规定缴纳个人所得税。

假如乙公司实行企业年金计划，员工张某今年2月、3月份的工资分别是2 400元、2 800元；公司按月为其年金企业缴费是1 000元，张某的年金申报缴纳个人所得税税额如下：2月份张某的工资与公司为其缴纳的年金之和是3 400元(2400 + 1 000)达不到工资薪金个人所得税费用扣除标准3 500元，所以企业年金不需要缴纳个人所得税；3月份张某的工资与公司为其缴纳的企业年金之和是3 800元(2 800 + 1 000)超过了工资薪金费用扣除标准3 500元，应纳税所得额为300元(3 800 - 3 500)，张某的年金需要申报缴纳个人所得税9元(300 × 3%)。

(3) 合并期限缴费的年金应纳税额高。对企业按季度、半年或年度缴纳企业缴费的，在计税时不得还原至所属月份，均作为一个月的工资、薪金，不扣除任何费用，按照适用税率计算扣缴个人所得税。因此，如果企业不是按月缴费，而选择按季、半年或年度一次性缴费，则会因为个人所得税累进税制而使个人承担更高的税负。假如甲公司年金企业缴费部分平时每个月不缴存，而是年终一次性缴纳，并于2011年12月一次性办理了全体职工全年的企业缴费手续，则该月李某年金应申报个人所得税4 995元(2 000 × 12 × 25% - 1 005)，税负比按月缴存高出四倍多。因此，企业应尽量选择按月缴存，这是税负最轻的方式。

(4) 企业缴费未归属个人部分可申请退税。对因年金设置条件导致的已经计入个人账户的企业缴费不能归属个人的部分，其已扣缴的个人所得税应予以退还。具体计算公式如下：应退税款 = 企业缴费已纳税款 ×(1 - 实际领取企业缴费/已纳税企业缴费的累计额)。参加年金计划的个人在办理退税时，应持居民身份证、企业以前月度申报的含有个人明细信息的年金企业缴费扣缴个人所得税报告表复印件、解缴税款的税收缴款书复印件等资料，以及由企业出具的个人实际可领取的年金企业缴费额与已缴纳税款的年金企业缴费额的差额证明，向主管税务机关申报，经主管税务机关核实后，予以退税。

由于企业年金和股票期权相似，具有留住企业人才的作用。因此，很多企业年金方案中对于职工享受企业年金都有一些限制性规定。如果员工未达到服务年限中途离职或发生其他不符合年金授予条件的情况，企业将可以随之终止年金合同。因此，对于个人而言，由于最终没有得到这笔年金，就存在多缴个人所得税而需要退税的问题。

假如甲公司为李某按月缴存年金已满两年，企业缴费金额合计为48 000元。双方约定李某要服务5年才能拿到企业缴费100%的归属比例。今年初，李某因故提前离开企业，根据约定，李某只能领取企业缴费部分的40%（2 ÷5 ×100%），即19 200元(48 000 × 40%)。此时，应按如下方式计算应退税款：2010年1月至2011年8月年金已纳税款(2 000 ×15% －125) ×20 =3 500（元)；2011年9月至2011年12月年金已纳税款(2 000 × 10% －105) ×4 =380（元），合计3 880元；应退税款3 880 ×(1 －19 200 ÷48 000) =2 328（元)。

10. 如何进行个人所得税的纳税申报？

个人所得税实行源泉分项扣缴和纳税人自行申报两种计征办法。其中以支付所得的单位或个人为扣缴义务人。在两处以上取得应税所得和没有扣缴义务人的，纳税人应当自行申报纳税。自行申报纳税人，应该在取得所得的所在地税务机关申报纳税。纳税人从中国境外取得所得的，应在户籍所在地税务机关或指定税务机关申报纳税。在两处以上取得的所得，按照税法规定，需合并计算纳税的，由纳税人申请、税务机关批准，可在其中一处税务机关申报纳税。纳税人要求变更纳税申报地点的，应经原主管税务机关批准。

纳税义务人有下列情形之一的，应当按照规定到主管税务机关办理纳税申报：年所得12万元以上的；从中国境内两处或者两处以上取得工资、薪金所得的；从中国境外取得所得的；取得应纳税所得，没有扣缴义务人的；国务院规定的其他情形。年所得12万元以上的纳税义务人，在年度终了后3个月内到主管税务机关办理纳税申报。除自行申报纳税的情形之外，一律实行代扣代缴。

设立企业年金计划的企业，应按照个人所得税法和税收征收管理法的有关规定，实行全员全额扣缴明细申报制度。

表 6－4　　代扣代缴个人所得税明细申报表

计算机代码 □□□□□□□□□　单位名称＿＿＿＿　有效联系电话＿＿＿＿

税款所属期 □□□□年□□月□□　申报日期 □□□□ 年 □□ 月 □□ 日

第□□页/共□□页　金额单位：元（角分）

本期本单位总人数		全部人员收入总额		本期应扣缴税额	
其中纳税总人数		纳税收入总额		本期实缴税额	
本期非本单位总人数		应纳税所得额		本期欠缴税额	
其中纳税总人数		减免税额		缴款书号码	

行次	身份证件号码	姓名	国籍编码	行业职业编码	所得项目	纳税人收入额	应纳税所得额	税率（%）	减免税额	抵免境外税额	本期（次）实缴税额
1											
2											
3											
4											
5											
6											
7											
8											
9											
10											
11											
12											
13											
14											
15											

扣缴义务人声明：我声明，此扣缴申报表根据《中华人民共和国个人所得税法》的有关规定填报，我确信它是真实、可靠、完整的。声明人签字：＿＿＿＿＿

会计主管人签字：　　　　扣缴单位（或个人）盖章

填表说明：

1. 负有代扣代缴义务的单位或个人进行个人所得税申报时，使用本表。
2. 国籍编码、行业职业编码和所得项目请查阅本表背面的编码表格进行填写。
3. 本表所申报税款必须用一张缴款书缴纳，缴款书号码一栏必须正确填写。
4. 身份证件是指身份证、军官证、护照等有效身份证件。

表 6－5　　　　个人所得税纳税申报表

（适用于年所得 12 万元以上的纳税人申报）

所得年份：　年　　　　　　填表日期：　年　月　日　金额单位：人民币元（角分）

纳税人姓名		国籍（地区）		身份证照类型		身份证照号码			
任职受雇单位		任职受雇单位税务代码		任职受雇单位所属行业		职务		职业	
在华天数		境内有效联系地址		境内有效联系地址邮编		联系电话			
此行由取得经营所得的纳税人填写	经营单位纳税人识别号		经营单位纳税人名称						

所得项目	年所得额			应纳税所得额	应纳税额	已缴已扣税额	抵扣税额	减免税额	应补税额	应退税额	备注
	境内	境外	合计								
1. 工资、薪金所得											
2. 个体工商户的生产、经营所得											
3. 对企事业单位的承包经营、承租经营所得											
4. 劳务报酬所得											
5. 稿酬所得											
6. 特许权使用费所得											
7. 利息、股息、红利所得											
8. 财产租赁所得											
9. 财产转让所得											

续表

所得项目	年所得额			应纳税所得额	应纳税额	已缴已扣税额	抵扣税额	减免税额	应补税额	应退税额	备注
	境内	境外	合计								
其中：股票转让所得				—	—	—	—	—	—	—	
个人房屋转让所得											
10. 偶然所得											
11. 其他所得											
合计											

我声明，此纳税申报表是根据《中华人民共和国个人所得税法》及有关法律、法规的规定填报的，我保证它是真实的、可靠的、完整的。

纳税人（签字）：

代理人（签章）： 联系电话：

税务机关受理人（签字）： 税务机关受理时间： 年 月 日

受理申报税务机关名称（盖章）：

七、资　源　税

1. 资源税的纳税人与扣缴义务人是如何规定的？资源税的纳税范围主要有哪些项目？农民从事哪些矿产开采活动需要缴纳资源税？

资源税是对在中华人民共和国领域及管辖海域从事应税矿产品开采和生产盐的单位和个人课征的一种税。

资源税的纳税人是指在中华人民共和国领域及管辖海域开采应税资源的矿产品或者生产盐的单位和个人。税法同时规定，收购未税矿产品的单位为资源税的扣缴义务人。其扣缴义务具体包括：独立矿山、联合企业收购未税矿产品的单位，按照本单位应税产品税额、税率标准，依据收购的数量代扣代缴资源税。其他收购单位收购的未税矿产品，按税务机关核定的应税产品税额、税率标准，依据收购的数量代扣代缴资源税。

按照税法规定，农民朋友从事下列矿产开采活动需要缴纳资源税：原油、天然气、煤炭、其他非金属矿原矿、黑色金属矿原矿，有色金属矿原矿和盐。

2. 资源税的税目与税率是如何规定的？

资源税税目包括七大类，在七个税目下面又设有若干个子目。现行资源税的税目及子目主要是根据资源税应税产品和纳税人开采资源的行业特点设置的。

资源税采取从价定率或者从量定额的办法计征，分别以应税产品的销售额乘以纳税人具体适用的比例税率或者应税产品的销售数量乘以纳税人具体适用的定额税率计算，实施“级差调节”的原则。级差调节是指运用资源税对资源贮存状况、开采条件、资源优劣、地理位置等客观存在的差别而产生的资源级差收入，通过实施差别税额标准进行调节。资源条件好的，税率、税额高一些；资源条件差的，税率、税额低一些。资源税税目税率具体规定如表7－1所示。

表7－1 资源税税目、税率表

税目		税率
一、原油		销售额的5%～10%
二、天然气		销售额的5%～10%
三、煤炭	焦煤	每吨8～20元
	其他煤炭	每吨0.3～5元
四、其他非金属矿原矿	普通非金属矿原矿	每吨或者每立方米0.5～20元
	贵重非金属矿原矿	每千克或者每克拉0.5～20元
五、黑色金属矿原矿		每吨2～30元
六、有色金属矿原矿	稀土矿	每吨0.4～60元
	其他有色金属矿原矿	每吨0.4～30元
七、盐	固体盐	每吨10～60元
	液体盐	每吨2～10元

3. 资源税的纳税义务发生时间是如何规定的？

（1）纳税人销售应税产品，其纳税义务发生时间为：纳税人采取分期收款结算方式的，其纳税义务发生时间，为销售合同规定的收款日期的当天。纳税人采取预收货款结算方式的，其纳税义务发生时间，为发出应税产品的当天。纳税人采取其他结算方式的，其纳税义务发生时间，为收讫销售款或者取得索取销售款凭据的当天。

（2）纳税人自产自用应税产品的纳税义务发生时间，为移送使用应税产品的当天。

（3）扣缴义务人代扣代缴税款的纳税义务发生时间，为支付货款的当天。

4. 资源税的纳税期限与纳税地点是如何规定的？

资源税纳税人的纳税期限为1日、3日、5日、10日、15日或者1个月，由主管税务机关根据实际情况具体核定。不能按固定期限计算纳税的，可以按次计算纳税。

纳税人以1个月为一期纳税的，自期满之日起10日内申报纳税；以1日、3日、5日、10日或者15日为一期纳税的，自期满之日起5日内预缴税款，于次月1日起10日内申报纳税并结清上月税款。

凡是缴纳资源税的纳税人，都应当向应税产品的开采或者生产所在地主管税务机关缴纳资源税。纳税人在本省、自治区、直辖市范围内开采或者生产应税产品，其纳税地点需要调整的，由省、自治区、直辖市税务机关决定。在具体实施时，跨省开采资源税应税产品的单位，其下属生产单位与核算单位不在同一省、自治区、直辖市的，对其开采的矿产品，一律在开采地纳税，其应纳税款由独立核算、自负盈亏的单位，按照开采地的实际销售量（或自用量）及适用的单位税额计算划拨。

扣缴义务人代扣代缴的资源税，也应当向收购地主管税务机关缴纳。

5. 资源税有哪些具体的优惠政策？

开采原油过程中，用于加热、修井的原油，免征资源税。纳税人因意外事故、自然灾害等原因，遭受重大损失的，由所在省级人民政府酌情免征或减征资源税。中外合作油（气）田，按合同开采的原油、天然气应按实物征收矿区使用费，暂不征收资源税。对冶金联合企业独立矿山铁矿石资源税，减按规定税额标准的40%征收；对有色金属矿的资源税，减按规定税额标准的70%征收。

石灰石资源税适用税额由每吨2元调整为每吨0.5元至3元；大理石和花岗石适用税额由每立方米3元调整为每立方米3元至10元。各省、自治区、直辖市财政厅（局）、地税局可在上述幅度内确定适用税额标准。调整对冶金矿山铁矿石资源税减征政策，暂按规定税额标准的60%征收。

北方海盐资源税暂减按每吨15元征收；南方海盐、湖盐、井矿盐资源税暂减按每吨10元征收；液体盐资源税暂减按每吨2元征收；通过提取地下天然卤水晒制的海盐和生产的井矿盐，其资源税适用税额标准暂维持不变，仍分别按每吨20元和12元征收。纳税人以外购的液体盐加工固体盐，其加工固体盐所耗用的液体盐的已纳税额准予抵扣。

6. 资源税的计税依据是如何确定的？

资源税实行从价定率征收的以销售额作为计税依据。销售额是指为纳税人销售应税产品向购买方收取的全部价款和价外费用，但不包括收取的增值税销项税额。所称价外费用是指销售方向购买方收取的手续费、补贴、基金、集资费、返还利润、奖励费、违约金（延期付款利息）、包装费、包装物租金、储备费、优质费、运输装卸费、代收款项、代垫款项及其他各种性质的价外收费。

资源税实行从量定额征收，以征税数量为计税依据。纳税人开采或生产应税产品销售的，以销售数量为征税数量。纳税人开采或者生产应税产品自用的，以自用数量为征税数量。纳税人不能准确提供应税产品销售数量或移送使用数量的，以应税产品的产量或主管税务机关确定的折算比例换算成的数量为征税数量。

对于连续加工前无法正确计算原煤移送使用量的，可按加工产品的综合回收率，将加工产品实际销量和自用量折算成原煤数量作为征税数量。

金属和非金属矿产品原矿，因无法准确掌握纳税人移送使用原矿数量的，可将其实精矿按选矿比折算成原矿数量作为征税数量。

纳税人以自产的液体盐加工固体盐，按固体盐税额征税，以加工的固体盐数量为征税数量。纳税人以外购的液体盐加工固体盐，其加工固体盐所耗用液体盐的已纳税额准予抵扣。

纳税人开采或者生产不同税目应税产品的，应当分别核算不同税目应税产品的征税数量；未分别核算或者不能准确提供不同税目应税产品的征税数量的，从高适用税额。

7. 资源税应纳税额如何计算?

资源税的应纳税额，按照从价定率或者从量定额的办法，分别以应税产品的销售额乘以纳税人具体适用的比例税率或者以应税产品的销售数量乘以纳税人具体适用的定额税率计算。其中，实行从价定率征收的，根据应税产品的销售额和规定的适用税率计算应纳税额，具体计算公式如下：

应纳税额 = 销售额 × 适用税率

实行从量定额征收的，根据应税产品的征税数量和规定的单位税额计算应纳税额，具体计算公式如下：

应纳税额 = 应税产品征税数量 × 适用税额标准

代扣代缴应纳税额 = 收购未税矿产品的数量 × 适用的单位税额

例题 7 - 1：某个人投资油田本月销售原油 100 000 吨，规定的资源税适用税额标准为每吨 8 元，销售天然气 800 万立方米，天然气的适用税额标准为每千立方米 4 元，该油田应纳资源税税额的计算方法为：

应缴资源税税额 = 100 000 × 8 + 8 000 × 4 = 832 000(元)

例题 7 - 2：某乡办盐厂当月自产原盐 2 500 吨，生产出再制盐 2 000 吨，资源税适用税额作准为每吨 25 元，计算该盐厂应纳资源税额如下：

应纳税额 = 2 500 × 25 = 625 000(元)

8. 如何进行资源税的纳税申报?

资源税的纳税人不论本期是否发生应税行为，均应按期进行纳税申报，在规定的时间内向主管税务机关报送资源税纳税申报表。

资源税纳税申报表的格式如表7-2所示。

表7-2　　资源税纳税申报表

纳税人识别号：□□□□□□□□□□□□□□□□□□□□

纳税人名称：（公章）

税款所属期限：自　年　月　日至　年　月　日　填表日期：　年　月　日

金额单位：元（列至角分）

<table>
<tr><td colspan="2">产品名称</td><td>征税单位</td><td>征税数量</td><td>单位税额</td><td>本期应纳税额</td><td>本期已纳税额</td><td>本期应补（退）税额</td><td>备注</td></tr>
<tr><td colspan="2">1</td><td>2</td><td>3</td><td>4</td><td>5=3×4</td><td>6</td><td>7=5-6</td><td></td></tr>
<tr><td rowspan="6">应纳税额项目</td><td></td><td></td><td></td><td></td><td></td><td></td><td></td><td></td></tr>
<tr><td></td><td></td><td></td><td></td><td></td><td></td><td></td><td></td></tr>
<tr><td></td><td></td><td></td><td></td><td></td><td></td><td></td><td></td></tr>
<tr><td></td><td></td><td></td><td></td><td></td><td></td><td></td><td></td></tr>
<tr><td></td><td></td><td></td><td></td><td></td><td></td><td></td><td></td></tr>
<tr><td></td><td></td><td></td><td></td><td></td><td></td><td></td><td></td></tr>
<tr><td rowspan="5">减税免税项目</td><td></td><td></td><td></td><td></td><td></td><td></td><td></td><td></td></tr>
<tr><td></td><td></td><td></td><td></td><td></td><td></td><td></td><td></td></tr>
<tr><td></td><td></td><td></td><td></td><td></td><td></td><td></td><td></td></tr>
<tr><td></td><td></td><td></td><td></td><td></td><td></td><td></td><td></td></tr>
<tr><td></td><td></td><td></td><td></td><td></td><td></td><td></td><td></td></tr>
</table>

<table>
<tr><td rowspan="7">纳税人或代理人声明：此纳税申报表是根据国家税收法律的规定填报的，我确信它是真实的、可靠的、完整的。</td><td colspan="6">如纳税人填报，由纳税人填写以下各栏</td></tr>
<tr><td>经办人（签章）</td><td></td><td>会计主管（签章）</td><td></td><td>法定代表人（签章）</td><td></td></tr>
<tr><td colspan="6">如委托代理人填报，由代理人填写以下各栏</td></tr>
<tr><td>代理人名称</td><td colspan="3"></td><td colspan="2" rowspan="3">代理人（公章）</td></tr>
<tr><td>经办人（签章）</td><td colspan="3"></td></tr>
<tr><td>联系电话</td><td colspan="3"></td></tr>
</table>

<table>
<tr><td colspan="4">以下由税务机关填写</td></tr>
<tr><td>收到申报表日期</td><td></td><td>接收人</td><td></td></tr>
</table>

八、土地增值税

1. 土地增值税的征税范围、纳税人与税率是如何规定的?

(1) 土地增值税是对有偿转让中华人民共和国国有土地使用权、地上建筑物及其附着物并取得的收入征收税款。

所谓国有土地使用权，是指土地使用人根据国家法律、合同等规定，对国家所有的土地享有的使用权利。土地增值税只对企业、单位和个人等经济主体转让国有土地使用权的行为征税。对属于集体所有的土地按现行规定须先由国家征用后才能转让。根据《中华人民共和国土地管理法》，国家为了公共利益，可以依照法律规定征用集体土地，依法被征用后的土地属于国家所有。未经国家征用的集体土地不得转让。自行转让集体土地是一种违法行为，应由有关部门依照相关法律来处理，而不应纳入土地增值税的征税范围。出让国有土地的行为也不在土地增值税征税范围之列。

所谓地上建筑物，是指建于土地上的一切建筑物，包括地上地下的各种附属设施。如厂房、仓库、商店、医院、住宅、地下室、围墙、烟囱、电梯、中央空调、管道等。所谓附着物是指附着于土地上、不能移动，一经移动即遭损坏的种植物、养植物及其他物品。上述建筑物和附着物的所有者对自己的财产依法享有占有、使用、收益和处置的权利，即拥有排他性的全部产权。税法规定，纳税人转让地上建筑物和其他附着物的产权转让，取得的增值性收入，也应计算缴纳土地增值税。换言之，纳入土地增值税课征范围的增值额，是纳税人转让房地产所取得的全部增值额，而非仅仅是土地使用权转让的收入。

土地增值税对有偿转让的房地产征税，对以继承、赠与等方式无偿转让的房地产，不予征税。不征土地增值税的房地产赠与行为包括以下两种情况：其一是房产所有人、土地使用权所有人将房屋产权、土地使用权赠与直系亲属或承担直接赡养义务人的行为。其二是房产所有人、土地使用权所有人通过中国境内非营利的社会团体、国家机关将房屋产权、土地使用权赠与教育、民政和其他社会福利、公益事业的行为。其中，社会团体是指中国青少年发展基金会、希望工程基金会、宋庆龄基金会、减灾委员会、中国红十字会、中国残疾人联合会、全国老年基金会、老区促进会，以及经民政部门批准成立的其他非营利的公益性组织。

对若干具体情况的判定：第一，仅对土地进行通水、通电、通路和平整地面等土地开发，不进行房地产开发。直接将空地出售出去，这属于国有土地使用权的有偿转让，既要产权过户，又有经济利益的流入，土地使用权又是国有的，应纳入土地增值税的征税范围。第二，取得国有土地使用权后进行房屋开发建造然后出售的，属于房地产开发，应纳入土地增值税的征税范围，产权是国有的必然要变更，还要有经济利益的流入。第三，已经建成并已投入使用的房地产，房屋所有人将房屋产权和土地使用权一并转让给其他单位和个人，属于存量房地产的买卖。原土地使用权属于无偿划拨的，还应当到土地管理部门补交土地出让金，既发生了产权的转让又取得了收入，应纳入土地增值税的征税范围。

对于房地产的出租，由于没有发生房产产权、土地使用权的转让，不属于土地增值税的征税范围。而房地产的抵押，是房地产的产权所有人、依法取得土地使用权的土地使用人作为债务人或第三人向债权人提供不动产作为清偿债务的担保而不转移权属的法律行为。这种情况由于房产的产权、土地使用权在抵押期间产权并没有发生权属的变更，因此抵押期不征。但是抵押期满，产权是否变更要看是否偿付了本息。偿付了本息，产权不会变更；如果没有偿付本息，以房产抵债了自然要产权过户，三个条件都具备了，就要纳入土地增值税的征税范围。

纳税人之间交换房地产，产权需要过户，土地使用权国有，有实物经济利益的流入，应该纳入土地增值税的征税范围。但对个人之间互换自有居住用房的，经当地税务机关核实后可以免征土地增值税。房地产评估增值，没有发生房地产权属的转让，不属于征收土地增值税的范围。

对于以房地产进行投资、联营的，如果投资、联营的一方以房地产作价入股进行投资或作为联营条件，暂免征收土地增值税。但对以房地产作价入股，凡所投资、联营的企业从事房地产开发的，或者房地产开发企业以其建造的商品房进行投资和联营的，或是投资、联营企业将上述房地产再转让，则属于征收土地增值税的范围。

对于一方出地，一方出资金，双方合作建房，建成后按比例分房自用的，暂免征收土地增值税；建成后转让的，应征收土地增值税。在企业兼并中，对被兼并企业将房地产转让到兼并企业中的，暂免征收土地增值税。房地产开发公司代客户进行房地产的开发，开发完成后向客户收取代建收入的行为，对于房地产开发公司而言，虽然取得了收入，但产权并不变更，其收入属于劳务收入性质，不属于土地增值税的征税范围。

土地使用者转让、抵押或置换土地，无论其是否取得了该土地的使用权属证书，无论其在转让、抵押或置换土地过程中是否与对方当事人办理了土地使用权属证书变更登记手续，只要土地使用者享有占有、使用、收益或处分该土地的权利，且有合同等证据表明其实质转让、抵押或置换了土地并取得了相应的经济利益，土地使用者及其对方当事人应当依照税法规定缴纳土地增值税。

（2）转让国有土地使用权、地上的建筑物及其附着物（简称转让房地产）并取得收入的单位和个人，为土地增值税的纳税义务人（简称纳税人），应当缴纳土地增值税。所称纳税人包括：机关、团体、部队、企事业单位、个体工商业户及国内其他单位和个人、外商投资企业及外国机构、华侨、港澳同胞等。

（3）土地增值税实行四级超率累进税率：增值额未超过扣除项目金额50%的部分，税率为30%。增值额超过扣除项目金额50%、未超过扣除项目金额100%的部分，税率为40%。增值额超过扣除项目金额100%、未超过扣除项目金额200%的部分，税率为50%。增值额超过扣除项目金额200%的部分，税率为60%。具体如表8－1所示。

表8－1

级次	级别	税率（%）	速算扣除率（%）
1	增值额未超过扣除项目金额50%的部分	30	0
2	增值额超过扣除项目金额50%、未超过扣除项目金额100%的部分	40	5
3	增值额超过扣除项目金额100%、未超过扣除项目金额200%的部分	50	15
4	增值额超过扣除项目金额200%的部分	60	35

2. 土地增值税的增值额是如何计算确定的？

土地增值税的计税依据是纳税人转让房地产所取得的土地增值额，及纳税人转让房地产收入减除法定扣除项目后的余额。转让房地产收入包括货币收入、实物收入和其他收入。法定扣除项目具体是指：

（1）取得土地使用权所支付的金额：指纳税人为取得土地使用权所支付的地价款和按国家统一规定交纳的有关费用。

（2）开发土地的成本、费用。开发土地和新建房及配套设施（以下简称房增开发）的成本，是指纳税人房地产开发项目实际发生的成本（以下简称房增开发成本），包括土地征用及拆迁补偿费、前期工程费、建筑安装工程费、基础设施费、公共配套设施费、开发间接费用。土地征用及拆迁补偿费，包括土地征用费、耕地占用税、劳动力安置费及有关地上、地下附着物拆迁补偿的净支出、安置动迁用房支出等。前期工程费，包括规划、设计、项目可行性研究和水文、地质、勘察、测绘、“三通一平”等支出。建筑安装工程费，是指以出包方式支付给承包单位的建筑安装工程费，以自营方式发生的建筑安装工程费。基础设施费，包括开发小区内道路、供水、供电、供气、排污、排洪、通讯、照明、环卫、绿化等工程发生的支出。公共配套设施费，包括不能有偿转让的开发小区内公共配套设施发生的支出。开发间接费用，是指直接组织、管理开发项目发生的费用，包括工资、职工福利费、折旧费、修理费、办公费、水电费、劳动保护费、周转房摊销等。

（3）新建房及配套设施的成本、费用，或者旧房及建筑物的评估价格。开发土地和新建房及配套设施的费用（以下简称房地产开发费用），是指与房地产开发项目有关的销售费用、管理费用、财务费用。财务费用中的利息支出，凡能够按转让房地产项目计算分摊并提供金融机构证明的，允许据实扣除，但最高不能超过按商业银行同类同期贷款利率计算的金额。其他房地产开发费用，按取得土地使用权所支付的金额、开发土地的成本、费用项规定计算的金额之和的5%以内计算扣除。凡不能按转让房地产项目计算分摊利息支出或不能提供金融机构证明的，房地产开发费用按取得土地使用权所支付的金额、开发土地的成本、费用项规定计算的金额之和的10%以内计算扣除。其计算扣除的具体比例，由各省、自治区、直辖市人民政府规定。旧房及建筑物的评估价格，是指在转让已使用的房屋及建筑物时，由政府批准设立的房地产评估机构评定的重置成本价乘以成新度折扣率后的价格。评估价格须经当地税务机关确认。

（4）与转让房地产有关的税金：指在转让房地产时缴纳的营业税、城市维护建设税、印花税。因转让房地产交纳的教育费附加，也可视同税金予以扣除。

（5）财政部规定的其他扣除项目，如对从事房地产开发的纳税人可控取得土地使用权所支付的金额和房地产开发成本的金额之和，加计20%的扣除。

纳税人成片受让土地使用权后，分期分批开发、转让房地产的，其扣除项目金额的确定，可按转让土地使用权的面积占总面积的比例计算分摊，或按建筑面积计算分摊，也可按税务机关确认的其他方式计算分摊。

纳税人有下列情况之一的，按照房地产评估价格计征土地增值税：隐瞒、虚报房地产成交价格的；提供扣除项目金额不实的；转让房地产成交价格低于评估价格而又无正当理由的。

3. 土地增值税的应纳税额如何计算？

土地增值税税额的计算如下：

应税增值额 = 转让房地产收入 - 扣除项目金额

应税增值额与扣除项目金额比率 = 应税增值额/扣除项目金额 ×100%

应纳土地增值税额 = 应税增值额 × 适用税率 - 扣除项目金额 × 速算扣除率

例题 8-1：某县房地产开发公司出售一幢写字楼，收入总额为 10 000 万元。开发该写字楼有关支出为：支付地价款及各种费用 1 000万元；房地产开发成本 3 000 万元；财务费用中的利息支出为 500 万元（可按转让项目计算分摊并提供金融机构证明），但其中有 50 万元属加罚的利息；转让环节缴纳的有关税费共计为 555 万元；该单位所在地政府规定的其他房地产开发费用计算扣除比例为 5%。计算该房地产开发公司应纳的土地增值税税额如下：

允许扣除的项目金额 = 1 000 + 3 000 + 500 - 50 + (1 000 + 3 000) ×5% + 555 + (1 000 + 3 000) ×20% = 6 005(万元)

增值额 = 10 000 - 6 005 = 3 995(万元)

增值率 = 3 995 ÷ 6 005 ×100% = 66.53%

应纳土地增值税税额 = 3 395 ×40% - 6 005 ×5%

= 1 297.75(万元)

例题 8-2：某县房地产公司开发 100 栋花园别墅，其中 80 栋出售，10 栋出租，10 栋待售。每栋地价 14.8 万元，登记、过户手续费0.2万元，开发成本包括土地征用及拆迁补偿费、前期工程费、建筑安装工程费等合计50万元，能提供银行证明的贷款支付利息0.5万元。每栋售价180万元，营业税率5%，城建税税率5%，教育费附加征收率3%。计算该公司应缴土地增值税税额如下：

转让收入：180×80=14 400(万元)

取得土地使用权所支付的金额与房地产开发成本合计：(14.8+0.2+50)×80=5 200(万元)

房地产开发费用扣除：0.5×80+5 200×5%=300(万元)

转让营业税金及附加支出：

14 400×5%×(1+5%+3%)=777.6(万元)

加计扣除金额：5 200×20%=1 040(万元)

扣除项目合计：5 200+300+777.6+1 040=7 317.6(万元)

增值额=14 400-7 317.6=7 082.4(万元)

增值额与扣除项目金额比率=7 082.4÷7 317.6×100%

=96.79%

应纳土地增值税税额=7 082.4×40%-7 317.6×5%

=2 467.08(万元)

4. 土地增值税有哪些具体的优惠政策？

(1) 纳税人建造普通标准住宅出售，增值额未超过扣除项目金额20%的，免征土地增值税。所称普通标准住宅，是指按所在地一般民用住宅标准建造的居住用住宅。高级公寓、别墅、度假村等不属于普通标准住宅。普通标准住宅与其他住宅的具体划分界线由各省、自治区、直辖市人民政府规定。纳税人建造普通标准住宅出售，增值额为超过扣除项目金额20%的，免征土地增值税增值额超过扣除项目金额20%的，应就其全部增值额按规定计税。

(2) 因国家建设需要依法征用、收回的房地产，免征土地增值税。这里所说的“因国家建设需要依法征用、收回的房地产”，是指因城市实施规划、国家建设的需要而被政府批准征用的房产或收回的土地使用权。因城市实施规划、国家建设的需要而搬迁，由纳税人自行转让原房地产的，比照有关规定免征土地增值税。

（3）个人因工作调动或改善居住条件而转让原自用住房，经向税务机关申报核准，凡居住满5年或5年以上的，免予征收土地增值税；居住满3年未满5年的，减半征收土地增值税。居住未满3年的，按规定计征土地增值税。

5. 如何进行土地增值税的纳税申报？

纳税人应当自转让房地产合同签订之日起七日内向房地产所在地主管税务机关办理纳税申报，并在税务机关核定的期限内缴纳土地增值税。土地增值税由税务机关征收。土地管理部门、房产管理部门应当向税务机关提供有关资料，并协助税务机关依法征收土地增值税。纳税人未按照本条例缴纳土地增值税的，土地管理部门、房产管理部门不得办理有关的权属变更手续。

表8－2　　土地增值税纳税申报表（一）

（从事房地产开发的纳税人适用）

税款所属时间：　　年　月　日　　　　填表日期：　　年　月　日

金额单位：元（列至角分）　　面积单位：平方米

计算机代码			纳税人名称			
项目名称			项目地址			
业别		登记注册类型		纳税人地址		邮政编码
开户银行		银行账号		主管部门		电话

项目		行次	金额
一、转让房地产收入总额 1＝2＋3		1	
其中	货币收入	2	
	实物收入及其他收入	3	
二、扣除项目金额合计 4＝5＋6＋13＋16＋20		4	
1. 取得土地使用权所支付的金额		5	
2. 房地产开发成本 6＝7＋8＋9＋10＋11＋12		6	

续表

项　目		行次	金额
其中	土地征用及拆迁补偿费	7	
	前期工程费	8	
	建筑安装工程费	9	
	基础设施费	10	
	公共配套设施费	11	
	开发间接费用	12	
3. 房地产开发费用 13 = 14 + 15		13	
其中	利息支出	14	
	其他房地产开发费用	15	
4. 与转让房地产有关的税金等 16 = 17 + 18 + 19		16	
其中	营业税	17	
	城市维护建设税	18	
	教育费附加	19	
5. 财政部规定的其他扣除项目		20	
三、增值额 21 = 1 - 4		21	
四、增值额与扣除项目金额之比（%）22 = 21 ÷ 4		22	
五、适用税率（%）		23	
六、速算扣除系数（%）		24	
七、应缴土地增值税税额 25 = 21 × 23 - 4 × 24		25	
八、已缴土地增值税税额		26	
九、应补（退）土地增值税税额 27 = 25 - 26		27	
十、累计欠税余额		28	
十一、欠缴滞纳金		29	

纳税人声明	授权人声明	代理人声明
我单位所申报的各种税（费）款真实、准确，如有虚假内容，愿承担法律责任。 办税员： 法定代表人（负责人）：　（章） 年　月　日	现委托　　为我单位纳税申报代理人。 委托合同号码： 授权人（法定代表人）： 年　月　日	本纳税申报是按照国家税法和税务机关规定填报的，我确信其真实、合法。 代理人： 代理机构（公章） 年　月　日

续表

纳税人声明	授权人声明	代理人声明
以下由税务机关填写		
受理人： （征税专用章） 受理日期： 年 月 日	稽核人员： 稽核日期： 年 月 日	

表 8-3　　土地增值税纳税申报表（二）

（非从事房地产开发的纳税人适用）

税款所属时间： 年 月 日　　填表日期： 年 月 日

金额单位：元（列至角分）　面积单位：平方米

计算机代码		纳税人名称			
项目名称		项目地址			
业　别		登记注册类型		纳税人地址		邮政编码	
开户银行		银行账号		主管部门		电话	

项　目		行次	金额
一、转让房地产收入总额 1 = 2 + 3		1	
其中	货币收入	2	
	实物收入及其他收入	3	
二、扣除项目金额合计 4 = 5 + 6 + 9		4	
1. 取得土地使用权所支付的金额		5	
2. 旧房及建筑物的评估价格 6 = 7 × 8		6	
其中	旧房及建筑物的重置成本价	7	
	成新度折扣率	8	
3. 与转让房地产有关的税金等 9 = 10 + 11 + 12 + 13		9	
其中	营业税	10	
	城市维护建设税	11	
	印花税	12	
	教育费附加	13	

续表

项　　目	行次	金额
三、增值额 14 = 1 − 4	14	
四、增值额与扣除项目金额之比（%） 15 = 14 ÷ 4	15	
五、适用税率（%）	16	
六、速算扣除系数（%）	17	
七、应缴土地增值税税额 18 = 14 × 16 − 4 × 17	18	
八、累计欠税余额	19	
九、欠缴滞纳金	20	

纳税人声明	授权人声明	代理人声明
我单位所申报的各种税（费）款真实、准确，如有虚假内容，愿承担法律责任。 办税员： 法定代表人（负责人）：　（章） 年　月　日	现委托　　为我单位纳税申报代理人。 委托合同号码： 授权人（法定代表人）： 年　月　日	本纳税申报是按照国家税法和税务机关规定填报的，我确信其真实、合法。 代理人： 代理机构（公章） 年　月　日

以下由税务机关填写

受理人： （征税专用章） 受理日期：　年　月　日	稽核人员： 稽核日期：　年　月　日

九、印 花 税

1. 印花税的纳税人与纳税范围是如何规定的？农民从事哪些经营活动需要缴纳印花税？

印花税是对我国经济活动和经济交往中书立、领受凭证行为征收的一种行为税。因其采用在应税凭证上面粘贴印花税票的方法作为完税的标记，故称作印花税。印花税的纳税义务人，是在我国境内书立、使用、领受《中华人民共和国印花税暂行条例》所列举凭证的国内各类企业、事业、机关、团体、部队以及中外合资企业、合作企业、外资企业、外国公司企业和其他经济组织及其在华机构等单位和个人。

根据书立、领受应纳税凭证的不同，纳税人可分别称为合同的立合同人、产权转移书据的立据人、营业账簿的立账簿人、权利许可证照的领受人。同一凭证，由两方或者两方以上当事人签订并各执一份的，应当由各方就所执的一份各自全额贴花。当事人的代理人有代理纳税的义务。按照税法规定，农民专业合作社和村集体经济组织所兴办经济实体及其农民朋友个人在经济活动中书立、领受下列税法所列举的凭证就需要履行缴纳印花税的义务：

（1）购销、加工承揽、建设工程承包、财产租赁、货物运输、仓储保管、借款、财产保险、技术合同或者具有合同性质的凭证。

（2）产权转移书据，包括财产所有权和版权、商标专用权、专利权、专有技术使用权等转移书据。

（3）营业账簿，包括单位和个人从事生产经营活动所设立的各种账册。

（4）权利许可证照，包括房屋产权证、工商营业执照、商标注册证、专利证、土地使用证。

（5）经财政部确定征税的其他凭证。

按照《印花税暂行条列》的规定，下列合同及其行为或者情况无需缴纳印花税：

（1）既有订单又有购销合同。在购销活动中，有时供需双方只填制订单，不再签订购销合同，此时订单作为当事人之间建立供需关系、明确供需双方责任的业务凭证，该订单具有合同性质，需按照规定贴花。但在既有订单，又有购销合同情况下，只需就购销合同贴花，订单对外不再发生权利义务关系，仅用于企业内部备份存查，无需贴花。

（2）非金融机构之间签订的借款合同。根据《印花税暂行条例》规定，银行与其他金融组织和借款人所签订的借款合同需要缴纳印花税，和非金融性质的企业或个人签订的借款合同不需要缴纳印花税。企业向股东贷款是企业进行融资的常见方式，和股东所签订的借款合同，如果双方都不属于金融机构，无需贴花。

（3）股权投资协议。股权投资协议是投资各方在投资前签订的协议，只是一种投资的约定，不属于印花税征税范围，无需贴花。

（4）继续使用已到期合同。企业所签订的已贴花合同到期，但因合同所载权利义务关系尚未履行完毕，需继续执行合同所载内容，即继续使用已到期合同，只要该合同所载内容和金额没有增加，无需再重新贴花。但如果合同所载内容和金额增加，或者就尚未履行完毕事项另签合同的，需要按照《印花税暂行条例》的规定另行贴花。

（5）委托代理合同。代理单位和委托方签订的委托代理合同，凡是仅明确代理事项、权限和责任的，不属于应税凭证，无需贴花。

（6）货运代理企业和委托方签订的合同和开出的货物运输代理业专用发票。在货运代理业务中，委托方和货运代理企业签订的委托代理合同，以及货运代理企业开给委托方的货物运输代理业专用发票，不属于印花税应税凭证，无需贴花。

（7）承运快件行李、包裹开具的托运单据。在货物托运业务中，承、托运双方需以运费结算凭证作为应税凭证，按照规定贴花。但对于托运快件行李、包裹业务，开具的托运单据暂免贴花。

（8）工程监理合同。建设工程监理，是指具有相关资质的监理单位受建设单位（项目法人）的委托，依据国家批准的工程项目建设文件等相关规定，代替建设单位对承建单位的工程建设实施监控的一种专业化服务活动。技术咨询合同，是当事人就有关项目的分析、论证、评价、预测和调查订立的技术合同。因此，工程监理合同并不属于“技术合同”税目中的技术咨询合同，无需贴花。

（9）三方合同中的担保人、鉴定人等非合同当事人。作为购销合同、借款合同等的担保人、鉴定人、见证人而签订的三方合同，虽然购销合同、借款合同属于印花税应税凭证，但参与签订合同的担保人、鉴定人、见证人不是印花税纳税义务人，无需就所参与签订的合同贴花。

根据《印花税暂行条例》规定，同一凭证，由两方或者两方以上当事人签订并各执一份的，应当由各方就所执的一份各自全额贴花。所称当事人，是指对凭证有直接权利义务关系的单位和个人，不包括担保人、证人、鉴定人。

（10）没有书面凭证的购销业务。印花税的征税对象是合同，或者具有合同性质的凭证。在商品购销活动中，直接通过电话、计算机联网订货，不使用书面凭证的，不需缴纳印花税。例如通过网络订书、购物等。

（11）商业票据贴现。企业向银行办理商业承兑汇票等商业票据贴现，从银行取得资金，但贴现业务并非是向银行借款，在贴现过程中不涉及印花税。所称票据贴现业务是指持票人在票据尚未到期的情况下，为提前获得现金，将票据所有权转移给银行，银行将票据到期值扣除贴现利息后的余额支付给持票人的业务。

（12）实际结算金额超过合同金额。印花税的征税对象是合同，征税依据是合同所载金额，而不是根据实际业务的交易金额。如果已按规定贴花的合同在履行后，实际结算金额和合同所载金额不一致，不再补贴花，也不退税。

(13) 培训合同。企业签订的各类培训合同，只有属于技术培训合同的，才需要按照“技术合同”贴花，其他的培训合同，不属于印花税征税范围，不需贴花。技术培训合同是当事人一方委托另一方对指定的专业技术人员进行特定项目的技术指导和专业训练所订立的技术合同。对各种职业培训、文化学习、职工业余教育等订立的合同，不属于技术培训合同，不贴印花。

(14) 土地租赁合同。在印花税税目表的“财产租赁合同”税日中并没有列举土地使用权租赁项目，因此土地租赁合同不属于应税凭证，无需贴花。

(15) 承包经营合同。承包经营合同在印花税税目中并没有列举，不属于印花税应税凭证。

(16) 修理单。修理合同属于“加工承揽合同”，但对于委托商店、门市部的零星修理而开具的修理单，无需贴花。

2. 印花税的税目与税率是如何规定的?

印花税共有13个税目。而印花税的税率设计，遵循税负从轻、共同负担的原则，税率相对来说比较低。凭证的当事人，即对凭证有直接权利与义务关系的单位和个人均应就其所持凭证依法纳税。印花税的税目税率规定具体如表9-1所示。

表9-1 印花税税目、税率表

税目	范围	税率	纳税人	说明
1. 购销合同	包括供应、预购、采购、购销、结合及协作、调剂、补偿、易货等合同	按购销金额0.3‰贴花	立合同人	
2. 加工承揽合同	包括加工、定作、修缮、修理、印刷广告、测绘、测试等合同。	按加工或承揽收入0.5‰贴花	立合同人	

续表

税　目	范　围	税　率	纳税人	说　明
3. 建设工程勘察设计合同	包括勘察、设计合同	按收取费用0.5‰贴花	立合同人	
4. 建筑安装工程承包合同	包括建筑、安装工程承包合同	按承包金额0.3‰贴花	立合同人	
5. 财产租赁合同	包括租赁房屋、船舶、飞机、机动车辆、机械、器具、设备等合同	按租赁金额1‰贴花。税额不足1元，按1元贴花	立合同人	
6. 货物运输合同	包括民用航空运输、铁路运输、海上运输、内河运输、公路运输和联运合同	按运输费用0.5‰贴花	立合同人	单据作为合同使用的，按合同贴花
7. 仓储保管合同	包括仓储、保管合同	按仓储保管费用1‰贴花	立合同人	仓单或栈单作为合同使用的，按合同贴花
8. 借款合同	银行及其他金融组织和借款人（不包括银行同业拆借）所签订的借款合同	按借款金额0.05‰贴花	立合同人	单据作为合同使用的，按合同贴花
9. 财产保险合同	包括财产、责任、保证、信用等保险合同	按保险费收入1‰贴花	立合同人	单据作为合同使用的，按合同贴花
10. 技术合同	包括技术开发、转让、咨询、服务等合同	按所载金额0.3‰贴花	立合同人	

续表

税　目	范　围	税　率	纳税人	说　明
11. 产权转移书据	包括财产所有权和版权、商标专用权、专利权、专有技术使用权等转移书据、土地使用权出让合同、土地使用权转让合同、商品房销售合同	按所载金额0.5‰贴花	立据人	
12. 营业账簿	生产、经营用账册	记载资金的账簿，按实收资本和资本公积的合计金额0.5‰贴花。其他账簿按件贴花5元	立账簿人	
13. 权利、许可证照	包括政府部门发给的房屋产权证、工商营业执照、商标注册证、专利证、土地使用证	按件贴花5元	领受人	

3. 印花税的纳税地点是如何规定的？

印花税一般实行就地纳税。对于全国性商品物资订货会（包括展销会、交易会等）上所签订合同应纳的印花税，有纳税人会其所在回其所在地后及时办理贴花完税手续；对地方主办、不涉及省际关系的订货会、展销会上所签合同的印花税，其纳税地点由各省、自治区、直辖市人民政府自行确定。

4. 印花税应纳税额如何计算？

印花税应纳税额的计算采用比例税率和定额税率两种。其应纳税额的计算公式如下：

应纳税额＝应纳税凭证记载的金额（或费用、收入额）×适用税率

应纳税额＝应纳税凭证的件数×适用税额标准

例题 9－1：某村办贸易公司 2012 年 8 月 16 日开始营业，工商营业执照、土地使用证、领受房产证各一件；订立产品购销合同，所载金额 150 万元；与其他企业订立转移专有技术使用权书据，所载金额 60 万元；订立借款合同，所载金额 50 万元；企业设立营业账簿 20 本，“实收资本”科目载有资金 600 万元；2012 年 12 月该企业“实收资本”与“资本公积”科目所载资金增加为 800 万元；计算该企业应缴印花税税额如下：

领受房产证、工商营业执照、土地使用证应缴印花税税额 $=3\times5=15$（元）

产品购销合同应缴印花税税额 $=1\ 500\ 000\times0.3‰=450$（元）

转移专有技术使用权书据应缴印花税税额 $=600\ 000\times0.5‰$
$=300$（元）

借款合同应缴印花税税额 $=500\ 000\times0.05‰=25$（元）

企业设立营业账簿应缴印花税税额 $=20\times5+8\ 000\ 000\times0.5‰$
$=4\ 100$（元）

5. 怎样进行贴花完税？需要支付大额印花税税款的怎样缴纳？

税法规定，印花税实行由纳税人根据规定自行计算应纳税额，购买并一次贴足印花税票的缴纳办法。简称贴花。纳税人在合同签订时、书据立据时、账簿启用时和证照领受时贴花。印花税实行自报自缴，如果发生应缴纳印花税行为，应按规定自行贴花。

纳税人根据应纳税凭证的性质，分别按比例税率或者按件定额计算缴纳。应纳税额不足一角的，免纳印花税；应纳税额在一角以上的，其税额尾数不满五分的不计，满五分的按一角计算缴纳。但财产租赁合同规定最低一元的应纳税额的起点，即税额超过一角不足一元的按一元缴纳。

印花税由纳税人于应税凭证书立或者领受时贴花，自行购买并一次贴足印花税票；印花税票应当粘贴在应纳税凭证上，并由纳税人在每枚税票的骑缝处盖戳注销或者画销。

为简化贴花手续，对纳税人使用同一种类应税凭证或应纳税额较大的，需要频繁贴花的由纳税人提出申请，经地方税务部门批准，可按月实行汇总缴纳印花税并发给汇总缴纳许可证。汇总缴纳的应税凭证应编号并装订成册填制汇总封面，税务部门凭印花税完税凭证，在汇总封面上加盖“印花税收讫专用章”，由企业保存备查。

同一凭证，由两方或者两方以上当事人签订并各执一份的，应当由各方就所执的一份各自全额贴花。

表 9－2　　印花税纳税申报表

填报日期：　　　　年　月　日

纳税人识别号：□□□□□□□□□□□□□□□□□□□□

金额单位：元（列至角分）

<table>
<tr><td colspan="2">纳税人名称</td><td colspan="5"></td><td colspan="2">税款所属时期</td><td colspan="2"></td></tr>
<tr><td rowspan="2">应税凭证名称</td><td rowspan="2">件数</td><td rowspan="2">计税金额</td><td rowspan="2">适用税率</td><td rowspan="2">应纳税额</td><td rowspan="2">已纳税额</td><td rowspan="2">应补（退）税额</td><td colspan="4">贴花情况</td></tr>
<tr><td>上期结存</td><td>本期购进</td><td>本期贴花</td><td>本期结存</td></tr>
<tr><td>1</td><td>2</td><td>3</td><td>4</td><td>5＝2×4或5＝3×4</td><td>6</td><td>7＝5－6</td><td>8</td><td>9</td><td>10</td><td>11＝8＋9－10</td></tr>
<tr><td></td><td></td><td></td><td></td><td></td><td></td><td></td><td></td><td></td><td></td><td></td></tr>
<tr><td></td><td></td><td></td><td></td><td></td><td></td><td></td><td></td><td></td><td></td><td></td></tr>
<tr><td></td><td></td><td></td><td></td><td></td><td></td><td></td><td></td><td></td><td></td><td></td></tr>
<tr><td></td><td></td><td></td><td></td><td></td><td></td><td></td><td></td><td></td><td></td><td></td></tr>
<tr><td></td><td></td><td></td><td></td><td></td><td></td><td></td><td></td><td></td><td></td><td></td></tr>
</table>

<table>
<tr><td colspan="2">如纳税人填报，由纳税人填写以下各栏</td><td colspan="3">如委托代理人填报，由代理人填写以下各栏</td><td>备注</td></tr>
<tr><td rowspan="3">会计主管（签章）</td><td rowspan="3">纳税人（公章）</td><td>代理人名称</td><td></td><td rowspan="2">代理人（公章）</td><td rowspan="2"></td></tr>
<tr><td>代理人地址</td><td></td></tr>
<tr><td>经办人姓名</td><td></td><td>电话</td><td></td></tr>
<tr><td colspan="6">以下由税务机关填写</td></tr>
<tr><td>收到申请表日期</td><td colspan="2"></td><td>接收人</td><td colspan="2"></td></tr>
</table>

已贴花的凭证，修改后所载金额增加的，其增加部分应当补贴

印花税票。

印花税可以采取委托代征的办法征收。税务机关委托经由发放或者办理应税凭证的单位代为征收印花税税款。

大额印花税的缴纳可由纳税人到当地税务主管机关填报印花税纳税申报表并按照规定缴纳税款。

6. 印花税的免税项目主要有哪些内容?

(1) 下列情形可以免征印花税：已缴纳印花税的凭证的副本或者抄本免纳印花税；财产所有人将财产赠给政府、社会福利单位、学校所书立的书据免纳印花税；无息、贴息贷款合同免纳印花税；国家指定的收购部门与村民委员会，农民个人书立的农副产品收购合同免纳印花税；外国政府或者国际金融组织向我国政府及国家金融机构提供优惠贷款所书立的合同免纳印花税。

(2) 按照有关税收文件规定，下列凭证、合同免纳印花税：凡附有军事运输命令或使用专用的军事物资运费结算凭证，免纳印花税。凡附有县级以上（含县级）人民政府抢险救灾物资运输证明文件的运费结算凭证，免纳印花税。为新建铁路运输施工所需物料、使用工程监管线专用运输结算凭证，免纳印花税。国防科工委管辖的军工企业和科研单位，与军队、武警部队、公安、国家安全部为研制和提供军火武器（包括指挥、侦察通讯装备，下同）所签订的合同免征印花税；国防科工委管辖的军工系统内各单位之间，为研制军火武器所签订的合同免征印花税。房地产管理部门与个人订立的房租合同，凡房屋属于用于生活居住的，暂免贴花。对于企业集团内具有平等法律地位的主体之间自愿订立、明确双方购销关系、据以供货和结算、具有合同性质的凭证，应按规定征收印花税。对于企业集团内部执行计划使用的、不具有合同性质的凭证，不征收印花税。对农民专业合作社与本社成员签订的农业产品和农业生产资料购销合同，免征印花税。对个人销售或购买住房暂免征收印花税。对与高校学生签订的学生公寓租赁合同，免征印花税。对个人出租、承租住房签订的租赁合同，免征印花税。对廉租住房、经济适用住房经营管理单位与廉租住房、经济适用住房相关的印花税以及廉租住房承租人、经济适用住房购买人涉及的印花税予以免征。开发商在经济适用住房、商品住房项目中配套建造廉租住房，在商品住房项目中配套建造经济适用住房，如能提供政府部门出具的相关材料，可按廉租住房、经济适用住房建筑面积占总建筑面积的比例免征开发商应缴纳的印花税。对财产所有人将财产赠给学校所立的书据，免征印花税。

十、城市维护建设税

1. 城市维护建设税的主要特征是什么？城市维护建设税的纳税人与计算税款的依据是如何规定的？

城市维护建设税，简称城建税。是我国为了加强城市的维护建设，扩大和稳定城市维护建设资金的来源，对有经营收入的单位和个人征收的一个税种。其主要特征如下：

（1）税款专款专用，具有受益税性质。按照财政的一般性要求，税收及其他政府收入应当纳入国家预算，根据需要统一安排使用。即并不规定各个税种收入的具体使用范围和方向，否则也就无所谓国家预算了。但是作为例外，也有个别税种事先明确规定使用范围与方向，税款的缴纳与受益更直接地联系起来，通常称其为受益税。城市维护建设税专款专用，用来保证城市的公共事业和公共设施的维护和建设，就是一种具有受益税性质的税种。

（2）属于一种附加税。城市维护建设税与其他税种不同，没有独立的征税对象或税基，而是以增值税、消费税、营业税“三税”实际缴纳的税额之和为计税依据，随“三税”同时附征，本质上属于附加税性质。

（3）税率有区域差别。按照城市维护建设税条例的规定，纳税人所在地为城市市区的，税率为7%；纳税人所在地为县城、建制镇的，税率为5%；纳税人所在地不在城市市区、县城或建制镇的，税率为1%。这种根据城镇规模不同。差别设置税率的办法，较好地照顾了城市建设的不同需要。

（4）征收范围较广。鉴于增值税、消费税、营业税在我国现行税制中属于主体税种，而城市维护建设税又是其附加税，原则上讲，只要缴纳增值税、消费税、营业税中任一税种的纳税人都要缴纳城市维护建设税。这也就等于说，除了减免税等特殊情况以外，任何从事生产经营活动的企业单位和个人都要缴纳城市维护建设税，这个征税范围当然是比较广的。

城市维护建设税纳税义务人是缴纳产品税、增值税、营业税的单位和个人。包括国有企业、集体企业、私营企业、股份制企业、其他企业和行政单位、事业单位、军事单位、社会团体、其他单位，以及个体工商户及其他个人。对外商投资企业、外国企业以及外籍个人同时征收城市维护建设税。

城市维护建设税是以纳税人实际缴纳的流转税额为计税依据征收的一种税，纳税环节确定在纳税人缴纳的增值税、消费税、营业税的环节上，从商品生产到消费流转过程中只要发生增值税、消费税、营业税的当中一种税的纳税行为，就要以这种税的税额为依据计算缴纳城市维护建设税。同时对出口产品退还增值税、消费税的，不退还已缴纳的城建税。

2. 城市维护建设税的税率是如何规定的？

根据《中华人民共和国城市维护建设税暂行条例》及其《实施细则》有关规定，城建税是根据城市维护建设资金的不同层次的需要而设计的，实行分区域的差别比例税率，即按纳税人所在城市、县城或镇等不同的行政区域分别规定不同的比例税率。具体规定为：

纳税人所在地在市区的，税率为7%。这里所称的“市”是指国务院批准市建制的城市，“市区”是指省人民政府批准的市辖区（含市郊）的区域范围。

纳税人所在地在县城、镇的税率为5%。这里所称的“县城、镇”是指省人民政府批准的县城、县属镇（区级镇），县城、县属镇的范围按县人民政府批准的城镇区域范围。

纳税人所在地不在市区、县城、县属镇的，税率为1%。

大中型工矿企业所在地不在城市市区、县城、建制镇的，税率为5%。纳税人在外地发生缴纳增值税、消费税、营业税的，按纳税发生地的适用税率计征城建税。

3. 城市维护建设税的应纳税额如何计算？

城市维护建设税以纳税人当期实际缴纳的增值税、消费税、营业税税额作为计税依据计算应纳税款。其计算应缴城市维护建设税税额的公式如下：

应纳税额 =（增值税 + 消费税 + 营业税）× 适用税率

例题 10 - 1：某乡镇企业 2012 年 6 月实际缴纳增值税款为 400 万元，消费税款为 100 万元，则城市维护建设税税额计算如下：

应缴城市维护建设税税额 =（400 + 100）× 1% = 5（万元）

需要强调的是：城建税是一种附加税，其计税依据是纳税人实际缴纳的增值税、消费税、营业税税额，不包括非税款项。海关对进口产品代征的增值税、消费税，不征收城建税。

4. 城市维护建设税的纳税义务发生时间、纳税期限和纳税地点是如何规定的？

城市维护建设税系增值税、消费税、营业税的附加税，现行税法规定，城市维护建设税纳税义务发生时间和纳税期限与“三税”完全一致。对于按规定以 1 日、3 日、5 日、10 日、15 日、1 个月为一期缴纳“三税”的纳税人，其城市维护建设税的纳税期限也相应规定为以 1 日、3 日、5 日、10 日、15 日、1 个月为一期。

按照规定，城市维护建设税的纳税地点也同“三税”相同，增值税、消费税、营业税在哪里缴纳，城市维护建设税也在哪里缴纳。但在大多数情况下，“三税”及城市维护建设税的纳税地点都在纳税人的所在地。但是，但也有以下需要集中或分开缴纳等的特殊情况：

（1）代扣代缴、代收代缴“三税”的单位和个人，同时也是城市维护建设税的代扣代缴、代收代缴义务人，其城建税的纳税地点在代扣代缴地。

（2）对管道局输油部分的收入，由取得收入的各管道局于所在地缴纳营业税。所以，其应缴纳城建税，也应由取得收入的个管道局于所在地缴纳营业税时一并缴纳。

（3）跨省开采的油田，其下属生产单位与核算单位不在一个省（自治区、直辖市，下同）内的，各油井应纳的城市维护建设税，应由核算单位计算，随同增值税一并汇拨油井所在地，由油井在缴纳增值税的同时，一并缴纳城市维护建设税。

（4）对流动经营等无固定纳税地点的单位和个人，应随同“三税”在经营地按适用税率缴纳。

5. 如何进行城市维护建设税的纳税申报？

企业应当于月度终了后在进行“三税”申报的同时，进行城市维护建设税的纳税申报。对于按规定以1日、3日、5日、10日、15日、1个月为一期缴纳“三税”的纳税人，应在按规定预缴“三税”的同时，预缴相应的城市维护建设税。对于以1个月为一期缴纳“三税”的建筑施工单位，应当在缴纳当月全部“三税”税额时，同时按照纳税申报表确定的应纳税额全额缴纳城市维护建设税。城市维护建设税纳税申报表的格式如表10－1所示。

表10－1　　城市维护建设税申报表

填表日期：　　年　月　日

纳税人识别号：　　　　纳税人名称：

申报所属期起：　　　申报所属期止：　　　　单位：元（列至角分）

税种	计税依据			税率	应纳税（费）额	减免税（费）额	应缴纳税（费）额
	增值税额	消费税额	营业税额				
1	2	3	4	5	6＝（2＋3＋4）×5	7	8＝6－7
城市维护建设税							

续表

<table>
<tr><td colspan="3">如纳税人填报，由纳税人填写以下各栏</td><td colspan="3">如委托税务代理机构填报，由税务代理机构填写以下各栏</td></tr>
<tr><td colspan="2" rowspan="3">会计主管（签章）</td><td rowspan="3">经办人（签章）</td><td>税务代理机构名称</td><td></td><td rowspan="3">税务代理机构（公章）</td></tr>
<tr><td>税务代理机构地址</td><td></td></tr>
<tr><td>代理人（签章）</td><td></td></tr>
<tr><td rowspan="4">申报声明</td><td colspan="2" rowspan="4">此纳税申报表是根据国家税收法律的规定填报的，我确信它是真实的、可靠的、完整的。
申明人：
法定代表人（负责人）签字或盖章
（公 章）</td><td colspan="3">以下由税务机关填写</td></tr>
<tr><td>受理日期</td><td></td><td>受理人</td></tr>
<tr><td>审核日期</td><td></td><td>审核人</td></tr>
<tr><td>审核记录</td><td colspan="2"></td></tr>
</table>

十一、耕地占用税

1. 耕地占用税的特征是什么？耕地占用税的纳税范围是如何规定的？农民从事哪些经营活动需要缴纳耕地占用税？

耕地占用税是国家对占用耕地建房或者从事其他非农业建设的单位和个人，依据实际占用耕地面积，按照规定税额一次性征收的一种税。从实际征收来看，耕地占用税是对占用耕地建房或从事非农业建设的单位或个人所征收。作为一个出于特定目的、对特定的土地资源课征的税种，与其他税种相比，耕地占用税具有比较鲜明的特征，主要表现在：

（1）兼具资源税与特定行为税的性质。耕地占用税以占用农用耕地建房或从事其他非农用建设的行为为征税对象，以约束纳税人占用耕地的行为、促进土地资源的合理运用为课征目的，除具有资源占用税的属性外，还具有明显的特定行为税的特点。

（2）采用地区差别税率。耕地占用税采用地区差别税率，根据不同地区的具体情况，分别制定差别税额，以适应我国地域辽阔、各地区之间耕地质量差别较大、人均占有耕地面积相差悬殊的具体情况，具有因地制宜的特点。

（3）在占用耕地环节一次性课征。耕地占用税在纳税人获准占用耕地的环节征收，除对获准占用耕地后超过两年未使用者须加征耕地占用税外，此后不再征收耕地占用税。因而，耕地占用税具有一次性征收的特点。

（4）税收收入专用于耕地开发与改良。耕地占用税收入按规定应用于建立发展农业专项基金，主要用于开展宜耕土地开发和改良现有耕地之用，因此，具有“取之于地、用之于地”的补偿性特点。

耕地占用税的征税范围包括纳税人为建房或从事其他非农业建设而占用的国家所有和集体所有的耕地。所称耕地是指农民从事种植农业作物的耕地，包括菜地、园地。其中，园地包括花圃、苗圃、茶园、果园、桑园和其他种植经济林木的土地。

占用鱼塘及其他农用土地建房或从事其他非农业建设，也视同占用耕地，必须依法征收耕地占用税。占用已开发从事种植、养殖的滩涂、草场、水面和林地等从事非农业建设，由省、自治区、直辖市本着有利于保护土地资源和生态平衡的原则，结合具体情况确定是否征收耕地占用税。在占用之前三年内属于上述范围的耕地或农用土地，也视为耕地处理。

占用林地、牧草地、农田水利用地、养殖水面以及渔业水域滩涂等其他农用地建房或者从事非农业建设的，征收耕地占用税。建设直接为农业生产服务的生产设施占用农用地的，不征收耕地占用税。所称林地，包括有林地、灌木林地、疏林地、未成林地、迹地、苗圃等，不包括居民点内部的绿化林木用地，铁路、公路征地范围内的林木用地，以及河流、沟渠的护堤林用地。牧草地，包括天然牧草地、人工牧草地。农田水利用地，包括农田排灌沟渠及相应附属设施用地。养殖水面，包括人工开挖或者天然形成的用于水产养殖的河流水面、湖泊水面、水库水面、坑塘水面及相应附属设施用地。渔业水域滩涂，包括专门用于种植或者养殖水生动植物的海水潮浸地带和滩地。

建设直接为农业生产服务的生产设施占用农用地的，不征收耕地占用税。所称直接为农业生产服务的生产设施，是指直接为农业生产服务而建设的建筑物和构筑物。具体包括：储存农用机具和种子、苗木、木材等农业产品的仓储设施；培育、生产种子、种苗的设施；畜禽养殖设施；木材集材道、运材道；

农业科研、试验、示范基地；野生动植物保护、护林、森林病虫害防治、森林防火、木材检疫的设施；专为农业生产服务的灌溉排水、供水、供电、供热、供气、通讯基础设施；农业生产者从事农业生产必需的食宿和管理设施；其他直接为农业生产服务的生产设施。

2. 耕地占用税的纳税人是如何规定的？其计算税款的依据有哪些？

负有缴纳耕地占用税义务的单位和个人。包括在我国境内占用耕地建房或者从事其他非农业建设的单位和个人。具体可分为三类：企业、行政单位、事业单位；乡镇集体企业、事业单位；农村居民和其他公民。

农户占用耕地建房的耕地占用税纳税义务人规定如下：《中华人民共和国耕地占用税暂行条例》规定“占用耕地建房或者从事其他非农业建设的单位和个人，都是耕地占用税的纳税义务人”。对于农民家庭占用耕地建房的，家庭成员中除未成年人和没有行为能力的人外，都可为耕地占用税的纳税义务人。

耕地占用税的计税依据应按照批准面积和实际占地面积孰大的原则确定。纳税人实际占地面积（含受托代占地面积）大于批准占地面积的，以实际占地面积计税；批准占地面积大于实际占地面积的，以批准占地面积计税。未经批准占用耕地的，以实际占地人为耕地占用税的纳税人，以纳税人实际占用耕地的面积计征耕地占用税。

3. 耕地占用税的税率是如何规定的？

由于在我国的不同地区之间人口和耕地资源的分布极不均衡，有些地区人烟稠密，耕地资源相对匮乏；而有些地区则人烟稀少，耕地资源比较丰富。各地区之间的经济发展水平也有很大差异。考虑到不同地区之间客观条件的差别以及与此相关的税收调节力度和纳税人负担能力方面的差别，耕地占用税在税率设计上采用了地区差别定额税率。税率规定如下：人均耕地不超过1亩的地区（以县级行政区域为单位，下同），每平方米为10～50元；人均耕地超过1亩但不超过2亩的地区，每平方米为8～40元；人均耕地超过2亩但不超过3亩的地区，每平方米6～30元；人均耕地超过3亩以上的地区，每平方米5～25元。

经济特区、经济技术开发区和经济发达、人均耕地特别少的地区，适用税额可以适当提高，但最多不得超过上述规定税额的50%。而对于占用基本农田的，适用税额应当在规定的当地适用税额的基础上提高50%。所称基本农田是指依据《基本农田保护条例》划定的基本农田保护区范围内的耕地。各地耕地占用税平均税额具体如表11－1所示。

表11－1　各省、自治区、直辖市耕地占用税平均税额

地　区	每平方米平均税额（元）
上海	45.00
北京	40.00
天津	35.00
江苏、浙江、福建、广东	30.00
辽宁、湖北、湖南	25.00
河北、安徽、江西、山东、河南、重庆、四川	22.50
广西、海南、贵州、云南、陕西	20.00
山西、吉林、黑龙江	17.50
内蒙古、西藏、甘肃、青海、宁夏、新疆	12.50

4. 耕地占用税有哪些具体的优惠政策？

（1）属于军事设施占用耕地的免征耕地占用税。所称军事设施具体范围包括：地上、地下的军事指挥、作战工程；军用机场、港口、码头；营区、训练场、试验场；军用洞库、仓库；军用通信、侦察、导航、观测台站和测量、导航、助航标志；军用公路、铁路专用线，军用通讯、输电线路，军用输油、输水管道；其他直接用于军事用途的设施。

（2）学校、幼儿园、养老院、医院占用耕地的免征耕地占用税。学校，具体范围包括县级以上人民政府教育行政部门批准成立的大学、中学、小学、学历性职业教育学校以及特殊教育学校。学校内经营性场所和教职工住房占用耕地的，按照当地适用税额缴纳耕地占用税。幼儿园，具体范围限于县级人民政府教育行政部门登记注册或者备案的幼儿园内专门用于幼儿保育、教育的场所。养老院，具体范围限于经批准设立的养老院内专门为老年人提供生活照顾的场所。医院，具体范围限于县级以上人民政府卫生行政部门批准设立的医院内专门用于提供医护服务的场所及其配套设施。医院内职工住房占用耕地的，按照当地适用税额缴纳耕地占用税。

（3）铁路线路、公路线路、飞机场跑道、停机坪、港口、航道占用耕地，减按每平方米 2 元的税额征收耕地占用税。铁路线路，具体范围限于铁路路基、桥梁、涵洞、隧道及其按照规定两侧留地。专用铁路和铁路专用线占用耕地的，按照当地适用税额缴纳耕地占用税。公路线路，具体范围限于经批准建设的国道、省道、县道、乡道和属于农村公路的村道的主体工程以及两侧边沟或者截水沟。专用公路和城区内机动车道占用耕地的，按照当地适用税额缴纳耕地占用税。飞机场跑道、停机坪，具体范围限于经批准建设的民用机场专门用于民用航空器起降、滑行、停放的场所。港口，具体范围限于经批准建设的港口内供船舶进出、停靠以及旅客上下、货物装卸的场所。航道，具体范围限于在江、河、湖泊、港湾等水域内供船舶安全航行的通道。

（4）农村居民占用耕地新建住宅，按照当地适用税额减半征收耕地占用税。农村居民占用耕地新建住宅，是指农村居民经批准在户口所在地按照规定标准占用耕地建设自用住宅。农村居民经批准搬迁，原宅基地恢复耕种，凡新建住宅占用耕地不超过原宅基地面积的，不征收耕地占用税；超过原宅基地面积的，对超过部分按照当地适用税额减半征收耕地占用税。

(5) 农村烈士家属、残疾军人、鳏寡孤独以及革命老根据地、少数民族聚居区和边远贫困山区生活困难的农村居民，在规定用地标准以内新建住宅缴纳耕地占用税确有困难的，经所在地乡（镇）人民政府审核，报经县级人民政府批准后，可以免征或者减征耕地占用税。所称农村烈士家属，包括农村烈士的父母、配偶和子女。革命老根据地、少数民族聚居地区和边远贫困山区生活困难的农村居民，其标准按照各省、自治区、直辖市人民政府有关规定执行。

按照规定免征或者减征耕地占用税后，纳税人改变原占地用途，不再属于免征或者减征耕地占用税情形的，应当按照当地适用税额补缴耕地占用税。纳税人改变占地用途，不再属于免税或减税情形的，应自改变用途之日起30日内按改变用途的实际占用耕地面积和当地适用税额补缴税款。

5. 耕地占用税的纳税期限是如何规定的?

耕地占用税纳税义务发生时间是经批准占用耕地的，耕地占用税纳税义务发生时间为纳税人收到土地管理部门办理占用农用地手续通知的当天。未经批准占用耕地的，耕地占用税纳税义务发生时间为实际占用耕地的当天。

纳税人占用耕地或其他农用地，应当在耕地或其他农用地所在地主管地税机关申报纳税。

6. 耕地占用税应纳税额如何计算?

耕地占用税以纳税人实际占用的耕地面积为计税依据，以每平方米土地为计税单位，按适用的定额税率计税。其应纳税额计算公式如下：

应纳税额 = 实际占用耕地面积(平方米) × 适用定额税率

例题 11－1：某县一家企业新占用20 000平方米耕地用于工业

建设，所占耕地适用的定额税率规定为每平方米 20 元。计算该企业应纳的耕地占用税税额如下：

应缴耕地占用税税额 = 20 000 × 20 = 400 000（元）

7. 如何进行耕地占用税的纳税申报？

耕地占用税由地方税务机关负责征收。实行由纳税人到税务机关上门申报的方式。纳税人应在耕地或其他农用地所在地的主管税务机关办理申报纳税手续。土地管理部门在通知单位或者个人办理占用耕地手续时，应当同时通知耕地所在地同级地方税务机关。获准占用耕地的单位或者个人应当在收到土地管理部门的通知之日起 30 日内缴纳耕地占用税。土地管理部门凭耕地占用税完税凭证或者免税凭证和其他有关文件发放建设用地批准书。

纳税人具有下列情形的可以到当地税务机关办理退税：纳税人临时占用耕地，应当依照规定缴纳耕地占用税。纳税人在批准临时占用耕地的期限内恢复所占用耕地原状的，全额退还已经缴纳的耕地占用税。临时占用耕地，是指纳税人因建设项目施工、地质勘查等需要，在一般不超过两年内临时使用耕地并且没有修建永久性建筑物的行为。因污染、取土、采矿塌陷等损毁耕地的，由造成损毁的单位或者个人缴纳耕地占用税。超过两年未恢复耕地原状的，已征税款不予退还。

经批准占用耕地的，纳税人应在收到土地管理部门办理占用农用地手续通知时，持批准用地文件、市发展和改革委员会批准立项文书、项目建设平面图等申报资料原件及复印件，并如实填写耕地占用税纳税申报表，到税务机关办理纳税申报手续。未经批准占用耕地的，纳税人应在实际占用耕地时，如实填写耕地占用税纳税申报表，到税务机关办理申报纳税手续。税务机关会在受理纳税人申报后开具税收缴款书交纳税人，缴款书中“税款限缴日期”栏填写自开具缴款书之日起第 30 日的具体日期，纳税人应在限缴日期前办理税款入库手续。

表 11－2　　耕地占用税纳税申报表

税款所属期：　　年　月　日至　　年　月　日

纳税人识别号：

纳税人名称：　　　　　　　　　　　　　金额：元（列至角分）；面积：平方米

占地位置	占地项目名称	占地项目类型	批准占地文号	批准占地日期	批准占地面积	单位税额	应纳税额	减免税额	应补（退）税额
					1	2	3＝1×2	4	5＝3－4

<table>
<tr><td colspan="2">如纳税人填报，由纳税人填写以下各栏</td><td colspan="4">如委托税务代理机构填报，由税务代理机构填写以下各栏</td></tr>
<tr><td rowspan="2">会计主管（签章）</td><td rowspan="2">经办人（签章）</td><td colspan="2">税务代理机构名称</td><td></td><td rowspan="3">税务代理机构（公章）</td></tr>
<tr><td colspan="2">税务代理机构地址</td><td></td></tr>
<tr><td rowspan="5">申报声明</td><td rowspan="5">此纳税申报表是根据国家税收法律的规定填报的，我确信它是真实的、可靠的、完整的。
申明人：
（法定代表人签字或盖章）
（公章）</td><td colspan="2">代理人（签章）</td><td></td></tr>
<tr><td colspan="4">以下由税务机关填写</td></tr>
<tr><td>受理日期</td><td></td><td>受理人</td><td></td></tr>
<tr><td>审核日期</td><td></td><td>审核人</td><td></td></tr>
<tr><td>审核记录</td><td colspan="3"></td></tr>
</table>

十二、契　　税

1. 契税的主要特征是什么？契税的纳税人是如何规定的？

契税是以在中华人民共和国境内转移土地、房屋权属为征税对象，向产权承受人征收的一种财产税。契税属于财产转移税，它以权属发生转移的土地和房屋为征税对象，具有对财产转移征税性质；同时，契税由财产承受人缴纳是其另外一个重要特征。大部分情形下，在收税制度中确定纳税人都是确定销售者为纳税人，即卖方纳税；而在《中华人民共和国契税暂行条例》中规定买方纳税的主要目的，在于承认不动产的转移生效，承受人纳税以后，便可拥有转移过来的不动产的产权或者使用权，法律保护了纳税人的合法权益。契税一次性征收，并且普遍适用于内资和外资企业、中国公民和外籍人员。

在中华人民共和国境内转移土地、房屋权属，承受的单位和个人为契税的纳税人，应当依照《中华人民共和国契税暂行条例》的规定缴纳契税。条例所称土地、房屋权属，是指土地使用权、房屋所有权；条例所称承受，是指以受让、购买、受赠、交换等方式取得土地、房屋权属的行为；条例所称单位，是指企业单位、事业单位、国家机关、军事单位和社会团体以及其他组织；条例所称个人是指个体经营者及其他个人，包括中国公民和外籍人员。

2. 契税的纳税范围是如何规定的?

（1）国有土地使用权出让。是指土地使用者向国家交付土地使用权出让费用，国家将国有土地使用权在一定年限内让予土地使用者的行为。

（2）土地使用权转让。是指土地使用者以出售、赠与、交换或者其他方式将土地使用权转移给其他单位和个人的行为。其中，土地使用权出售是指土地使用者以土地使用权作为交易条件，取得货币、实物、无形资产或者其他经济利益的行为；土地使用权赠与，是指土地使用者将其土地使用权无偿转让给受赠者的行为；土地使用权交换，是指土地使用者之间相互交换土地使用权的行为。土地使用权的转让不包括农村集体土地承包经营权的转移。如某省某生态农业发展有限公司有偿受让某县某村山林使用权50年，用于生态农业的综合开发，就不属于农村集体土地承包经营权的转移，应按土地使用权转让处理并征收契税。需要说明的是，土地租赁行为不属于契税征收范围。以获奖方式承受土地使用权的视同为土地使用权赠与，应按照规定缴纳契税。以预购方式或者预付集资建房款方式承受土地使用权的，视同为房屋买卖，承受人应按照规定缴纳契税。

（3）房屋买卖。是指房屋所有者将其房屋出售，由承受者交付货币、实物、无形资产或者其他经济利益的行为。根据现行契税法规的规定，房屋使用权的转移行为不属于契税征收范围，不应征收契税。以下几种特殊情况视同为买卖房屋：

第一，经当地政府和有关部门批准的以房产抵债或者实物交换房屋的，均应视同房屋买卖，应由产权承受人按照房屋现值缴纳契税。如张某无力偿还陆某债务而以自有的房产折价抵偿债务。经双方同意和有关部门批准，陆某取得了张某原有房屋的产权，在办理产权过户时，按照房产折价款缴纳契税。若以实物交换房屋，应视同货币购买房屋。

第二，以房产作为投资或者股权转让的，其交易业务的性质属于房屋产权转移，应根据国家房地产管理的有关规定，办理房屋产权交易和产权变更登记手续，视同房屋买卖，由产权承受人按照规定的契税税率计算缴纳契税。如投资人王某以自有的一套房屋投资于某村办物流公司，其房屋产权变更为该村办物流公司所有，房产的产权所有人发生变化。该物流公司在办理产权登记手续后，按照王某入股房产的现值缴纳契税。若投资人李某以股份方式购买该物流公司房产的产权，则李某在办理了产权登记后，按照取得房屋的买价缴纳契税。以自有房产作股投入本人独资经营的企业，产权所有人和使用权、使用人都没有发生任何变化，因而不需要办理房产的变更手续，同样不需要办理契税缴纳手续。

第三，买房拆料或者翻建新房的应该照章缴纳契税。原因是，买受人无论其目的是取得该房屋的建筑材料还是翻建新房，实际都构成了房屋的买卖。买受人应首先办理房屋产权的变更手续，并按照买价缴纳契税。

第四，合建商品房，并在商品房建成后，将其中一部分商品房产权以补偿征地款方式转移给居民。其转移方式实质上是一种以征地款购买房产的行为，承受人应依法缴纳契税。

第五，以预购方式或者预付集资建房款方式承受房屋权属的，视同为房屋买卖，承受人应按照规定缴纳契税。

(4) 房屋赠与。是指房屋所有者将其房屋无偿转让给受赠者的行为。由于房屋是不动产且价值较大，故法律要求赠与房屋应由书面合同（契约），并且赠与方与受赠人需要到房地产管理机关或者农村基层政权机关办理过户手续才能生效。如果房屋赠与行为涉及到了涉外关系，还需公证处证明和外事部门认证才能生效。房屋的受赠人应该按照规定缴纳契税。居民个人根据国家房改政策购买的公有住房，并取得房改房产权证后，将名下的房屋产权转移给其子女，属于契税法规规定的赠与行为，应依照规定征收契税。以获奖方式承受房屋权属的视同为房屋赠与，应按照规定缴纳契税。

(5) 房屋交换。是指房屋所有者之间相互交换房屋的行为。

上述条款中的房屋是指有屋面和围护结构（有墙或两边有柱），能够遮风避雨，可供人们在其中生产、工作、学习、娱乐、居住或储藏物资的场所。独立于房屋之外的建筑物，如围墙、烟囱、水塔、变电塔、油池油柜、酒窖菜窖、酒精池、糖蜜池、室外游泳池、玻璃暖房、砖瓦石灰窑以及各种油气罐等，不属于房产。但是，对具备以上所述房屋功能的地下建筑，包括与地上房屋相连的地下建筑以及完全建在地面以下的建筑、地下人防设施按照规定划入房屋范围。

(6) 承受国有土地使用权所应支付的土地出让金，需要计征税款。不得因减免土地出让金而减免契税。土地使用者转让、抵押或置换土地，无论其是否取得了该土地的使用权属证书，无论其在转让、抵押或置换土地过程中是否与对方当事人办理了土地使用权属证书变更登记手续，只要土地使用者享有占有、使用、收益或处分该土地的权利，且有合同等证据表明其实质转让、抵押或置换了土地并取得了相应的经济利益，土地使用者及其对方当事人应当依照税法规定缴纳契税。

(7) 对经法院判决的无效产权转移行为不征收契税。法院判决撤销房屋所有权证后，已纳契税款应予退还。私人购置房屋建立私立医院的，不属于公有事业单位购置房产行为范围，应计征契税。

(8) 对于同一自然人发起设立的一人有限责任公司与个人独资公司之间发生的土地、房屋权属转移行为，属于同一投资主体内部所属企业的划转行为，不征收契税。企业改制重组过程中，同一投资主体内部所属企业之间土地、房屋权属的无偿划转，不征收契税。自然人与其个人独资企业、一人有限责任公司之间土地、房屋权属的无偿划转属于同一投资主体内部土地、房屋权属的无偿划转，不征收契税。公司制企业在重组过程中，以名下土地、房屋权属对其全资子公司进行增资，属同一投资主体内部资产划转，对全资子公司承受母公司土地、房屋权属的行为，不征收契税。

3. 契税的税率如何规定？其计算税款的依据如何规定？

契税实行3% ~5%的幅度税率。实行幅度税率是考虑到了我国经济发展的不平衡性，各地经济发展差别较大的实际情况。因而，各省、自治区、直辖市人民政府可以在3% ~5%的幅度税率范围内，按照本地区的实际情况决定。

契税的计税依据为不动产的价格。由于土地、房屋权属转移方式的不同，其定价方法并不相同，具体计税依据还需依照不同情况而定。

（1）国有土地使用权出让、土地使用权出售、房屋买卖，以成交价格作为计税依据。成交价格，是指土地、房屋权属转移合同确定的价格，包括承受者应交付的货币、实物、无形资产或者其他经济利益。其中，协议方式出让的成交价格包括土地出让金、土地补偿费、安置补助费、地上附着物和青苗补偿费、拆迁补偿费、市政建设配套费等承受者应支付的货币、实物、无形资产及其他经济利益。以竞价方式出让的应确定为竞价的成交价格，土地出让金、市政建设配套费以及各种补偿费用应包括在内。合同确定的成交价格中包含的所有价款都属于计税依据范围。土地使用权出让、土地使用权转让、房屋买卖的成交价格中所包含的行政事业性收费，属于成交价格的组成部分，不应从中剔除，纳税人应按合同确定的成交价格全额计算缴纳契税。成交价格明显低于市场价格并且无正当理由的，由征收机关参照市场价格核定其计税依据。具体方法如下：采用评估价格，即由政府批准设立的房地产评估机构根据相同地段、同类房地产进行综合评定，并经当地税务机关确认的价格。或者采用土地基准地价，即由县以上人民政府公示的土地基准地价。房屋买卖的契税计税价格为房屋买卖合同的总价款，买卖装修的房屋，装修费用应包括在内。

（2）土地使用权赠与、房屋赠与，由征收机关参照土地使用权出售、房屋买卖的市场价格核定其计税依据。

（3）土地使用权交换、房屋交换，以所交换的土地使用权、房屋价格的差额作为计税依据。土地使用权交换、房屋交换，交换价格不相等的，由多交付货币、实物、无形资产或者其他经济利益的一方缴纳税款。交换价格相等的，免征契税。所交换土地使用权、房屋的价格的差额明显不合理并且无正当理由的，由征收机关参照市场价格核定其计税依据。

(4) 以划拨方式取得土地使用权，经批准转让房地产时，有房地产转让者补交契税。计税依据是补交的土地使用权出让费用或者土地收益。以划拨方式取得的国有土地使用权，经批准再转让，需由取得划拨土地使用权者补缴土地出让费用或土地收益，并缴纳契税。其计税依据为应补缴的土地使用权出让费用或者土地收益。取得转让土地使用权的承受人，应按照规定的成交价格计算税款。

(5) 采取分期付款方式购买房屋附属设施土地使用权、房屋所有权的，应按合同规定的总价款作为计税依据；承受的房屋附属设施权属为单独计价的，按照当地确定的适用税率征收契税；如与房屋统一计价的，适用于房屋相同的契税税率。

(6) 属于个人接受无偿赠与不动产的行为（法定继承遗产人的除外），应对受赠人接受房产价值的全额征收契税。缴纳契税时，纳税人须提交经税务机关审核并签字盖章的个人无偿赠与不动产登记表并经税务机关或者其他征收机关在纳税人的契税完税凭证上面加盖“个人无偿赠与”印章，在个人无偿赠与不动产登记表中签字并将该表格留存。

(7) 出让国有土地使用权的，其契税的计税依据是承受人为取得该土地使用权而支付的全部经济利益。而对通过“招、拍、挂”程序承受国有土地使用权的，应按照土地成交总价款及征税款，其中的土地前期发开成本不得扣除。土地使用权受让人通过完成土地使用权转让方约定的投资额度或投资特定项目，以此获取低价转让或无偿赠与的土地使用权，其计税价格由征收机关参照纳税义务发生时当地的市场价格核定。

4. 契税的应纳税额如何计算？

应纳税额 = 计税依据 × 税率

例题 12－1： 居民张某拥有两套住房，将其中一套出售给李某，成交价格是 2 000 000 元；将另一套住房与王某交换，并支付给王某房屋差价款 600 000 元。若核定契税税率是 4%，计算居民张某和李某应缴的契税税款如下：

张某应纳契税税额 =600 000 ×4% =24 000（元）

李某应纳契税税额 =2 000 000 ×4% =80 000（元）

例题 12 -2：某村办甲企业将市区内的一套自有产权营业用房出售给村办乙企业，契约上面的成交价格是150万元，税务机关经过核实，确定计税价格是150万元，若契税税率是4%，则其相关乙企业应缴契税税额计算如下：

应纳契税税额 =150 ×4% =6（万元）

5. 契税有哪些具体的优惠政策？

（1）国家机关、事业单位、社会团体、军事单位承受土地、房屋用于办公、教学、医疗、科研和军事设施的，免征契税；

（2）城镇职工按规定第一次购买公有住房的，免征契税；第一次购买公有住房的，是指经县以上人民政府批准，在国家规定标准面积以内购买的公有住房。城镇职工享受免征契税，仅限于第一次购买的公有住房。超过国家规定标准面积的部分，仍应按照规定缴纳契税。

（3）因不可抗力灭失住房而重新购买住房的，酌情准予减征或者免征契税。不可抗力是指自然灾害、战争等不能预见、不能避免、并不能克服的客观情况。

（4）土地、房屋被县级以上人民政府征用、占用后，重新承受土地、房屋权属的，是否减征或者免征契税，由省、自治区、直辖市人民政府确定。

（5）纳税人承受荒山、荒沟、荒丘、荒滩土地使用权，用于农、林、牧、渔业生产的，免征契税。

（6）依照我国有关法律规定以及我国缔结或参加的双边和多边条约或协定的规定应当予以免税的外国驻华使馆、领事馆、联合国驻华机构及其外交代表、领事官员和其他外交人员承受土地、房屋权属的，经外交部确认，可以免征契税。

经批准减征、免征契税的纳税人改变有关土地、房屋的用途，不再属于规定的减征、免征契税范围的，应当补缴已经减征、免征的税款。

(7) 土地、房屋被县级以上人民政府征用、占用后，重新承受土地、房屋权属，其实际支付金额没有超出土地、房屋补偿费和安置补助费的，免征契税；其实际支付金额超出土地、房屋补偿费和安置补助费的部分，纳税确有困难的，经县以上契税征收机关批准，可予以减征或者免征。

(8) 因夫妻财产分割而将原共有房屋产权归属一方，是房产共有权的变动而不是现行契税政策规定征税的房屋产权转移行为。对离婚后原共有房屋产权的归属人不征收契税。

(9) 以土地使用权、房屋权属作价抵缴社会保险的免征契税。

(10) 县级以上人民政府教育行政主管部门或劳动行政主管部门批准并核发社会力量办学许可证，由企业事业组织、社会团体及其他社会组织和公民个人利用非国家财政性教育经费面向社会举办的教育机构，其承受的土地使用权、房屋权属用于教学的，免征契税。

(11) 由于股权变动引起企业法人名称变更，并因此进行相应土地使用权人、房屋权属人名称变更登记的过程中，土地使用权、房屋权属不发生实质性转移，不征收契税。

(12) 法定继承人（包括配偶、子女、父母、兄弟姐妹、祖父母、外祖父母）继承土地使用权、房屋权属，不征契税；非法定继承人根据遗嘱承受死者生前的土地、房屋权属，属于赠与行为，应征收契税。

(13) 对个人购买普通住房，且该住房属于家庭（成员范围包括购房人、配偶以及未成年子女，下同）唯一住房的，减半征收契税。对个人购买 90 平方米及以下普通住房，且该住房属于家庭唯一住房的，减按 1% 税率征收契税。征收机关应查询购买住房纳税人契税纳税记录；无记录或有记录但有疑义的，根据纳税人的申请或授权，由房地产主管部门通过房屋登记信息系统查询纳税人家庭住房登记记录，并出具书面查询结果。如因当地暂不具备查询条件而不能提供家庭住房登记查询结果的，纳税人应向征收机关提交家庭住房实有套数书面诚信保证。诚信保证不实的，属于虚假纳税申报，按照《中华人民共和国税收征收管理法》的有关规定处理。

(14) 购房者应在签订房屋买卖合同后、办理房屋所有权变更登记之前缴纳契税。对交易双方已签订房屋买卖合同，但由于各种原因最终未能完成交易的，如购房者已按规定缴纳契税，在办理期房退房手续后，对其已纳契税款应予以退还。

(15) 申报契税减免的纳税人，应在土地、房屋权属转移合同生效后10日内向财政征收机关提出减免申报。申请契税减免申报人应提供以下资料：购买房屋或承受土地的立项批准文件、合同、发票原件及复印件；购买存量房或承受转让土地需提供原产权证、契税完税证及价格评估报告复印件；事业单位或社会团体需提供事业单位法人证书或社会团体法人登记证书及年度财务报表复印件；城镇职工首次购买公有住房需提供政府房改部门批准的证明资料；征收机关要求提供的其他资料。属于企业改制的契税减免需要提交以下资料：企业改组改制的方案或相关文件；政府主管部门批准企业改组改制方案的文件；价格评估机构出具的资产评估报告书（土地、房屋部分）；原企业房屋产权证或土地使用证（原企业土地若属划拨用地，需提供政府出让其用地补缴契税的完税证明）；新设公司的公司章程及法人登记证；征收机关要求提供的其他资料。

6. 契税的纳税义务发生时间和纳税期限是如何规定的?

契税的纳税义务发生时间为纳税人签订土地、房屋权属转移合同的当天，或者纳税人取得其他具有土地、房屋权属转移合同性质凭证的当天。纳税人因改变土地、房屋用途应当补缴已经减征、免征契税的，其纳税义务发生时间为改变有关土地、房屋用途的当天。购房人以按揭、抵押贷款方式购买房屋，当其从银行取得抵押凭证时，购房人与原产权人之间的房屋产权转移即已完成，纳税义务发生。纳税人应当自纳税义务发生之日起10日内，向土地、房屋所在地的契税征收机关办理纳税申报，并在契税征收机关核定的期限内缴纳税款。纳税人符合减征或者免征契税规定的，应当在签订土地、房屋权属转移合同后10日内，向土地、房屋所在地的契税征收机关办理减征或者免征契税手续。

7. 契税纳税申报表如何填制？有什么具体要求？

契税纳税申报表的格式如表12－1所示。

表12－1　　契税纳税申报表

填表日期：　　年　月　日　　单位：元、平方米

承受方	名称		识别号	
	地址		联系电话	
转让方	名称		识别号	
	地址		联系电话	
土地、房屋权属转移	合同签订时间			
	土地、房屋地址			
	权属转移类别			
	权属转移面积			平方米
	成交价格			元
适用税率				%
计征税额				元
减免税额				元
应纳税额				元
纳税人员签章		经办人员签章		

（以下部分由征收机关负责填写）

征收机关收到日期		接受人		审核日期	
审核记录					
审核人员签章		征收机关签章			

本表各栏填写说明如下：

（1）承受方及转让方名称：承受方及转让方是单位的，应按照人事部门批准或者工商部门注册登记的全称填写；承受方及转让方是个人的，则填写本人姓名。

（2）承受方及转让方识别号：承受方及转让方是单位的，应填写税务登记号；没有

税务登记号的，填写组织机构代码；承受方及转让方是个人的，填写和人身份证号码或护照号。

（3）合同签订时间：指承受方签订土地、房屋转移合同的当日，或者取得其他具有土地、房屋转移合同性质凭证的当日。

（4）权属转移类别：（土地）出让、买卖、增与、交换、作价入股等行为。

（5）成交价格：土地、房屋权属转移合同确定的价格（包括承受者应交付的货币、实物、无形资产或者其他经济利益，则算成人民币金额）填写。计税价格由征收机关按照规定办法确定的成交价格、差价或者核定价格。

（6）计征税额 = 计税价格 × 税率，应纳税额 = 计征税额 − 减免税额

十三、车辆购置税和车船使用税

1. 车辆购置税的特点是什么？车辆购置税的纳税范围是如何规定的？

车辆购置税是指以在中华人民共和国境内购置规定的车辆为征税对象、在特定的环节向车辆购置者征收的一种税。车辆购置税的主要特征如下：

（1）征收范围单一。作为财产税类的车辆购置税，是以购置的特定车辆为征税对象，而不是对所有财产或者消费财产征税，其征税范围只限定在特定的车辆范围之内。

（2）征收环节单一。车辆购置税实行一次征税，并非是在生产、经营和消费的每一个环节都进行征收，而只是在退出流通领域进入消费领域的特定环节征收。

（3）实行单一税率。车辆购置税只确定一个统一的比例税率进行征收，税率不随征税对象数额的变动而进行调整，计征税款简便，纳税人负担稳定。

（4）征收方法单一。车辆购置税根据纳税人购置应税车辆的计税价格实行从价计征，以价格为计税标准，征税的多少直接和价格发生关系。车辆价值高则征税多；车辆价值低则征税少。

（5）价外征收。车辆购置税的计税依据中不包含车辆购置税的税额，车辆购置税税额是附加在价格之外的。同时，其纳税人就是负税人，税负不会发生转嫁。

在我国境内购买、进口、自产、受赠、获奖或者以其他方式取得并自用的以下车辆，属于车辆购置税征收范围：

（1）汽车。包括各类汽车。

（2）摩托车。包括：轻便摩托车：最高设计时速不大于50公里/小时，发动机汽缸总排量不大于50立方厘米的两个或三个车轮的机动车。二轮摩托车：最高设计车速大于50公里/小时，或发动机汽缸总排量大于50立方厘米的两个车轮的机动车。三轮摩托车：最高设计车速大于50公里/小时，或发动机汽缸总排量大于50立方厘米，空车重量不大于400公斤的三个车轮的机动车。

（3）电车。包括：无轨电车：以电能为动力，由专用输电电缆线供电的轮式公共车辆。有轨电车：以电能为动力，在轨道上行驶的公共车辆。

（4）挂车。包括：全挂车：无动力设备，独立承载，由牵引车辆牵引行驶的车辆。半挂车：无动力设备，与牵引车辆共同承载，由牵引车辆牵引行驶的车辆。

（5）农用运输车。包括：三轮农用运输车：柴油发动机，功率不大于7.4千瓦，载重量不大于500公斤，最高车速不大于40公里/小时的三个车轮的机动车。四轮农用运输车：柴油发动机，功率不大于28千瓦，载重量不大于1 500公斤，最高车速不大于50公里/小时的四个车轮的机动车。

2. 车辆购置税的纳税人是如何规定的？其计算税款的依据是如何规定的？车辆购置税的税率是如何规定的？

在中华人民共和国境内购置税法规定的车辆（简称应税车辆）的单位和个人，为车辆购置税的纳税人，应当依照车辆购置税暂行条例缴纳车辆购置税。所称购置，包括购买、进口、自产、受赠、获奖或者以其他方式取得并自用应税车辆的行为。本条例第一条所称单位，包括国有企业、集体企业、私营企业、股份制企业、外商投资企业、外国企业以及其他企业和事业单位、社会团体、国家机关、部队以及其他单位；所称个人，包括个体工商户以及其他个人。

由于应税车辆的来源不同，应税行为的发生不同，计税价格的组成并不一样。车辆购置税的计税依据具体如下：

（1）购买自用应税车辆计税依据的确定。纳税人购买自用的应税车辆以计税价格为计税依据。计税价格的组成为纳税人购买应税车辆而支付给销售者的全部价款和价外费用。其中，价外费用并不包括增值税税款。所称“价外费用”是指销售方价外向购买方收取的手续费、基金、违约金、包装费、运输费、保管费、返还利润、补贴集资费、储存费、优质费、运输装卸费、代收款项、代垫款项和其他各种性质的价外收费。

由于纳税人购买自用的应税车辆是按不含增值税的计税价格征收车辆购置税的，如果价款与增值税税款合并收取的，应将其换算为不含增值税的销售价格。其计算公式如下：

计税价格 = 含增值税的销售价格 ÷（1 + 增值税税率或征收率）

主管税务机关在计征车辆购置税确定计税依据时，计算车辆不含增值税价格的方法如下：

不含税价 =（全部价款 + 价外费用）÷（1 + 增值税税率或征收率）

（2）进口自用应税车辆计税依据的确定。进口自用的车辆是指纳税人直接从境外进口或者委托代理进口自用的应税车辆，即非贸易方式进口自用的应税车辆。进口自用的应税车辆的计税依据，应根据纳税人提供的、经过海关审查确认的有关完税证明资料确定。其计税依据是组成计税价格，计算方法如下：

计税价格 = 关税完税价格 + 关税 + 消费税

关税 = 关税完税价格 × 关税税率

$$消费税 = \frac{关税完税价格 + 关税}{1 - 消费税税率} \times 消费税率$$

（3）其他自用应税车辆计税依据的确定。纳税人自产、受赠、获奖和以其他方式取得并自用的应税车辆的计税价格，按购置该型号车辆的价格确认不能取得购置价格的，由主管税务机关参照国家税务总局规定相同类型应税车辆的最低计税价格核定。

（4）以最低计税价格为计税依据的确定。纳税人购买自用或者进口自用应税车辆，申报的计税价格低于同类型应税车辆的最低计税价格，又无正当理由的，按照最低计税价格征收车辆购置税。实际工作中，当纳税人申报的计税价格等于或者高于最低价税价格时，按照申报的计税价格计税；当纳税人申报的计税价格低于最低计税价格时，按照最低计税价格计税。几种特殊情形应税车辆的最低计税价格规定如下：

对已经办理注册登记手续的车辆，其底盘（车架）和发动机同时发生更换，计税依据为最新核发的同类型车辆最低计税价格的70%。

免税、减税条件消失的车辆，其最低计税价格按下列公式计算：

$$最低计税价格 = 同类型新车最低计税价格 \times (1 - \frac{已经使用年限}{规定使用年限}) \times 100\%$$

其中，国产车辆使用年限按照10年计算；进口车辆按照15年计算。超过使用年限的车辆，不再征收车辆购置税。

非贸易方式进口车辆的最低计税价格为同类型新车最低计税价格。

进口旧车、因不可抗力因素导致受损的车辆、库存超过三年的车辆、行驶8万公里以上的实验车辆、国家税务总局规定的其他车辆，凡纳税人能出具有效证明的，计税依据为纳税人提供的统一发票或有效凭证注明的计税价格。按机动车销售统一发票或有效凭证注明的价格为计税依据的车辆，纳税人应提供如下有效证明：

进口旧车：提供能够证明进口旧车的中华人民共和国出入境检验检疫进口机动车辆随车检验单或海关关税专用缴款书；拍卖罚没车辆，提供拍卖单位出具的进口旧车证明。

不可抗力导致受损的车辆：“不可抗力”为自然灾害和非人的能力所能解决的事件，如：火灾、水灾、地震等。提供生产企业或经销商出具的相关证明。

库存超过三年的车辆：提供整车出厂合格证明或注明车辆出厂日期的货物进口证明书，及机动车销售统一发票（或有效凭证）。征收所依据整车出厂合格证明注明的发证日期或货物进口证明书注明的出厂日期，及机动车销售统一发票（或有效凭证）注明的开票日期确定车辆库存时间。

行驶 8 万公里以上的试验车辆：提供生产企业出具的试验用车证明。

车辆购置税的税率采用统一的 10% 的比例税率。

3. 车辆购置税有哪些具体的优惠政策？

车辆购置税的主要优惠政策有：外国驻华使馆、领事馆和国际组织驻华机构及其外交人员自用的车辆免税；中国人民解放军和中国人民武装警察部队列入军队武器装备订货计划的车辆免税；设有固定装置的非运输车辆免税；在外留学人员（含香港、澳门地区）回国服务的，购买 1 辆国产小汽车免税；来华定居专家进口自用的 1 辆小汽车免税；防汛和森林消防部门购置的由指定厂家生产的指定型号的用于指挥、检查、调度、防汛（警）、联络的专用车辆免税；纳税人购置的农用三轮车免税；有国务院规定予以免税或者减税的其他情形的，按照规定免税或者减税。

4. 车辆购置税的纳税期限与纳税地点是如何规定的？

纳税人购买自用应税车辆的，应当自购买之日起 60 日内申报纳税；进口自用应税车辆的，应当自进口之日起 60 日内申报纳税；自产、受赠、获奖或者以其他方式取得并自用应税车辆的，应当自取得之日起 60 日内申报纳税。车辆购置税税款应当一次缴清。

对于已使用未完税车辆，免税条件消失后，纳税人依照《征管办法》的规定，重新办理纳税申报时，其提供的机动车行驶证上标注的车辆登记日期视同初次办理纳税申报日期。主管税务机关据此确定车辆使用年限和计税依据。

纳税人购置应税车辆，应当向车辆登记注册地的主管税务机关申报纳税；购置不需要办理车辆登记注册手续的应税车辆，应当向纳税人所在地的主管税务机关申报纳税。

5. 车辆购置税应纳税额如何计算？

车辆购置税实行从价定率的办法计算应纳税额。应纳税额的计算公式是：应纳税额 = 计税价格 × 税率

纳税人以外汇结算应税车辆价款的，按照申报纳税之日中国人民银行公布的人民币基准汇价，折合成人民币计算应纳税额。

例题 13－1：农民宋财旺从某 4S 店购置一辆小汽车供自己使用。支付含增值税价格 234 000 元，并支付临时牌照费 550 元、代收保险费 1 000 元，购买工具 3 000 元，车辆装饰费用 1 300 元。所支付款项已经取得 4S 店开具的机动车销售统一发票和其他相关票据。计算宋财旺应缴车辆购置税税额如下：

应缴车辆购置税税额 = (234 000 + 550 + 1 000 + 3 000 + 1 300) ÷ (1 + 17%) × 10% = 20 500（元）

例题 13－2：某村办 4S 店从外贸部门购进 10 辆原装进口宝马牌小轿车。该批车经海关有关报关资料审查确定关税完税价格每辆 185 000 元，海关征收进口关税 203 500 元，同时按照消费税和增值税征收的有关法律规定，分别代征了每辆小轿车进口消费税 11 655 元和进口增值税 66 045 元。由于业务需要，该 4S 店将其中一辆留在店内使用，其余全部出售给单位或者个人消费者。计算应缴车辆购置税税额如下：

应缴车辆购置税税额 = (185 000 + 203 500 + 11 655) × 10% = 40 015.50（元）

6. 怎样进行车辆购置税的纳税申报？

纳税人应当在向公安机关车辆管理机构办理车辆登记注册前，缴纳车辆购置税。纳税人应当持主管税务机关出具的完税证明或者免税证明，向公安机关车辆管理机构办理车辆登记注册手续；没有

完税证明或者免税证明的，公安机关车辆管理机构不得办理车辆登记注册手续。税务机关应当及时向公安机关车辆管理机构通报纳税人缴纳车辆购置税的情况。公安机关车辆管理机构应当定期向税务机关通报车辆登记注册的情况。

税务机关发现纳税人未按照规定缴纳车辆购置税的，有权责令其补缴；纳税人拒绝缴纳的，税务机关可以通知公安机关车辆管理机构暂扣纳税人的车辆牌照。而免税、减税车辆因转让、改变用途等原因不再属于免税、减税范围的，应当在办理车辆过户手续前或者办理变更车辆登记注册手续前缴纳车辆购置税。

表 13－1　　车辆购置税纳税申报表

填表日期：　　年　　月　　日

纳税人名称：　　　　金额单位：元、角、分

纳税人证件名称			证件号码		
联系电话		邮政编码		地址	
车辆基本情况					
车辆类别	1. 汽车、2. 摩托车、3. 电车、4. 挂车、5. 农用运输车			发动机号码	
生产企业名称			车架（底盘）号码		
厂牌型号			排气量		
购置日期			关税完税价格		
机动车销售发票（或有效凭证）号码			关税		
机动车销售发票（或有效凭证）价格			消费税		
减税、免税条件					
申报计税价格	特殊计税价格	税　率	免（减）税额	应纳税额	
1	2	3	4＝1×3	5＝1×3 或 2×3	
		10%			

续表

<table>
<tr><td colspan="2">此纳税申报表是根据《中华人民共和国车辆购置税暂行条例》的规定填报的，我相信它是真实的、可靠的、完整的。

声明人签字：</td><td colspan="2">如果你已委托代理人申报，请填写以下资料：为代理一切税务事宜，现授权（　　），地址（　　）为本纳税人的代理申报人，任何与本申报表有关的往来文件，都可寄予此人。

授权人签字：</td></tr>
<tr><td rowspan="5">纳税人签名或盖章</td><td colspan="3">如委托代理人的，代理人应填写以下各栏</td></tr>
<tr><td>代理人名称</td><td></td><td rowspan="4">代理人（公章）</td></tr>
<tr><td>地址</td><td></td></tr>
<tr><td>经办人</td><td></td></tr>
<tr><td>电话</td><td></td></tr>
<tr><td colspan="2">接收人：

接收日期：</td><td colspan="2">车购办（印章）：</td></tr>
</table>

填表说明如下：

(1) 本表由车辆购置税纳税人（或代理人）在办理纳税申报时填写。

(2)“纳税人名称”栏，填写车主名称。

(3)“纳税人证件名称”栏，单位车辆填写组织机构代码证书；个人车辆填写居民身份证或其他身份证明名称。

(4)“证件号码”栏，填写组织机构代码证书、居民身份证及其他身份证件的号码。

(5)“车辆类别”栏，在表中所列项目中划√。

(6)“生产企业名称”栏，国产车辆填写国内生产企业名称，进口车辆填写国外生产企业名称。

(7)“厂牌型号”、“发动机号码”、“车架（底盘）号码”栏，分别填写车辆整车出厂合格证或中华人民共和国出入境检验检疫进口机动车辆随车检验单中注明的产品型号、发动机号码、车架（底盘）号码。

(8)“购置日期”栏，填写机动车统一销售发票（或有效凭证）或中华人民共和国出入境检验检疫进口机动车辆随车检验单上注明的日期。

(9)“机动车销售发票（或有效凭证）号码”栏，填写机动车统一销售发票（或有效凭证）上注明的号码。

(10)“机动车销售发票（或有效凭证）价格”栏，填写机动车统一销售发票（或有效凭证）上注明的价格（含价外费用）。

(11)“减税、免税条件”栏，按下列项目选择字母填写。“A”代表外国驻华使馆、领事馆和国际组织驻华机构及其外交人员自用的车辆；"B"代表中国人民解放军和中国人民武装警察部队列入军队武器装备订货计划的车辆；"C"代表设有固定装置的非运输车辆；"D"回国服务的在外留学人员购买的国产小汽车；"E"代表长期来华定居专家进口自用的车辆；"F"其他免税、减税车辆。

(12) 下列栏次由进口自用车辆的纳税人填写。非进口自用车辆的纳税人，不用填写。"关税完税价格"栏，填写海关关税专用缴款书中注明的关税计税价格。"关税"栏，填写海关关税专用缴款书中注明的关税税额。"消费税"栏，填写海关代征消费税专用缴款书中注明的消费税税额。

(13) "申报计税价格"栏，分别按下列要求填写：

境内购置的车辆，按机动车销售发票（或有效凭证）注明的价格（含价外费用）÷(1+17%) 填写，或车购办提供的由国家税务总局核定的最低计税价格填写。

进口自用的车辆，填写计税价格。计税价格 = 关税完税价格 + 关税 + 消费税

自产、受赠、获奖或者以其他方式取得并自用车辆，填写车购办参照国家税务总局核定的应税车辆最低计税价格核定的计税价格。

(14) "特殊计税价格"栏，分别按下列要求填写：对已经办理注册登记手续的车辆，其底盘（车架）和发动机同时发生更换，计税依据为最新核发的同类型车辆最低计税价格的70%。免税、减税条件消失的车辆，其最低计税价格按下列公式计算：

$$最低计税价格=同类型新车最低计税价格\times(1-\frac{已经使用年限}{规定使用年限})\times100\%$$

其中，国产车辆使用年限按照10年计算；进口车辆按照15年计算。超过使用年限的车辆，不再征收车辆购置税。非贸易方式进口车辆的最低计税价格为同类型新车最低计税价格。

7. 车船使用税的纳税范围是如何规定的？车船使用税的纳税人是如何规定的？其计算税款的标准是如何规定的？

车船使用税是以车船为征税对象而向拥有车船的单位和个人征收的一种税。车船使用税的征税对象是行驶于公共道路的车辆和航行于国内河流、湖泊和领海口岸的船舶。对于企业拥有的不使用的车船或只在厂区内部行驶，不领取行驶执照，不上公路行驶的车辆不征收车船使用税。需要注意的是，法规所称车船，是指依法应当在车船管理部门登记的车船。车船包括车辆和船舶两大类。其中，车辆包括机动车和非机动车。机动车是指依靠燃料等能源为动力运行的车辆，包括乘人汽（电）车、载货汽车和摩托车等。所称的非机动车，是指以人力或者畜力驱动的车辆，以及符合国家有关标准

的残疾人机动轮椅车、电动自行车等车辆。而船舶包括机动船和非机动船。机动船是指依靠燃料等能源为动力运行的船舶，包括客货轮船、汽垫船、拖轮和机帆船等。非机动船是指自身没有动力装置，依靠外力驱动的船舶；非机动驳船是指在船舶管理部门登记为驳船的非机动船。

依照规定，下列车船免征车船税：非机动车船（不包括非机动驳船）；拖拉机；捕捞、养殖渔船；军队、武警专用的车船；警用车船；按照有关规定已经缴纳船舶吨税的船舶；依照我国有关法律和我国缔结或者参加的国际条约的规定应当予以免税的外国驻华使馆、领事馆和国际组织驻华机构及其有关人员的车船。所称的拖拉机，是指在农业（农业机械）部门登记为拖拉机的车辆。所称的捕捞、养殖渔船，是指在渔业船舶管理部门登记为捕捞船或者养殖船的渔业船舶。不包括在渔业船舶管理部门登记为捕捞船或者养殖船以外类型的渔业船舶。所称的军队、武警专用的车船，是指按照规定在军队、武警车船管理部门登记，并领取军用牌照、武警牌照的车船。所称的警用车船，是指公安机关、国家安全机关、监狱、劳动教养管理机关和人民法院、人民检察院领取警用牌照的车辆和执行警务的专用船舶。所称的我国有关法律，是指《中华人民共和国外交特权与豁免条例》、《中华人民共和国领事特权与豁免条例》。外国驻华使馆、领事馆和国际组织驻华机构及其有关人员在办理免税事项时，应当向主管地方税务机关出具本机构或个人身份的证明文件和车船所有权证明文件，并申明免税的依据和理由。

在中华人民共和国境内，车辆、船舶（简称车船）的所有人或者管理人为车船使用税的纳税人，应当依照本条例的规定缴纳车船使用税。从事机动车交通事故责任强制保险业务的保险机构为机动车车船税的扣缴义务人，应当依法代收代缴车船税。

车船使用税实行从量计税的方法。分别选择了载重吨位、净吨位、辆三种单位的计税标准：其中，“载重吨位”主要适用于非机动船计算税款；“净吨位”主要适用于载货汽车和机动船计算税款；

"辆"主要适用于乘人汽（电）车、摩托车、自行车、人力车、畜力车计算税款。具体规定如下：对车辆净吨位尾数在半吨以下者，按半吨计算；超过半吨者，按1吨计算。客货两用汽车，载人部分按乘人汽车税额减半征税，载货部分按机动载货汽车税额征税。船舶不论净吨位或载重吨位，尾数在半吨以下者免算，超过半吨者，按1吨计算。不及1吨的小型船只，一律按1吨计算。拖轮计算标准可按每马力折合净吨位的5折计算。

核定载客人数、自重、净吨位、马力等计税标准，以车船管理部门核发的车船登记证书或者行驶证书相应项目所载数额为准。纳税人未按照规定到车船管理部门办理登记手续的，上述计税标准以车船出厂合格证明或者进口凭证相应项目所载数额为准；不能提供车船出厂合格证明或者进口凭证的，由主管地方税务机关根据车船自身状况并参照同类车船核定。车辆自重尾数在0.5吨以下（含0.5吨）的，按照0.5吨计算；超过0.5吨的，按照1吨计算。船舶净吨位尾数在0.5吨以下（含0.5吨）的不予计算，超过0.5吨的按照1吨计算。1吨以下的小型车船，一律按照1吨计算。所称的自重，是指机动车的整备质量。

8. 车船使用税的税率是如何规定的?

表13-1　　车船使用税税目税额表

税　目	计税单位	年基准税额	备　注
乘用车1.0升（含）以下的	每辆	60元至360元	核定载客人数9人（含）以下
乘用车1.0升以上至1.6升（含）的	每辆	300元至540元	核定载客人数9人（含）以下
乘用车1.6升以上至2.0升（含）的	每辆	360元至660元	核定载客人数9人（含）以下
乘用车2.0升以上至2.5升（含）的	每辆	660元至1 200元	核定载客人数9人（含）以下

续表

税目	计税单位	年基准税额	备注
乘用车2.5升以上至3.0升（含）的	每辆	1 200元至2 400元	核定载客人数9人（含）以下
乘用车3.0升以上至4.0升（含）的	每辆	2 400元至3 600元	核定载客人数9人（含）以下
乘用车4.0升以上的	每辆	3 600元至5 400元	核定载客人数9人（含）以下
商用车客车	每辆	480元至1 440元	核定载客人数9人以上，包括电车
商用车货车	整备质量每吨	16元至120元	包括半挂牵引车、三轮汽车和低速载货汽车等
挂车	整备质量每吨	按照货车税额的50%计算	
其他车辆专用作业车	整备质量每吨	16元至120元	不包括拖拉机
其他车辆轮式专用机械车	整备质量每吨	16元至120元	不包括拖拉机
摩托车	每辆	36元至180元	
船舶机动船舶	净吨位每吨	3元至6元	拖船、非机动驳船分别按照机动船舶税额的50%计算
船舶游艇	艇身长度每米	600元至2 000元	

需要注意的是：专项作业车、轮式专用机械车的计税单位及每年税额由国务院财政部门、税务主管部门参照本表确定。国务院财政部门、税务主管部门可以根据实际情况，在车船税税目税额表规定的税目范围和税额幅度内，划分子税目，并明确车辆的子税目税额幅度和船舶的具体适用税额。车辆的具体适用税额由省、自治区、直辖市人民政府在规定的子税目税额

幅度内确定。

车船使用税税目税额表中的专用作业车，是指装置有专用设备或者器具，用于专用作业的机动车；轮式专用机械车是指具有装卸、挖掘、平整等设备的轮式自行机械。专用作业车和轮式专用机械车的计税单位为自重每吨，每年税额为16元至120元。具体适用税额由省、自治区、直辖市人民政府参照载货汽车的税额标准在规定的幅度内确定。客货两用汽车按照载货汽车的计税单位和税额标准计征车船税。

车船使用税税目税额表中的船舶，具体适用税额为：净吨位小于或者等于200吨的，每吨3元；净吨位201吨至2 000吨的，每吨4元；净吨位2 001吨至10 000吨的，每吨5元；净吨位10 001吨及其以上的，每吨6元。车船税税目税额表中的拖船，是指专门用于拖（推）动运输船舶的专业作业船舶。拖船按照发动机功率每2马力折合净吨位1吨计算征收车船税。

9. 车船使用税有哪些具体的优惠政策？

（1）国家机关、人民团体、军队自用的车船以及由国家财政部门拨付事业经费的单位自用的车船。但对其出租等非本身使用的车船，由于已不符合免税条件，故应征收车船使用税。

（2）载重量不超过一吨的渔船。指1吨或1吨以下的渔船。

（3）专供上下客货及存货用的趸船、浮桥用船。趸船和浮桥用船，多停泊在较为固定的处所，专为上下客货及存货服务，是一种辅助性设施，属于非航行船舶。

（4）特定车船。指各种消防车船、洒水车、囚车、警车、防疫车、救护车船、垃圾车船、港作车船、工程船。上下车船，均具有特殊用途，有些是社会福利或服务性的专用车船，有些只在特定区域内运行，具有特殊功能和作用。所谓港作车船，是指在港区内从事专项作业或专项服务的港务、海运、港务监督部门的船。如引水船、清洁船、消防船、救助船、联检船、供应船等。但不包括上述部门在港区内从事客货运输并收取费用的各类船舶。所谓工程船，是指装有特种机械、在港区内或者航道上从事修筑码头、疏浚航道等工程所使用的专用船舶。如挖泥船、打桩船、破冰船、测量船、电焊船等。

（5）按有关规定缴纳船舶吨税的船。船舶吨税，是对在中华人民共和国港口行驶的外国籍船舶和外商租用的中国籍船舶，以及中外合营企业使用的中外国籍船舶（包括专在港内行驶的上项船舶），由海关依法征收的一种税。船舶吨税以船舶注册净吨位（也称登记净吨位）为计税依据，实行定额税率。

（6）经财政部批准免税的其他车船。主要有：在企业内部行驶、不领取行驶执照，也不上公路行驶的车辆。主要用于农业生产的拖拉机。残疾人专用的车辆。企业办的各类学校、医院、托儿所、幼儿园自用的车船，如果能够明确划分清楚是完全自用的，可免征车船使用税；划分不清的，应照征车船使用税。对非营利性医疗机构、疾病控制机构和妇幼保健机构等卫生机构自用的车辆。运用车船使用税税收优惠政策时，应注意以下两点：一是免税单位与纳税单位合并办公，所用车辆能划分者，分别免税和征税；不能划分者，一律照章征税。二是新购置的车辆如果暂不使用，即尚未享受市政建设利益，可不申报纳税。

10. 车船使用税的纳税义务发生时间、纳税期限与纳税地点是如何规定的？

车船税的纳税义务发生时间，为车船管理部门核发的车船登记证书或者行驶证书所记载日期的当月。

车船使用税具体纳税期限主要由各省、自治区及直辖市人民政府确定。从国内来看，属于纳税单位的各种机动车，全年税额分两次缴纳，纳税期限为1月1日至1月15日和7月1日至7月15日。单位应税的非机动车和个人应税的机动车、非机动车，全年税额一次缴纳，纳税期限为3月1日至3月31日。

车船使用税由地方税务机关负责征收。车船税的纳税地点，由省、自治区、直辖市人民政府根据当地实际情况确定。跨省、自治区、直辖市使用的车船，纳税地点为车船的登记地。

11. 车船使用税应纳税额如何计算？

购置的新车船，购置当年的应纳税额自纳税义务发生的当月起按月计算。计算公式如下：

应纳税额＝年应纳税额×应纳税月份数/12

例题 13－1：某村办航运公司拥有净吨位 600 吨的机动船 12 艘、净吨位 2 000 吨的 8 艘、净吨位 5 000 吨的 10 艘；其单位税额分别规定是 3 元、4 元、5 元。计算该公司全年应缴车船使用税如下：

应缴车船使用税＝12×600×3＋8×2 000×4＋10×5 000×5＝335 600（元）

12. 怎样进行车船使用税的纳税申报？

车船税按年申报缴纳。具体申报纳税期限由省、自治区、直辖市人民政府确定。车船的所有人或者管理人未缴纳车船税的，使用人应当代为缴纳车船税。

纳税人在购买机动车交通事故责任强制保险时缴纳车船税的，不再向地方税务机关申报纳税。扣缴义务人在代收车船税时，应当在机动车交通事故责任强制保险的保险单上注明已收税款的信息，作为纳税人完税的证明。除另有规定外，扣缴义务人不再给纳税人开具代扣代收税款凭证。纳税人如有需要，可以持注明已收税款信息的保险单，到主管地方税务机关开具完税凭证。扣缴义务人应当及时解缴代收代缴的税款，并向地方税务机关申报。扣缴义务人解缴税款的具体期限，由各省、自治区、直辖市地方税务机关依照法律、行政法规的规定确定。

地方税务机关应当按照规定支付扣缴义务人代收代缴车船税的手续费。

表 13－2 车船使用税纳税申报表

填表日期： 年 月 日

税款所属时期： 年 月 日至 年 月 日 金额单位：元（列至角分）

纳税人名称				企业编码	
地址				邮政编码	
办税员姓名		电话		税务登记证号	

车船类别	计税标准	数量	单位税额	全年应缴税额	缴纳次数	本期		
						应纳税额	已纳税额	应补（退）税额
1	2	4	5	6＝4×5	7	8＝6÷7	9	10
合计								

如纳税人填报，由纳税人填写：		如委托代理人填报，由代理人填写以下各栏			
会计主管（签章）	纳税人（公章）	代理人名称		代理人（公章）	
		代理人地址			
		经办人姓名		电话	
以下由税务机关填写					
收到申报表日期			接收人		